14 最新青林法律相談

スポーツの法律相談

SEIRIN LEGAL COUNSELING

菅原哲朗
森川貞夫 [監修]
浦川道太郎
望月浩一郎

青林書院

はしがき

　2020東京オリンピック・パラリンピック開催は，声高な経済効果とともに新国立競技場などスポーツ環境の改善・金メダル獲得をめざすアスリート層への鍛錬・国際社会を揺り動かすアンチドーピング対策などプロアマを問わずスポーツの大衆化・国際化・持続可能性を希求する先進国日本社会に大きな影響とレガシー（遺産）を残すことになる。

　スポーツ基本法は「スポーツは，世界共通の人類の文化」「スポーツを通じて幸福で豊かな生活を営むことは，全ての人々の権利」（前文）と謳う。生涯スポーツとして身体を動かす楽しみ，健康を維持する手段，チームワークの協調性を超えて，この「スポーツ権」を基本的人権として生きた権利にするには，まずスポーツ弱者からの権利主張が必須であろう。そして公正な代表選考・スポーツ事故・スポーツ体罰・スポーツハラスメントの被害救済など弁護士がスポーツ弱者の訴えを聞き，民事刑事の裁判・スポーツ仲裁・交渉等で権利救済をなす実践的な活動がなければならない。権利救済の結果が判例・先例としてメディアで広がり，国・地方自治体・学校・企業・スポーツ団体などでスポーツのガバナンス（組織統治）・コンプライアンス（法令遵守）が強化されて，スポーツ・インテグリティ（高潔性）が確立していく。スポーツ弱者救済・規制法の個別立法に至る前に，同じ被害を再発させない「生ける法」としての予防法学こそがスポーツ法学の面目躍如たる分野である。

　本書は2000年10月に発刊され，スポーツ法の礎となった日本スポーツ法学会による『スポーツの法律相談』の全訂版として新進気鋭の学者・研究者・法律実務家がＱ＆Ａの形で書き下ろした。スポーツに挑戦し，エンタテイメントとして楽しみ，頑張れと声援する人々の法的悩みにやさしく答えるため，スポーツ法に専門的に取り組む法律家が執筆した。法律相談の第１章はアスリート・コーチ・トレーナー向け，第２章はスポーツ団体向け，第３章はスポーツ行政向けである。

はしがき

　スポーツコラムもスポーツ法学の経験豊かな先達に依頼した。その意味でスポーツ現場に携わる競技者・指導者・観客など様々な読者の解決の指針となる実践的な法律指導書とも言える。

　なお，最後になるが，一般社団法人日本スポーツ法支援・研究センターの事務局員，青林書院編集部加藤朋子氏にお世話になったことを記して謝意とするものである。

　2017年3月

監修者
菅原　哲朗
森川　貞夫
浦川道太郎
望月浩一郎

凡　例

(1) 各設問の冒頭に **Q** として問題文を掲げ，それに対する回答の要旨を **A** でまとめました。具体的な説明は ■解　説■ 以下に詳細に行っています。
(2) 判例，裁判例を引用する場合は，本文中に「☆1，☆2……」と注番号を振り，設問の末尾に■判　例■として，注番号と対応させて「☆1　最判昭62・2・6判時1232号100頁」というように列記しました。なお，判例等の表記については，後掲の「判例・文献関係略語」を用いました。
(3) 解説に補足をする場合は，本文中に「＊1，＊2……」と注番号を振り，設問の末尾に■注　記■として，注番号と対応させて，列記しました。
(4) 文献は，原則としてフルネームで次のように表記し，一部の主要な文献については後掲の「判例・文献関係略語」を用いました。
〔例〕著者名『書名』頁数（出版社，刊行年）
　　　執筆者名「論文タイトル」編者名編『書名』頁数（出版社，刊行年）
　　　編者名編『書名』頁数〔執筆者名〕（出版社，刊行年）
　　　執筆者名「論文タイトル」掲載誌　頁数
(5) 法令名等は，原則として，①地の文では正式名称を用い，②カッコ内の引用では後掲の「法令等略語」を用いて表しました。
(6) 主要な団体名については，後掲の「団体略語」を用いました。また，「日本スポーツ協会」に名称変更が予定されている「日本体育協会」については，平成29年2月末時点の名称である「日本体育協会」で表記を統一しました。
(7) 本文中に引用した判例，裁判例は，巻末の「判例索引」に掲載しました。
(8) 各設問の☑キーワードに掲げた重要用語は，巻末の「キーワード索引」に掲載しました。

■判例・文献関係略語

最	最高裁判所	判	判決
最大	最高裁判所大法廷	決	決定
最二小	最高裁判所第二小法廷	民集	最高裁判所（又は大審院）民事判例集
高	高等裁判所		
地	地方裁判所	高民集	高等裁判所民事判例集
支	支部	交民集	交通事故民事裁判例集

凡　例

判時	判例時報		（TKC 法律情報データベース）
判タ	判例タイムズ	LLI/DB	LLI/DB 判例秘書インターネット（LIC 法律情報サービス）
労判	労働判例		
ジュリ	ジュリスト		
法セ	法学セミナー		レクシスネクシス　Lexis AS ONE
LEX/DB	LEX/DB インターネット		

■法令等略語

基本	スポーツ基本法	裁所	裁判所法
一般法人	一般社団法人及び一般財団法人に関する法律	地公	地方公務員法
		地自	地方自治法
学教	学校教育法	著作	著作権法
刑	刑法	民	民法
刑訴	刑事訴訟法	PL	製造物責任法
景表	不当景品類及び不当表示防止法	JADC	日本アンチ・ドーピング規程
憲	日本国憲法	WADC	世界アンチ・ドーピング規程
国賠	国家賠償法		

■団体略語

CAS	スポーツ仲裁裁判所	JSAA	日本スポーツ仲裁機構
IOC	国際オリンピック委員会	JSC	日本スポーツ振興センター
JADA	日本アンチ・ドーピング機構	NOC	国内オリンピック委員会
		WADA	世界ドーピング防止機構
JOC	日本オリンピック委員会		

監修者・編集者・執筆者一覧

監修者

菅原　哲朗（弁護士）
森川　貞夫（市民スポーツ＆文化研究所代表）
浦川道太郎（早稲田大学名誉教授，弁護士）
望月浩一郎（弁護士）

編集者

合田雄治郎（弁護士）　第1章第1節，第3節
徳田　　暁（弁護士）　第1章第2節，第6節
飯田　研吾（弁護士）　第1章第4節，第5節，第3章第2節，第3節
石堂　典秀（中京大学法務研究科教授）　第1章第4節，第5節
高松　政裕（弁護士）　第1章第7節，第9節，第2章第3節
安藤　尚徳（弁護士）　第1章第8節，第2章第1節
堀田　裕二（弁護士）　第2章第2節，第4節
鈴木　知幸（国士舘大学法学部客員教授）　第3章第1節
松本　泰介（早稲田大学スポーツ科学学術院准教授，弁護士）

執筆者（執筆順）

合田雄治郎（上掲）　**Q1**，**Q10**，**Q25**，**Q26**
渡邉健太郎（弁護士）　**Q2**，**Q16**
椿原　　直（弁護士）　**Q3**，**Q4**，**Q5**，**Q12**，**Q13**
恒石　直和（弁護士）　**Q6**，**Q7**，**Q8**，**Q9**，**Q11**
栗木　　圭（弁護士）　**Q9**，**Q11**
諏訪　　匠（弁護士）　**Q12**，**Q13**
佐藤　貴史（弁護士）　**Q14**

監修者・編集者・執筆者一覧

小嶋　一慶（弁護士）**Q15**
山口　純子（弁護士）**Q17**，**Q18**
多賀　　啓（弁護士）**Q17**，**Q18**
工藤　杏平（弁護士）**Q19**
阿部新治郎（弁護士）**Q20**
徳田　　暁（上掲）**Q21**，コラム⑦
安富　真人（弁護士）**Q22**
井手　裕彦（読売新聞大阪本社編集委員，日本障がい者スポーツ協会評議員）**Q23**
内田　和利（弁護士）**Q24**
石堂　典秀（上掲）**Q27**，コラム①，コラム⑥
水越　　聡（弁護士）**Q28**
廣田　和彦（弁護士）**Q29**
岡本　大典（弁護士）**Q30**，**Q53**
今井　千尋（弁護士）**Q31**
金刺　廣長（弁護士）**Q32**，コラム①
松原　範之（弁護士）**Q33**
堀田　裕二（上掲）**Q34**，**Q66**，**Q68**
八田　　茂（日本オリンピック委員会キャリアアカデミー事業ディレクター）コラム②
飯島　　俊（弁護士）**Q35**
佐伯　昭彦（弁護士）**Q36**
石原　遥平（弁護士）**Q37**，**Q38**
川井　圭司（同志社大学政策学部教授）**Q39**，**Q40**，**Q50**
竹之下義弘（弁護士）**Q41**
高松　政裕（上掲）**Q42**，**Q64**
飯田　研吾（上掲）**Q43**，**Q80**
生田　　圭（弁護士）**Q44**
八木　由里（弁護士）**Q45**
小川　和茂（立教大学法学部特任准教授）**Q46**
大橋　卓生（金沢工業大学虎ノ門大学院イノベーションマネジメント研究科准教授，弁護士）**Q47**
安藤　尚徳（上掲）**Q48**，**Q51**
宅見　　誠（弁護士）**Q48**
阿部　慎史（公認会計士，税理士）**Q49**

監修者・編集者・執筆者一覧

萩原　崇宏（弁護士）**Q51**
岡村　英祐（弁護士）**Q52**
加藤　智子（弁護士）**Q54**
中川　義宏（弁護士）**Q55**
宍戸　一樹（弁護士）**Q56**
齋　雄一郎（弁護士）**Q57**
西脇　威夫（弁護士）**Q58**
浅川　伸（日本アンチ・ドーピング機構専務理事兼理事局長）　コラム③
関口　公雄（弁護士）**Q59**
髙澤　和也（弁護士）**Q60**
堀口　雅則（弁護士）**Q61**
白井　久明（弁護士）　コラム④
渡辺　久（弁護士）**Q62**
斎藤　真弘（弁護士）**Q63**
伊東　卓（弁護士）　コラム⑤
冨田　英司（弁護士）**Q65**
山内　貴博（弁護士，弁理士）**Q67**
足立　勝（米国ニューヨーク州弁護士，早稲田大学知的財産法制研究所招聘研究員）
　Q69
山田　尚史（弁護士）**Q70**
桂　充弘（弁護士）**Q71**
相川　大輔（弁護士）**Q71**
吉田　勝光（桐蔭横浜大学スポーツ健康政策学部教授）**Q72**，**Q73**，**Q75**
岸　郁子（弁護士）**Q74**
鈴木　知幸（上掲）**Q76**，**Q77**，**Q78**
森川　貞夫（上掲）**Q79**，コラム⑧
井上　洋一（奈良女子大学研究院生活環境科学系教授）**Q81**
関谷　綾子（弁護士）**Q82**

（肩書きは刊行時）

目　次

第1章　アスリート・コーチ・トレーナーの法律相談 ── 1

第1節　スポーツ事故に関する法律相談

Q1 ■スポーツ事故における関係者の責任 ……………〔合田雄治郎〕／3
　スポーツ事故において，被害者以外の関係者として，加害当事者，指導者，監督者，大会主催者，施設管理者，用具製造業者等が考えられますが，それぞれにどのような法的責任が生じるのでしょうか。

Q2 ■民事上の責任，刑事上の責任 ………………………〔渡邉健太郎〕／7
　中学校運動部活動としてのラグビーの練習中に，生徒が熱中症になり死亡した事案で，顧問教諭や学校に民事，刑事責任が問われたと聞きました。このようなスポーツ事故において，民事上の責任や刑事上の責任等が生じる場合について教えてください。

Q3 ■アスリート間の事故①（競技会中の事故） …………〔椿原　直〕／10
　競技会中に，相手であるアスリートのルールに反するプレーにより怪我をさせられました。怪我をさせたアスリートに責任が生じるでしょうか。

Q4 ■アスリート間の事故②（競技会中以外の事故） ……〔椿原　直〕／13
　私がスキー場でスキーをしていたところ，上方から滑ってきたスキーヤーに衝突され怪我をさせられました。上方から滑ってきたスキーヤーに責任が生じるでしょうか。

Q5 ■加害者の責任・無関係の第三者に対する責任 ………〔椿原　直〕／16
　小学生の息子が学校の校庭でボールを蹴っていたところ，ボールが校庭の外に出てしまいました。道路に飛び出したボールを避けようとしたバイクが転倒し，バイクの運転手が死亡しました。現場にいなかった親の私に責任が生じるでしょうか。

Q6 ■指導内容が不適切な場合の責任 ………………………〔恒石直和〕／20
　私は高校の体操部に所属しているのですが，先生の指示どおりに練習していたにも

目　次

かかわらず，大怪我をしてしまいました。誰にどのような責任が生じるでしょうか。

Q7 ■組体操や騎馬戦等における事故の責任……………………〔恒石　直和〕／23

私の小学生の子どもは，運動会において組体操をしている際に，大怪我をしました。誰にどのような責任が生じるでしょうか。また，騎馬戦やむかで競争における事故についても教えてください。

Q8 ■脳震盪による事故の責任……………………………………〔恒石　直和〕／26

私の高校生の子どもは公立中学校の柔道部に所属していたのですが，指導担当の教諭が指導する練習中，頭を打って障がいが残ってしまいました。この事故の数日前にも脳震盪を起こしており心配していたのですが，学校側の責任を問うことはできないでしょうか。

Q9 ■落雷，雪崩などによる事故の責任……………〔恒石　直和＝栗木　圭〕／29

私の高校生の子どもは，課外のクラブ活動としてのサッカーの試合中に落雷により負傷しました。誰にどのような責任が生じるでしょうか。

Q10 ■危険を伴うスポーツ事故の責任…………………………〔合田雄治郎〕／32

私の妻はツアー登山に参加中，強風及び吹雪にさらされて，低体温症により死亡しました。誰にどのような責任が生じるでしょうか。また，その他，危険を伴うスポーツのツアーや講習会で傷害等を負った場合の責任についても教えてください。

Q11 ■スポーツをする者が第三者に対して加害者となった場合の指導者，主催者等の責任……………………………………………〔恒石　直和＝栗木　圭〕／35

公道で行われたサイクリング行事に参加した者が走行中に歩行者に衝突し，歩行者が死亡した場合，誰にどのような責任が生じるでしょうか。

Q12 ■施設管理者の責任…………………………………〔椿原　直＝諏訪　匠〕／38

私は競泳をしていますが，先日行われた競泳大会でスタートのときにスタート台から飛び込みをしたところ，プールの底に頭を打って怪我をしてしまいました。誰にどのような責任が生じるでしょうか。

Q13 ■スポーツ観戦中の事故……………………………〔椿原　直＝諏訪　匠〕／41

球場でプロ野球の試合観戦をしていた際に，打者が打ったファウルボールが私の顔に当たり，怪我をしてしまいました。誰にどのような責任が生じるでしょうか。

Q14 ■スポーツ用具に欠陥があった場合の法的責任……………〔佐藤　貴史〕／44

近所の自転車屋で購入した輸入品の自転車に乗っていたところ，自転車のサスペンション部分の欠陥が原因で転倒し，怪我をしました。誰にどのような責任が生じるでしょうか。

Q15 ■事故後の不適切な対応に対する責任追及…………………〔小嶋　一慶〕／47

スポーツ中の事故が起きた後の対応が不適切であったため，怪我がより悪くなってしまいました。誰にどのような責任が生じるでしょうか。

Q 16 ■免責同意書の効力……………………………………〔渡邉　健太郎〕／50

スキューバダイビングの指導を受けているときに，インストラクターの過失で重度の傷害を負いました。ただ，申込みの際に，「一切の責任を問いません」と書かれた書面に署名してしまいました。インストラクターに責任を問うことができるでしょうか。

Q 17 ■スポーツ事故と保険……………………………〔山口　純子＝多賀　啓〕／54

スポーツ中の事故に備えて，保険加入を考えていますが，どのような保険がありますか。また，スポーツ中の事故にもかかわらず，保険の適用が受けられない場合があると聞きました。詳しく教えてください。

Q 18 ■企業スポーツと労働災害……………………〔山口　純子＝多賀　啓〕／58

私は実業団の陸上部に所属する陸上選手です。実業団での練習中に負傷してしまった場合，労災保険の適用を受けることはできるのでしょうか。また，負傷したのが仮に日本代表チームの合宿における練習中であった場合はどうでしょうか。

Q 19 ■告訴等による刑事責任の追及方法………………………〔工藤　杏平〕／61

スポーツ中の事故で刑事責任が生じた事例について教えてください。また，加害者に刑事責任を負わせるためには告訴が必要な場合があると聞きました。告訴の方法を教えてください。

第2節　不当差別に関する法律相談

Q 20 ■性別を理由とする不当な差別…………………………〔阿部新治郎〕／64

私は，高校1年生の女子ですが，男子の野球部に所属しています。ところが，甲子園大会（全国高等学校野球選手権大会）に出場しようとしたところ，参加資格は男性のみに限られるとして参加を拒否されました。このような制限は許されるのでしょうか。

Q 21 ■LGBTに対する不当な差別…………………………………〔徳田　暁〕／67

私は，1年前まで男性として男子レスリングの大会に出場していましたが，この度，性転換手術を受け，女子のレスリングの大会に出場しようとしたところ，出場を拒否されました。不当な差別にはあたらないのでしょうか。
　女性から男性への性転換の場合はどうでしょうか。

Q 22 ■国籍（人種を含む）を理由とする不当な差別……………〔安富　真人〕／71

私はアメリカ国籍を有し，1年間だけ語学留学で日本の高校に通っています。留学先の高校でバスケットボール部に所属していますが，国体やインターハイといった大

xi

目　次

　　　会に出場することができるでしょうか。仮に，永住権を有していればどうですか。

Q 23 ■障がいを理由とする不当な差別……………………………〔井手　裕彦〕／74

　　　私は，下半身に障がいがあり，車いすで生活しています。車いすバスケットボールの練習をするために体育館の利用を申し込んだところ，「床に傷や汚れがつく」として拒否されました。このような扱いに対して，不当だとして争うことはできるのでしょうか。

Q 24 ■ヒジャブ着用を理由とする競技参加の禁止………………〔内田　和利〕／80

　　　私は，イスラム教を信仰しており，宗教上の理由でヒジャブ（スカーフ）を常に着用しています。ところが，安全上の問題があるとして，ヒジャブを着用しての競技参加を禁止されました。このような差別は許されるのでしょうか。

第3節　代表選考に関する法律相談

Q 25 ■団体競技の代表選考……………………………………〔合田雄治郎〕／83

　　　私は，ボートのダブルスカルという2人で行う競技の選手ですが，五輪選考の代表選手に選考されず，納得がいかないため，代表選考を争いたいと考えています。また，団体競技の代表選考について教えてください。

Q 26 ■個人競技の代表選考……………………………………〔合田雄治郎〕／86

　　　私は，個人競技のボッチャの選手ですが，アジア大会の代表に選考されませんでした。選考結果に納得がいかないため，代表選考を争いたいと考えています。また，個人競技の代表選考について教えてください。

第4節　懲戒処分に関する法律相談

Q 27 ■懲戒処分を争いたい場合………………………………〔石堂　典秀〕／89

　　　私は現在，私立大学のとあるスポーツ競技の部活の監督を務めていますが，暴力行為があったとして，当該競技の統括団体から除名処分を受けました。暴力行為はなかったとして処分を争うことができますか。また，仮に，暴力だと判断されたとしても，処分が重すぎるとして争うことはできますか。

Q 28 ■賭博行為に対する懲戒処分……………………………〔水越　聡〕／93

　　　私は，企業の陸上部に所属していますが，先日，違法カジノ店でバカラ賭博を行っていたことが見つかってしまいました。企業及び競技団体からどのような処分を受けますか。食事を賭けたゴルフだった場合や，カジノが合法とされている海外での行為であった場合はどうですか。

Q 29 ■連帯責任……………………………………………………〔廣田　和彦〕／97

私は，現在，私立高校1年生で野球部に所属しており，今年の夏の甲子園大会に出場することが決まっていますが，3年生部員から暴力行為を受けています。このことが発覚した場合，甲子園の出場資格はどうなりますか。既に引退した3年生による万引きが発覚した場合はどうでしょうか。

第5節　スポーツ指導上の問題に関する法律相談

Q30 ■指導者から暴力，セクハラ，パワハラを受けた場合の対応及び相談先
　………………………………………………………〔岡本　大典〕／101
　私は，現在，私立学校のサッカー部に所属していますが，顧問の先生から，平手で顔をはたかれるなどの暴力を受けています。このような行為はやめてほしいのですが，どこに相談をすればよいのでしょうか。相談したことが顧問の先生に知られてしまうことはないでしょうか。

Q31 ■指導者の暴力に関する裁判例と検討ポイント……………〔今井　千尋〕／104
　私は，公立高校の陸上部に所属していますが，コーチから，指導と称して平手や拳で殴られるなどして打撲などの怪我を負いました。指導が違法であるとして学校やコーチに治療費等や精神的な慰謝料を請求することはできますか。

Q32 ■指導者のセクハラに関する裁判例と検討ポイント…………〔金刺　廣長〕／108
　私は私立高校で女子バレーボール部の顧問を務めていますが，体のケアの目的でマッサージを行ったところ，選手（生徒）の親から「子供がセクハラをされた」と騒がれています。これはセクハラにあたりますか。

　　Column 　1　適切な指導のために ……………〔石堂　典秀＝金刺　廣長〕／112

第6節　教育・キャリア設計に関する法律相談

Q33 ■特別推薦による入学と在学契約（特待生問題）……………〔松原　範之〕／113
　私の息子は，現在，野球の特待生として授業料を免除されて私立高校に通っています。ところが，この前，練習中の事故で，大怪我を負ったことが原因で，学校から退学を求められています。退学をしなければならないのでしょうか。また，学校に残れる場合には，授業料の免除は今後どうなりますか。

Q34 ■アマチュアクラブにおけるチームの移籍の制限…………〔堀田　裕二〕／117
　私は現在，高校1年生で野球部に所属していますが，甲子園大会への出場の見込みが低いため，同一県内の強豪校に転校しようと思っています。転校は認められ，直近の甲子園大会に出場できるでしょうか。親の仕事の都合で転校せざるを得ない場合はどうですか。

目　次

> Column　2　アスリートのセカンドキャリア設計
> ——JOCキャリアアカデミーについて………〔八田　茂〕/ 121

第7節　肖像権・パブリシティ権に関する法律相談

Q 35 ■肖像権・パブリシティ権の管理規程………………………〔飯島　俊〕/ 122

　私は，ある競技のアスリートであり，当該競技団体に所属し，その競技大会に参加しています。このたび，地元の飲食店を経営する会社から私のスポンサーになるので店舗内に写真を貼らせて欲しいとの提案を受けました。私はこの提案を受けることができるのでしょうか。競技団体との関係でどのような点に注意すべきでしょうか。

Q 36 ■アスリートの肖像権・パブリシティ権の侵害例と対処方針
　　　………………………………………………………〔佐伯　昭彦〕/ 126

　私は，Ｊリーグのクラブに所属するサッカー選手です。先日訪れた美容院で髪を切った後に店長から写真を撮らせて欲しいといわれ許可したのですが，後日，その美容院のホームページ上で私に無断でその写真が掲載され，「Ａ選手が髪を切りに来てくれました」と書かれていました。この行為に対して，肖像権・パブリシティ権を侵害するものとして私は何らかの請求をすることはできるのでしょうか。

第8節　プロスポーツに関する法律相談

Q 37 ■プロ野球の選手契約と移籍 ………………………………〔石原　遥平〕/ 130

　プロ野球選手から，今のチームから移籍したいという相談がありました。まだシーズン中ですが，他のチームへ移籍することはできますか。また，シーズン終了後であれば移籍することはできますか。実業団チーム所属の選手の場合と比較して教えてください。
　また，高校生や大学生から，プロ野球を経ずにメジャーリーグに挑戦したいという相談もありました。このようなことは可能なのでしょうか。

Q 38 ■プロ野球の契約更改 …………………………………………〔石原　遥平〕/ 134

　プロ野球選手から契約更改の際の代理人になって欲しいとの依頼がありました。どのような手続を行えばよいでしょうか。また，球団との交渉ではどのような点に気を付けて交渉をすればよいでしょうか。

Q 39 ■アスリートと労働組合・団体交渉 ……………………〔川井　圭司〕/ 137

　私はある競技のアスリートですが，待遇や競技団体の運営方法の改善を所属団体へ申し出るため，選手会を設立し交渉をしました。しかし，所属団体から，交渉を拒否されてしまい，今後，どのような方法によって団体と交渉すればよいか悩んでいま

す。野球やサッカーでは選手会のほか，労働組合を結成していると聞きましたが，労働組合の結成方法と労働組合としてできる活動を教えてください。

Q 40 ■欧米の選手会による労働協約 ・・・・・・・・・・・・・・・・・・・・・・・・・〔川井　圭司〕／141

欧米の選手会はどのような活動をしているのでしょうか。日本との違いがあれば教えてください。

第9節　スポーツ紛争の解決方法に関する法律相談

Q 41 ■裁判による紛争解決の可否 ・・・・・・・・・・・・・・・・・・・・・・・・・〔竹之下義弘〕／145

私は，あるスポーツの選手ですが，所属する競技団体から会員資格の停止処分を受けました。会員資格停止処分の無効確認の訴えを裁判所に提起したいのですが認められるでしょうか。違法な資格停止処分により競技大会に出場できなくなったことに基づく慰謝料の請求はどうでしょうか。

Q 42 ■JSAAによる紛争解決手続 ・・・・・・・・・・・・・・・・・・・・・・・・・・・〔高松　政裕〕／149

私は，ある競技の選手ですが，身に覚えのない素行不良という理由で，所属する競技団体の決定により，半年間の資格停止処分を受け，目標にしていた競技会に出場することができなくなってしまいました。JSAAにて，競技団体の決定を争いたいのですが，手続の種類及び注意点を教えてください。

Q 43 ■競技団体内部の紛争解決手続① ・・・・・・・・・・・・・・・・・・・・〔飯田　研吾〕／152

私は高校野球部の監督ですが，上級生による下級生に対する暴力行為について報告を受けました。野球部としてはどのように対応すべきですか。また，野球部に対する日本高等学校野球連盟や日本学生野球協会による制裁措置はどのようになされ，その措置に不服がある場合はどうすればよいでしょうか。

Q 44 ■競技団体内部の紛争解決手続② ・・・・・・・・・・・・・・・・・・・・〔生田　　圭〕／156

私はあるジュニアサッカークラブのコーチですが，所属選手に暴行したという理由で日本サッカー協会の裁定委員会により，1年間の公的職務の停止処分を受けました。しかし，当該選手に暴行したことなどないので，この処分を争いたいのですが，どのような方法があるでしょうか。またその場合の手続を教えてください。

Q 45 ■国際ルールの体系 ・・・・・・・・・・・・・・・・・・・・・・・・・・・・・・・・・・・・〔八木　由里〕／159

私は，ある競技の選手ですが，当該競技の競技団体が国際大会の代表選考において，「過去にドーピング違反がないこと」を条件としています。過去のドーピング違反については既にWADAのルールに従い資格停止処分を受けその期間は満了した場合にも，当該選手が代表になる資格がないとするのは，国際的なルール違反ではないでしょうか。

Q 46 ■CASによる紛争解決手続 ・・・・・・・・・・・・・・・・・・・・・・・・・・・・〔小川　和茂〕／163

目　次

　私はある競技の選手ですが，ある国際大会での失格処分について不服があるためCASで争いたいと考えています．CASで争う場合の提訴期間，提訴方法，手続の場所，証拠提出の方法等その手続について教えてください．

第2章　スポーツ団体の法律相談 ── 167

第1節　団体のガバナンスに関する法律相談

Q 47 ■競技団体の法人化 ……………………………………〔大橋　卓生〕／169

　私はある競技団体の理事長です．私たちの競技団体はまだ法人化されておらず，任意団体として活動しています．最近，上部団体から法人化を検討せよ，との指摘がありました．(1)競技団体が法人化することのメリット・デメリット，(2)どの法人を選択すべきか，について教えてください．

Q 48 ■グッドガバナンスに向けたスポーツ団体の運営・会議体の運営方法
　　……………………………………………〔安藤　尚徳＝宅見　　誠〕／174

　私たちの競技団体は，来年度から法人化（一般社団法人）することが決まっています．どのような点を意識して団体運営をしていくべきでしょうか．制定すべき規則としてどのようなものがあるかも教えてください．

Q 49 ■競技団体における経理及び会計処理……………………〔阿部　慎史〕／178

　私はある競技団体の事務局長に新しく就任しました．これまで民間会社の総務部にて長く勤務してきたのですが，競技団体の経理・会計を引き継ぎ，補助金や助成金の申請や管理といった競技団体特有の処理が求められ戸惑っています．どのような点に気を付けて経理を行っていくべきでしょうか．理想とする形があれば教えてください．

Q 50 ■選手会の意義・役割 ……………………………………〔川井　圭司〕／182

　私はある競技のアスリートですが，代表の選考について不透明な部分が多く，個人的に不満を感じています．他にもそのように考えるチームメイトがいるのですが，一方的に物事を決定する競技団体に対して，選手がまとまって，意見を言うにはどのようにすればよいですか．

Q 51 ■不利益処分の手続・紛争解決制度 …………〔安藤　尚徳＝萩原　崇宏〕／186

　私たちの競技団体は，会員の懲戒処分についての規律がなく慣例に従って理事会決議で決めています．今後，社会的な信頼を確保するために適正な不利益処分手続を構築したいと考えているのですが，どのようにすれば良いのでしょうか．

第2節　事故防止に関する法律相談

Q 52 ■大会運営者が注意・配慮すべき事項……………………〔岡村　英祐〕／190
　スポーツの大会を運営するにあたって，事故の予防・事後対応，騒音や照明等による周辺地域への配慮，多数来場者の移動手段等，注意すべきことについて教えてください。

Q 53 ■落雷等の自然災害による事故の防止……………………〔岡本　大典〕／195
　明日，大会を開催しますが，天気予報では，不安定な大気の状況になり，積乱雲の発生が予測されています。雷等が心配されますが，大会の開催の判断はどのようにすればよいでしょうか。また開催後に，どのような状況になれば中止の判断をすべきでしょうか。

Q 54 ■熱中症による事故の防止………………………………………〔加藤　智子〕／199
　明日，大会を開催しますが，天気予報では，気温31度，湿度65パーセントが予測されています。熱中症が心配されますが，大会の開催の判断はどのようにすればよいでしょうか。また，開催後に，どのような状況になれば中止の判断をすべきか，熱中症が疑われる選手に対する処置についても教えてください。

第3節　スポーツのインテグリティをめぐる法律相談

Q 55 ■ドーピング違反の類型……………………………………………〔中川　義宏〕／203
　アスリートがドーピング違反に問われるのはどのような場合ですか。ドーピング違反の類型と制裁について教えてください。コーチやトレーナーもドーピング違反に問われる場合があるのでしょうか。

Q 56 ■アンチ・ドーピング（主要な責任軽減事由）……………〔宍戸　一樹〕／207
　私はある個人競技の日本代表の監督です。先日，競技会で行われたドーピング検査で選手の1人が陽性になりましたが，その禁止薬物はその選手が普段使っている肌荒れ用塗り薬の成分（後述する「特定物質」に該当する成分）であったことが判明しました。しかし，私も選手もまさか普段使用している塗り薬に禁止薬物が含まれているとは思いもよりませんでした。このように全く主観的認識がない場合にもドーピング違反になるのでしょうか。責任を軽減する方法はないのでしょうか。

Q 57 ■禁止物質・方法とTUE（治療使用特例）………………〔齋　雄一郎〕／211
　所属するアスリートの1人は元々持病があり，治療のために定期的に薬を服用しています。ドーピング違反の対象となる禁止薬物及び方法の内容を教えてください。また治療目的で禁止薬物・方法を使用することは一切認められていないのですか。

目　次

もし認められているとすれば，どのようにすれば良いのでしょうか。

Q 58 ■ドーピング違反が疑われた場合の不服申立方法…………〔西脇　威夫〕／215

所属するアスリートが参加したある競技会でのドーピング検査の結果，採取された尿検体から陽性反応が出て暫定的資格停止処分を受けたようです。しかし，その選手は，検出された禁止薬物について身に覚えがないと主張しています。当該選手はどのような手続をとることができるでしょうか。

　Column　**3**　リオデジャネイロ大会を通してアンチ・
　　　　　　　　ドーピング活動の意義を考える……………〔浅川　　伸〕／218

Q 59 ■八百長と法規制………………………………………………〔関口　公雄〕／219

日本国内では，八百長に対してどのような法規制がなされているでしょうか。また，所属する選手が八百長を行っていたことが発覚した場合，競技団体としてどのような対応をとるべきでしょうか。

Q 60 ■賭博法制とスポーツ賭博……………………………………〔髙澤　和也〕／223

私の競技団体に所属するアスリートが，あるスポーツに関して日常的に賭博行為を行っていたことが発覚しました。どのような場合に刑事罰が科されますか。日本で合法化されているスポーツ賭博にはどのようなものがあるのでしょうか。制度の概要について教えてください。また，アスリートがスポーツ賭博を行うことには，どのような問題があるでしょうか。

Q 61 ■海外でスポーツ賭博に選手が参加した場合の問題点………〔堀口　雅則〕／227

所属する選手が海外で行われているスポーツ賭博に参加していたことが発覚した場合，競技団体としてどのような対応をとるべきでしょうか。

また，海外では，ブックメーカーがプロリーグのクラブのスポンサーとなっていたり，オンラインでスポーツ賭博に参加できる状況にあると聞きました。スポーツ賭博に関する欧米の法制度や問題となっていることについて教えてください。

　Column　**4**　インテグリティ……………………………………〔白井　久明〕／232

Q 62 ■スポーツ団体から暴力・パワハラを根絶するために………〔渡辺　　久〕／234

所属する選手から，コーチが日常的に暴力的指導を行っているとの相談がありました。競技団体としてどのような対応をとるべきでしょうか。

Q 63 ■LGBTと大会運営……………………………………………〔斎藤　真弘〕／237

所属する選手から「性同一性障害のため身体的には男性だが心は女性である。女性として生きているので次の日本選手権大会には女性として出場したい。」という相談がありました。競技団体としてはどのような大会運営をなすべきでしょうか。

Q 64 ■その他スポーツの価値を毀損する行為……………………〔髙松　政裕〕／241

私たちの競技団体が主催する日本選手権の予選リーグの最後の試合において，決勝トーナメントで有利な相手と対戦することを目的として，対戦当事者双方がいずれも故意に敗戦を狙うという無気力試合が繰り広げられました。競技団体として，再発防止のためにはどのような対応をとるべきでしょうか。

Column 5 アスリートの遵法意識を育むには ……………〔伊東　卓〕／245

第4節　スポーツビジネスに関する法律相談

Q65 ■興行に関する契約の留意点 …………………………………〔冨田　英司〕／246
競技団体がスポーツイベントを開催する際に，興行上，どのような点に気をつければよいでしょうか。

Q66 ■スポンサー契約とは，その対象と留意点 ………………〔堀田　裕二〕／250
ある企業に私たちの競技団体のスポンサーとなってもらうことを考えているのですが，スポーツにおいて，スポンサーになるということはどのようなメリットがあるのでしょうか。また，競技団体がスポンサー契約を締結するにあたって，気をつけなければならない点を教えてください。

Q67 ■ロゴマークやキャラクターの商品化における留意点 ……〔山内　貴博〕／254
私が所属する競技団体のロゴマークやキャラクターをオフィシャル・グッズとして商品化したいのですが，留意点を教えてください。

Q68 ■放映権の法的根拠，放映権契約の留意点 ………………〔堀田　裕二〕／258
スポーツをテレビやインターネットで中継放送する場合，どのような権利が働くのでしょうか。また，興行主催者が放映権の契約を締結する場合の留意点を教えてください。

Q69 ■アンブッシュ・マーケティングとは，その実例 …………〔足立　勝〕／262
私は競技団体の法務担当です。次の世界選手権の開催地が日本なので我々が準備を進めているのですが，大会の公式スポンサーではない企業による広告に対してはどのような規制ができるのでしょうか。また事前の対策があれば教えてください。

Q70 ■フィットネスクラブにおける広告表示 ……………………〔山田　尚史〕／266
私の会社がフィットネスクラブの経営を始めました。「結果が出なかったら入会後1か月間は入会金を全額返金する」ことを宣伝文句にしているのですが，何か法律上の問題はないのでしょうか。

Q71 ■体験型スポーツイベント会社における法律問題
………………………………………………〔桂　充弘＝相川　大輔〕／271
このたび，スポーツを体験してもらうことを目的とするスポーツイベント会社を設

目　次

立することになりました。特に，海外での登山を体験するために現地までのツアーを組むのですが，現地での悪天候が理由でツアーを催行できない場合，旅行代金を全額返金しなければなりませんか。

　また，このような場合に，ツアーを強行して運悪く事故が起こったとしても，自然災害が原因ですから会社は免責されるのではないかとも思われるのですが，いかがでしょうか。

第3章　スポーツ行政に関する法律相談 ── 275

第1節　スポーツ振興に関する法律相談

Q 72 ■住民によるスポーツ行政への不服申立て ………………〔吉田　勝光〕／277

2020年開催の東京オリンピック・パラリンピックの開催にあたっては，施設の建設費などが問題になっています。これに関して，住民訴訟や住民監査請求（以下，原則として「監査請求」といいます）の制度があると聞きました。制度内容や該当事例を教えてください。

Q 73 ■公立学校教員（地方公務員）の行政処分 ………………〔吉田　勝光〕／280

運動部活動などの生徒指導で信用失墜行為により懲戒処分や分限処分を受ける教員が増えていますが，どのような基準で処分されるのですか。

Q 74 ■助成金の不正受給とその防止策 ………………………………〔岸　　郁子〕／283

JOCやJSCを経由して支援された競技団体に対する国庫補助金やtoto助成金について，様々な不正事案が発生しました。その実態と対策を教えてください。

Column　6　オリンピック終了後のレガシー ……………〔石堂　典秀〕／286

Q 75 ■公共スポーツ施設での瑕疵（老朽化，整備不良等）による事故と責任

……………………………………………………………………〔吉田　勝光〕／287

公共スポーツ施設（以下「公共施設」といいます）の老朽化対策，耐震補強などは，地方自治体の財政力により対応が遅れているところが多いと聞きます。保有する施設の行政責任者としては施設の瑕疵によって生じる事故に関してどのような責任が生じ，予算不足にどのように対処すればよいでしょうか。

Q 76 ■スポーツ施設の指定管理業務における事故対策 …………〔鈴木　知幸〕／290

市の公共スポーツ施設を管理する指定管理者に，応募を希望している民間事業者ですが，指定管理者になる基本的条件と事故対策について教えてください。

Q 77 ■指定管理業務におけるスポーツ重大事故 …………………〔鈴木　知幸〕／293

民間事業者が指定管理者として地方自治体から委任を受けている公共スポーツ施設において，業務上の不手際や，施設・設備の不具合等に起因する事故が発生しています。その原因と問題点について教えてください。

Q 78 ■運動部活動での外部指導員の法的位置づけと責任……〔鈴木　知幸〕／296

我が子の中学校運動部では，外部指導員が技術指導をしていますが，暴力的で生徒と保護者は不満をもっています。一方，顧問教員は，現場に立ち会いません。教員と外部指導員の権限と責任を教えてください。

Column　7　障がい者スポーツに関するスポーツ庁への
　　　　　　期待と課題…………………………………〔徳田　暁〕／299

第2節　地域スポーツに関する法律相談

Q 79 ■スポーツによる地域活性化………………………〔森川　貞夫〕／300

過去に，スポーツによる地域活性化に成功した例を紹介しつつ，行政，住民，大学・企業，それぞれの役割と連携のあり方について教えてください。

Q 80 ■総合型地域スポーツクラブの運営にあたっての注意点…〔飯田　研吾〕／304

地域スポーツを活性化させるために，総合型地域スポーツクラブを活用しようと思っています。総合型地域スポーツクラブを運営する上での，法的側面からの注意点や対策について教えてください。

Column　8　地域の震災復興におけるスポーツの役割……〔森川　貞夫〕／308

第3節　スポーツと環境に関する法律相談

Q 81 ■スポーツイベントの開催と環境保全………………〔井上　洋一〕／309

大規模なスポーツイベントの開催に伴い発生する環境問題にはどのようなものがあるのでしょうか。その対応策を交えながら，環境問題に対するスポーツ界の取組みについても教えてください。

Q 82 ■スポーツ施設のユニバーサルデザイン化・バリアフリー化
　　　………………………………………………………〔関谷　綾子〕／313

スポーツ施設の"ユニバーサルデザイン化"や"バリアフリー化"がいわれていますが，スポーツをする人，観る人にとって利用しやすいスポーツ施設のあり方について考えるべき視点を教えてください。

資　　料………………………………………………………………317
キーワード索引………………………………………………………319

目　次

　判例索引……………………………………………………………………*325*

第 1 章

アスリート・コーチ・トレーナーの法律相談

第1節　スポーツ事故に関する法律相談

 スポーツ事故における関係者の責任

　スポーツ事故において，被害者以外の関係者として，加害当事者，指導者，監督者，大会主催者，施設管理者，用具製造業者等が考えられますが，それぞれにどのような法的責任が生じるのでしょうか。

　スポーツ事故の関係者の責任については，損害賠償責任を負う者（以下「責任主体」といいます）を横軸に，法的責任の種別を縦軸に据えると分かりやすく整理できます。■表をご参照ください。

■表　スポーツ事故における関係者の責任表

法的責任		①加害当事者	②指導者・監督者	③大会主催者	④施設管理者・所有者	⑤用具製造業者等
民事上の責任	契約責任	民415条（契約関係がある場合）				
	その他の責任	民709条（私人の場合）（公務員は個人責任を負わない）	民715条 国賠1条 民714条	民715条	民717条 国賠2条	PL3条
刑事上の責任		過失傷害罪（刑209条），過失致死罪（刑210条），業務上過失致死傷罪（刑211条）				
		暴行罪（刑208条），傷害罪（刑204条），傷害致死罪（刑205条）				

3

第1章◇アスリート・コーチ・トレーナーの法律相談
第1節◇スポーツ事故に関する法律相談

☑ キーワード

スポーツ事故，関係者の責任，民事責任，刑事責任

解 説

1　スポーツ事故の類型

本設問において，スポーツ事故とは，スポーツに関わる加害者（個人のみならず法人・団体を含む）が，被害者である個人（スポーツに関わっていない個人も含む）に傷害を負わせた，又は死亡させた場合を指します。

責任主体については，①被害者を直接加害した個人（加害当事者），②加害当事者の指導者・監督者，③競技大会等で事故が起こった場合の大会主催者，④事故が起こった施設の管理者・所有者，⑤スポーツ用具の製造業者，加工業者，輸入業者（用具製造業者等）に分類できます。

法的責任内容については，民事上の責任と刑事上の責任に分けられます。

2　民事上の責任

(1) 責任主体を問わず生じる責任

加害者（責任主体）の類型を問わず，加害者と被害者との間に契約関係があり，安全配慮義務違反等が認められる場合には，加害者には民法415条の債務不履行責任が生じます。また，民法709条の一般不法行為の要件をみたす場合には，加害者には一般不法行為責任が生じます。

(2) 責任主体ごとに生じる責任
(a) 責任主体が加害当事者である場合（表中①）

被害者と加害当事者との間に契約関係がないため，加害当事者には一般不法行為責任が生じることがほとんどとなります。また，加害当事者が公務員の場合は最高裁判例により，個人責任を負わないとされています。

もっとも，加害当事者が責任無能力者であった場合には責任を負わず（民712条・713条），監督義務者・代理監督者（合わせて，「監督者」）に責任が生じる場合があります（民714条）。

(b) **責任主体が指導者・監督者である場合**（表中②）

指導者と加害当事者との間で使用関係があり，その他の民法715条の使用者責任の要件をみたす場合には，指導者に使用者責任が生じます。なお，使用者責任においては，被用者における民法709条責任の成立が要求され，「事業の執行について」は争点となりますが，民法715条1項但書の免責事由は実際には機能していません。

指導者が国家賠償法1条1項の「公権力の行使に当る公務員」に該当し，その他の同条項の要件をみたす場合には，国又は地方公共団体には同条の責任が生じます。なお，公務員である指導者は，前述のとおり個人責任を負いません。

また，前述したように，加害当事者が責任無能力者である場合には，その監督者には，監督者責任（民714条）が生じます。なお，監督者責任においては，過失の立証責任が転換され，監督者の側で無過失の立証をする必要があります（同条1項但書）。

(c) **責任主体が大会主催者である場合**（表中③）

大会における事故で，大会主催者と加害当事者との間で使用関係があり，その他の使用者責任の要件をみたす場合には，大会主催者に使用者責任が生じます。

(d) **責任主体が施設管理者・施設所有者である場合**（表中④）

施設の瑕疵が要因である事故が生じた場合で，民法717条の工作物責任の要件をみたす限り，施設管理者には「占有者」（同条1項）としての工作物責任が，施設所有者には「所有者」（同条1項但書）としての工作物責任が生じ得ます。なお，工作物責任における所有者の責任は，占有者が免責された場合の2次的責任であり，無過失の免責が認められない無過失責任です。

施設が国家賠償法2条1項の「公の営造物」に該当し，その他の同条の要件をみたす場合には，国又は地方公共団体には同条項の責任が生じます。

(e) **責任主体が用具製造業者等である場合**（表中⑤）

第1章◇アスリート・コーチ・トレーナーの法律相談
第1節◇スポーツ事故に関する法律相談

スポーツ用具が原因で事故が生じた場合で，製造物責任法（PL法）3条の要件をみたす限り，用具の製造業者等（製造業者，加工業者，輸入業者）には製造物責任が生じます。なお，製造物責任法は一般不法行為責任を排除するものではないため，製造業者等には，一般不法行為の要件をみたす限り一般不法行為責任も生じます。

3 刑事上の責任

スポーツ事故において，被害者が傷害を負わされたり，死亡させられたりした場合には，各責任主体に，過失傷害罪（刑209条）や過失致死罪（刑210条）の成立の可能性，加えて業務性が認められる場合には，業務上過失致死傷罪（刑211条）の成立の可能性があります。

暴行罪（刑208条），傷害罪（刑204条），傷害致死罪（刑205条）の故意犯（傷害致死罪は傷害の点につき故意犯）については，故意の認定の難しさから成立することは極めて少ないといえます。

〔合田雄治郎〕

Q2 民事上の責任，刑事上の責任

中学校運動部活動としてのラグビーの練習中に，生徒が熱中症になり死亡した事案で，顧問教諭や学校に民事，刑事責任が問われたと聞きました。このようなスポーツ事故において，民事上の責任や刑事上の責任等が生じる場合について教えてください。

顧問教諭や学校等が負う民事上の責任としては，①不法行為責任（民法709条のほか，指導者と使用関係にある者に対する使用者責任（民715条），国又は地方自治体に対する損害賠償責任（国賠1条1項）など）や，②債務不履行責任（民415条）等があげられます。一方，刑事上の責任としては，業務上過失致死傷罪（刑211条）等が成立し得ます。

☑ キーワード

不法行為責任，使用者責任，国家賠償法1条1項，注意義務，債務不履行責任，安全配慮義務，業務上過失致死傷

【解　説】

1 民事上の責任

(1) 不法行為責任

(a) 一般的不法行為

第1章◇アスリート・コーチ・トレーナーの法律相談
第1節◇スポーツ事故に関する法律相談

　まず，指導者の顧問教諭が「公権力の行使に当る公務員」（国賠1条1項）に該当する場合を除き，被害者側に対し，不法行為（民709条）に基づく損害賠償責任を負うことが考えられます。不法行為責任の一般的な要件としては，①加害者に故意又は過失があること，②権利又は法律上保護すべき利益の侵害があること，③損害の発生，④行為と損害の発生との間に因果関係があること，⑤加害者に責任能力があることがあげられます。

　スポーツ事故において指導者に対し不法行為責任を追及する場合，指導者は，競技者に事故が発生しないよう予防すべき義務（注意義務）を負っており，このような注意義務を怠ることが過失であると考えられます。

(b) **使用者責任**

　また，指導者との間で使用関係にある私立学校や学校経営者等の使用者は，使用者責任（民715条）として，被害者側に対し，被用者がその事業の執行につき第三者に加えた損害について，損害賠償責任を負うことが考えられます。使用者責任の一般的な要件としては，①使用者と被用者との間の使用関係，②使用者の事業の執行につき被用者の行為がされること，③被用者の不法行為（民709条）により第三者に損害が発生すること，があげられます。

(c) **国家賠償法1条に基づく責任**

　国公立学校における顧問教諭が被害者に損害を与えた場合，国公立学校の教育活動は，国家賠償法1条における「公権力の行使」に含まれる☆1ことから，国家賠償法1条に基づき，国又は地方自治体等が損害賠償責任を負い，当該指導者個人はその責を負いません☆2。

(2) **債務不履行責任**

　被害者と指導者側との間で，被害者に対して指導を行う旨の契約関係がある場合において，事故が発生した場合，指導者側は，被害者側に対し，債務不履行に基づく損害賠償責任を直接負うことが考えられます。なお，指導者を使用する学校やスポーツクラブ等の債務不履行が問題となる場合，当該指導者は，使用者の「履行補助者」という関係になります。

　債務不履行に基づく損害賠償を請求する場合は，被害者との間で締結された契約に付随する安全配慮義務（ある法律関係に基づいて特別な社会的接触の関係に入った当事者間において，当該法律関係の付随義務として当事者の一方又は双方が相手方に対し

て信義則上負う義務）違反の有無が問題となります。
(3) 注意義務（安全配慮義務）

(1)の不法行為責任における「注意義務」及び(2)の債務不履行責任における「安全配慮義務」の具体的な内容については，当該スポーツ事故における個別具体的な事情により異なります。これまでの裁判例において注意義務・安全配慮義務として示された具体的内容を分析すると，①人に関する事情（加害者・被害者の性質，被害者と責任主体との関係等），②危険性に関する事情（行為自体の危険性，責任主体が危険を支配する程度等），③事故予防に関する事情（危険軽減の容易性，予兆の有無，予防策・予防対策等），④事故発生時の対応に関する事情，等が比較的考慮されている傾向にあります。

(4) 本問の検討

本設問のベースとなった事案☆3は，公立中学校に通学する中学1年生が，7月下旬の早朝から行われたラグビー部の練習中に，熱射病による多臓器不全により死亡したものです。判決では，顧問教諭は，熱中症を発症することのないよう適宜休憩をとらせ，十分に水分補給をさせるとともに，熱中症を疑わせる症状がみられた場合は直ちに練習を中止し，涼しい場所で安静にさせ，冷却その他体温を下げるなどの応急措置をとり，必要に応じて速やかに医療機関に搬送すべき注意義務を負い，これに反したとして，学校を設置管理する地方自治体に対し，国家賠償法1条1項に基づく損害賠償責任を認めました。

2 刑事上の責任

スポーツ事故においても刑事上の責任が生じ得ます。本設問のベースとなった事例においては，指導者である顧問教諭が業務上過失致死容疑で略式起訴され，罰金50万円の略式命令が確定しています。　　　　　　〔渡邉健太郎〕

■判 例■

☆1　最判昭62・2・6判時1232号100頁。
☆2　最判昭30・4・19民集9巻5号534頁，最判昭52・10・25判タ355号260頁。
☆3　神戸地判平15・6・30判タ1208号121頁。

第1章◇アスリート・コーチ・トレーナーの法律相談
第1節◇スポーツ事故に関する法律相談

 3 アスリート間の事故①(競技会中の事故)

競技会中に，相手であるアスリートのルールに反するプレーにより怪我をさせられました。怪我をさせたアスリートに責任が生じるでしょうか。

(1) 競技会は，競技ルールにより規律されます。競技ルールは，不法行為責任における加害行為を一義的に決める機能は有していません。しかし，怪我をさせたアスリート（以下「加害者」といいます）が，安全確保を目的に定められた競技ルールに違反している場合には，加害者は怪我をしたアスリート（以下「被害者」といいます）に対して不法行為責任を負います。
(2) 設問では，違反した競技ルールが安全確保を目的に定められたものであれば，加害者は被害者に対して不法行為責任を負うべきですが，競技ルールの目的によっては違反があっても不法行為責任を負わない場合もあります。
(3) なお，競技ルールに違反しなかった場合に，加害者が必ず不法行為責任を負わないとまではいえないことにも注意を要します。

☑ キーワード

競技ルール，違法性阻却事由，社会的相当性，危険の引受け，条理，損害の公平な負担，競技会

Q3◆アスリート間の事故①(競技会中の事故)

解　説

1　競技会における競技ルール

　競技会とは、レース、試合、ゲーム等と呼ばれるスポーツでの競争をいいます。競技会には競技ルールが適用され、アスリートは競技ルールによって規律されます。
　しかし、競技ルールはアスリート間に生じた法的問題において法規範性を有するものとはいえません。また、安全性の確保とは無関係に、競技を競技たらしめ、あるいは競技の競争性を高めるために設けられているルールも多くあるため、競技ルールの違反が直ちに危険性のある行為と断定することもできません。
　ただ、現代においてスポーツが社会において文化として認められるようになってきた背景には、可能な限りスポーツに内在する危険を排除してきたことがあり、その手段がルールによる競技の安全性の確保でした。そのため、安全性を確保することを目的とした競技ルールに違反しているか否かは、不法行為責任の成否に際して、一つの重要な考慮要素となります。

2　競技ルールの遵守と不法行為責任の成否

　スポーツには怪我をする可能性が高く、競技ルールに従ったプレーを行っていたとしても怪我をすることが往々にしてあり得ます。このようなスポーツの特質を理解した上でもなお、被害者は競技をすることを選択していることが通常です。そのため、加害者が競技ルールに従ったプレーをした結果、被害者が怪我をしたとしても、スポーツの「危険を予め受忍し加害行為を承諾している」として、加害者の行為の違法性が阻却される☆1 こともあり、加害行為の承諾があるとまでいえなくても「スポーツが競技の過程での身体に対する多少の危険を包含するものであることから、競技中の行為によって他人を傷害せしめる結果が生じたとしても、その競技のルールに照らし、社会的に容認される

11

範囲内における行動によるものであれば，右行為は違法性を欠くものとするのが相当である」[2]ことが多いと考えられます。

　ただ，競技のルールに従った範囲で生じた競技中の事故について，加害者が一切責任を負わないということではありません。まず，競技の目的が純粋に勝敗を争うことではなく，参加者の交流や親睦を深める目的で実施される場合には，競技のルールに従った範囲で生じた事故であっても，加害行為の承諾があるとはいえず，社会的な相当性を欠くものとして，加害者が責任を負うことがあり得ます[3]。同じ草野球に関する裁判例[2][3]であっても結論が異なるのは，当事者が競技を行う目的が異なるからにほかなりません。また，審判がルール違反と判断しないという意味でルールの範囲内であったとしても，社会的相当性を欠く場合があると考えられます。

　これら裁判例の趣旨を斟酌すれば，競技の安全性の確保を目的とする競技ルールに反する行為によって被害者に損害が生じた場合には，スポーツ中の事故といえども社会的相当性を欠くものであると考えられます。また，競技ルールに従っている場合であっても，競技の目的が純粋に勝敗を争うことではない場合には，被害者の受忍している危険の範囲は自ずと狭まることとなります。

3　損害の公平な負担

　加害者が不法行為責任を負う場合であっても，いわゆる危険への接近の法理（被害者が危険に近づいた結果，損害が発生し，又は拡大した場合に，損害額の算定に際して考慮すること）によって，過失相殺あるいは過失相殺の趣旨を類推して，損害額の公平な負担を図るべきであるという考え方があり，裁判例でも採用されています[4]。

〔椿原　直〕

━━■判　例■━━

[1]　東京地判昭45・2・27判タ244号139頁。
[2]　東京地判平元・8・31判時1350号87頁。
[3]　長野地佐久支判平7・3・7判時1548号121頁。
[4]　東京地判平26・12・3（平24(ワ)25749号）LEX/DB25523048。

アスリート間の事故②（競技会中以外の事故）

　私がスキー場でスキーをしていたところ，上方から滑ってきたスキーヤーに衝突され怪我をさせられました。上方から滑ってきたスキーヤーに責任が生じるでしょうか。

(1) 怪我をさせたアスリート（以下「加害者」といいます）と怪我をさせられたアスリート（以下「被害者」といいます）との関係で加害行為が認められるかどうかは，競技ルール以外にも，競技の特性，加害者と被害者の関係性などから，総合的に考慮する必要があります。
(2) 設問では，上方を滑降しているという位置関係から，上方から滑ってきたスキーヤーに責任が生じる可能性が高いと考えられます。

☑ キーワード
注意義務違反，危険の支配，スキー，ゴルフ，競技会

解　説

1　競技会以外の事故

　競技中の事故に関しては，適用される競技ルールが不法行為責任の成否を判断する上で参考になることを述べました（**Q3**）が，そもそも競技ルールが適用されない場面において，アスリート間の事故が発生する場面があります。

具体的には，専らレジャー目的で行うスポーツや，練習中の事故などがあげられ，これらの場合には競技ルールを参考とすることが適当ではありません。

練習中の事故に関しては，指導者の責任を問う裁判例の集積があります[☆1]が，これらの判旨の述べるところは，競技者間で練習を行っていた場合に生じた事故に関しても，同様に妥当するものと考えられます。

2　スキーヤー同士の衝突事故

スキーヤー同士の衝突事故に関する判例では，「上方から滑走する者は，前方を注視し，下方を滑降している者の動静に注意して，その者との接触ないし衝突を回避することができるように速度及び進路を選択して滑走すべき注意義務を負う」として，加害者が，被害者との接触を避けるための措置をとり得る時間的余裕をもって下方を滑降する被害者を発見することができ，事故を回避し得たにもかかわらず，上記義務を怠ったとしたものがあります[☆2]。

3　ゴルフボールの飛来事故

ゴルフボールの飛来事故に関する裁判例では，被害者の後方の組でプレーをしていた加害者は，前方「に競技者のいないことを，直接視認する方法によって確認すべき義務がある」にもかかわらず，前方に競技者はいないものと推測し，確認義務を尽くさなかった加害者の加害行為を認定したものや，「競技者の打球が（中略）他人が競技している可能性がある他のコースに飛び込むであろうことを競技者が認識し，または認識しうるときは，打球の他人への衝突を回避するために大声を出して叫ぶ等その他人の注意を喚起する措置を講じる義務」があると判断したものがあります[☆3]。

4　練習中の事故

直接事故を起こした加害者に対して損害賠償請求を求めた事案ではありませんが，ノックした打球が三塁コーチを務めていた部員に当たった事故に関し

て，県立高校の教員であった野球部の監督が「レフトへのノックを開始するに際し，自己の技量を過信し，三塁コーチス・ボックス方向に打球を飛ばすことはないものと考え，被控訴人らの動静に注意を払うことなく，漫然とノックをし，誤って同方向にライナー性の打球を飛ばした過失」があると判断し，結論として県の損害賠償責任を肯定したものがあります☆4。

5 考慮要素

裁判例を検討すると，競技ルール違反か否か（**Q3**）の他に以下のような要素を考慮していることが分かります。

① 被害者が競技に習熟していない場合には，責任が肯定されやすいです。他方，加害者の属性に関して，加害者が競技に習熟している場合には，責任が肯定されやすいです。また，被害者と比較して加害者が相対的に競技に習熟している場合には，責任が肯定されやすいです。

② 発生した危険の支配の程度が高いほど，加害者の責任が肯定されやすいです。上記スキー，ゴルフのいずれも，後方又は上方から安全を確認できる状況にある加害者の責任が肯定されていますが，これらは共通して，後方又は上方から安全を確認できる加害者の，発生した危険の支配の程度が高いといえます。野球の練習の事例についても，ノッカーが専ら危険を支配しています。

③ 競技自体の危険性（あるいは当該練習の危険性）が高い場合，被害者による危険の引受け（責任を否定）の観点と，高度の危険に対する注意義務（責任を肯定）の観点との双方から考慮する必要があります。　〔椿原　直〕

■判　例

☆1　札幌地判平15・3・14判時1818号158頁，横浜地判平25・9・6労働判例ジャーナル22号29頁，静岡地判平28・5・13自保ジャーナル1979号168頁等。
☆2　最判平7・3・10判時1526号99頁。
☆3　東京高判平6・8・8判タ877号225頁，東京地判平元・3・30判時1327号57頁。
☆4　広島高判平4・12・24判タ823号154頁。

第1章◇アスリート・コーチ・トレーナーの法律相談
第1節◇スポーツ事故に関する法律相談

5　加害者の責任・無関係の第三者に対する責任

小学生の息子が学校の校庭でボールを蹴っていたところ，ボールが校庭の外に出てしまいました。道路に飛び出したボールを避けようとしたバイクが転倒し，バイクの運転手が死亡しました。現場にいなかった親の私に責任が生じるでしょうか。

(1)　責任無能力者である未成年者の親は監督義務者として責任を負うのが原則ですが，例外的に監督義務を果たしたことを主張立証できれば免責されます。平成27年最高裁の判例（以下「平成27年最判」といいます）により，直接的な監視下にない子による加害行為の場合には，免責が認められる範囲が従来考えられていたよりも広いとされました。設問において親が免責されるかどうかは，子に対して危険な行為に及ばないよう日頃から通常のしつけをしていたかに加えて，子の行為について具体的に予見可能であったなどの特別の事情の有無によって判断されます。

(2)　責任能力者である未成年者の親であれば監督義務者としての責任は負わないものの，未成年者の責任とは別個に不法行為責任を負う場合があります。

☑ キーワード

責任能力，監督義務者の責任

Q5◆加害者の責任・無関係の第三者に対する責任

解説

1 監督義務者の責任と免責

　未成年者が責任能力を有しない場合（責任無能力の年齢の上限は11〜14歳とされています）には，民法714条1項は，責任無能力者による加害行為によって生じた損害を監督義務者が賠償しなければならないとしており，例外的に監督義務者が義務を怠っていないことを主張立証した場合に限って責任を免れられるとしています。従来，監督義務者の主張立証責任のハードルは極めて高く，監督義務者である未成年者の親が責任を免れた裁判例はほとんどありませんでした。

2 サッカー事故事件

　しかし，平成27年最判は，設問と類似する事案において，責任能力のない未成年者が，ネットの存在や道路までの距離からして「ゴールに向かってボールを蹴ったとしても，ボールが路上に出ることが常態であったものとはみられない」サッカーゴールに向かって「校庭の日常的な使用方法として通常の行為である」フリーキックの練習を行っていたところ，「責任能力のない未成年者の親権者は，その直接的な監視下にない子の行動について，人身に危険が及ばないよう注意して行動するよう日頃から指導監督する義務があると解される」としつつ，具体的な未成年者の行為が，「通常は人身に危険が及ぶような行為であるとはいえない」ことを前提に，「親権者の直接的な監視下にない子の行動についての日頃の指導監督は，ある程度一般的なものとならざるを得ないから，通常は人身に危険が及ぶものとはみられない行為によってたまたま人身に損害を生じさせた場合は，当該行為について具体的に予見可能であるなど特別の事情が認められない限り，子に対する監督義務を尽くしていなかったとすべきではない。」と述べました。

　その上で，未成年者の父母は，「危険な行為に及ばないよう日頃から（未成

年者）に通常のしつけをしていたというのであり，（未成年者）の本件における行為について具体的に予見可能であったなどの特別の事情があったこともうかがわれない」ので，監督義務者としての義務を怠らなかったと判断しました☆1。

3　キャッチボールと心臓振盪事件

ところで，同判例の以前には，公園で小学生同士が軟式ボールでキャッチボールをしていたところ，加害者の投げたボールが逸れて，キャッチボールとは無関係の被害者の胸に当たり，その結果被害者が心臓振盪（特定のタイミングで胸部に衝撃が加わった時に，心室細動が生じ，突然心停止にいたること）により死亡した事例において，加害者の親の責任を肯定した裁判例があります☆2。

同裁判例では，加害者の小学生は，「キャッチボールをすれば，ボールがそれて被害者ら他人にあたることが十分に予見でき，（中略）打撃部位によっては他人に傷害を与え，さらには死亡するに至らせることがあることも予見しえたというべきであるから」「キャッチボールを避けるべき注意義務があった」にもかかわらずこれを怠った過失があり，加害者の親は責任を負うとしました。なお，本件においては，平成27年最判以前であったためか，加害者の親の義務について争われていません。

4　責任能力を有する未成年者の監督義務者の責任

未成年者が責任能力を有する場合であっても，監督義務者の義務違反と当該未成年者の不法行為によって生じた結果との間に相当因果関係を認め得るときは，監督義務者につき民法709条に基づく不法行為が成立します。もっとも，未成年者の年齢，能力や監督義務者の監督手段等が考慮されることとなり，相当因果関係を認め得る場合は限定的なものとも考えられます☆3。

〔椿原　　直〕

Q 5 ◆加害者の責任・無関係の第三者に対する責任

■判　例■

☆1　最判平27・4・9民集69巻3号455頁。
☆2　仙台地判平17・2・17判タ1225号281頁。
☆3　最判昭49・3・22民集28巻2号347頁，最判平18・2・24判時1927号63頁。

●参考文献●

・望月浩一郎「公園でのキャッチボール中のボールが胸部に当たった心臓震盪死事故判決──仙台地判平成17.2.17)」日本スポーツ法学会年報12号160頁。

第1章◇アスリート・コーチ・トレーナーの法律相談
第1節◇スポーツ事故に関する法律相談

 指導内容が不適切な場合の責任

　私は高校の体操部に所属しているのですが，先生の指示どおりに練習していたにもかかわらず，大怪我をしてしまいました。誰にどのような責任が生じるでしょうか。

　先生の指示や監督内容が，生徒の安全にかかわる事故の危険性を具体的に予見し，その予見に基づいて当該事故の発生を未然に防止する措置をとり，運動部活動中の生徒を保護すべき注意を払ったものといえない場合，先生又は学校の設置者は損害の賠償責任を負います。

☑ キーワード

　課外活動，指導者の注意義務，使用者責任，国家賠償法

解　説

1　指導上の注意義務

　最高裁の判例上，一般に，「教師は，学校における教育活動により生ずるおそれのある危険から生徒を保護すべき義務を負っており，危険を伴う技術を指導する場合には，事故の発生を防止するために十分な措置を講じるべき注意義務がある」とされています☆1。
　その上で，課外の運動部活動については，生徒の自主性尊重や過度な萎縮の

回避といった観点が加わりますが、教師はできる限り生徒の安全にかかわる事故の危険性を具体的に予見し、その予見に基づいて当該事故の発生を未然に防止する措置をとり、運動部活動中の生徒を保護すべき注意義務を負うとされています☆2。

したがって、学校や指導教員に賠償責任が生じるか否かは当該注意義務が個別の事案においてどのような義務として具体化されるかを検討の上、その履行によって当該事故が回避可能か、その履行の有無及び損害との因果関係の如何を検討することになります。

2　注意義務の態様と責任主体

(1)　注意義務の態様

課外活動における指導者の注意義務の態様にはいくつかあり得ますが、例えば、立会い・監視義務、直接指導義務、生徒間事故防止義務、附随するいじめ防止義務、救護義務といったものが考えられます。

いずれにせよ、問題とされる状況を前提に、上記❶記載の義務に照らして当該教員の具体的義務を把握することになります。

(2)　責任主体

上記義務違反が認められるとき、私立学校であれば、当該教員が民法709条により、学校設置者等が同715条あるいは同415条により、賠償責任を負います。国公立学校であれば、国家賠償法１条により賠償責任を負います（公務員個人の責任については**Ｑ１**参照）。

3　本設問について

例えば比較的最近の裁判例☆3では、市立高校の生徒が教諭の直接指導の下、平行棒で習熟度の低い技を練習中、失敗して前方に飛び出した結果最終的に体育館の床で前頭部を強打し、脊髄損傷の障害を負った事案につき、指導教諭は技の難度や生徒の技量、失敗の可能性やその危険等を考慮し、失敗に備えて十分な補助体勢やマット等の設備を備えるべきであったところこれを怠った

第1章◇アスリート・コーチ・トレーナーの法律相談
第1節◇スポーツ事故に関する法律相談

として，市に賠償責任を認めています。また，高校生が体操部のトランポリンの練習中宙返りに失敗して頭部から落下し重傷を負った事案の裁判例[4]は，いかなるクラブ活動においても顧問教諭が常時直接立ち会って指導監督する義務があるとまではいえないとしつつ，当該教諭は，日常の練習にはほとんど立ち会ったことはなく，実技練習計画は掲示したものの具体的な指導を行うこともせず，部員の自主的判断に任せていたとの認定の下，当該教諭にはなすべき体操競技に伴う危険防止，安全措置を講ずべき義務を怠った過失があると判断しています。一方，教員が立ち会わない状況の下，生じたクラブ活動中の生徒間の喧嘩による事故の事案では，個々の活動に常時立ち会い，監視指導すべき義務までを負うものではないとされており[5]，競技の種目や練習内容，当該事故時の具体的状況等によって判断は分かれます。

　本設問での事案でも，指導教諭の指導内容や事故の経緯に照らし，指示した練習内容の危険性に応じて十分な監督を行っていたか，また指示内容それ自体や指示の危険性に応じた事故回避措置をとっていたかという観点から，指導教諭の注意義務の有無が判断されることになるでしょう。

　なお本件のような課外活動における事故の場合，過失相殺の主張がなされることがあり，一定程度生徒の自主性が尊重されるべき課外活動であることに加え，生徒の年齢や指導態様，事故の経緯等に照らし，過失相殺の可否及び程度が判断されることになるでしょう。

〔恒石　直和〕

■判　例■

- ☆1　最判昭62・2・6判タ638号137頁。
- ☆2　最判平18・3・13判タ1208号85頁。
- ☆3　大阪地判平22・9・3判時2102号87頁。
- ☆4　東京高判平7・2・28判タ890号226頁。
- ☆5　最判昭58・2・18判タ492号175頁。

●参考文献●

・　伊藤進＝織田博子「学校事故」ジュリ993号92頁以下。

組体操や騎馬戦等における事故の責任

　私の小学生の子どもは，運動会において組体操をしている際に，大怪我をしました。誰にどのような責任が生じるでしょうか。また，騎馬戦やむかで競争における事故についても教えてください。

　競技の危険に応じた事前の注意・危険回避方法の練習・競技時の監視体制の整備等が十分に行われたかどうかが問われ，これを教員が怠ったことにより事故が発生すると，学校側に損害賠償責任が認められます。

☑ **キーワード**
体育祭における事故，組体操，騎馬戦，むかで競争

解　説

1　組体操について

　組体操（正確には「組立体操」ですが，本設問では一般の認識に従い「組体操」と表記します）が問題とされた裁判の中で，例えば8段ピラミッドを組む途中6段目が上がりかけた途中で崩落し，生徒が下敷きになって重症を負った事案☆1において，裁判所は，高校（の設置者）は「学校教育の場において生じうる種々の危険」から生徒の「生命，身体等を保護するために必要な措置をとるべき一般的な注意義務を負っている」とした上で，指導計画の立案から指導終了まで

における危険の予見・回避義務，ピラミッドの組み方指導についての注意義務，ピラミッドの補助体勢についての注意義務，崩れ方についての注意義務につきそれぞれ検討し，学校側の注意義務違反による国家賠償法1条に基づく損害賠償責任を認めています。

　下記の，他の競技の裁判例を併せてみても，概ね，計画した競技の危険性に応じた，事前の注意・危険回避方法の練習・競技時の監視体制といったものが検討され，これが不十分であったが故に事故が発生すると，学校（及び場合によっては教諭）に損害賠償義務が認められることになります。

　いずれにせよ裁判例を概観すると，組体操においてピラミッドを行う際には，学校側に徹底した事前の危険回避措置及び危険が現実化した際の対応措置が求められているといえます。

　本設問の事案においてもこのような措置をとったかが問われますが，通常予想し得ないような特殊な事情で怪我をしたのでなければ，学校側の責任が認められる可能性は相当程度あるものと思われます（なお具体的な責任主体については**Q6**を参照してください）。

2　騎馬戦やむかで競争について

　組体操以外でも，運動会等の場面において一定の危険を伴う競技を行うことがあり得ますが，いずれも正規授業の一貫として行われ，かつ生徒達自身や観に来る父兄の楽しみをも目的としているものであり，組体操における事故とおおよその判断枠組を異にする理由はないでしょう。ここでは例として裁判例のある騎馬戦とむかで競争について触れます。

　騎馬戦については，例えばいわゆる大将落としの，一騎対複数騎の対戦が禁止されない騎馬戦において，大将騎馬の前の騎馬において先頭馬を担った生徒が，騎馬が一塊になって倒れた際に重症を負った事案につき，裁判所は，競技の危険性を認識の上，練習の際に安全な倒壊の仕方・組み手の外し方等につき説明・指導等をすべき義務，騎馬の動向を注視し，生徒が負傷する危険が生じた際には直ちにこれに対応して対戦を中止させたり，転落，転倒を防止する等の措置をとるための体制を予め整える義務といった義務の違反があったと指摘

し、学校側の損害賠償責任を認めました☆2。また一騎打ちの騎馬戦においても、「事前に生徒に騎馬戦の危険性及び転落時に取るべき安全確保の手段を指導し、かつ十分な練習をさせる義務」及び「騎手が落下する方向が急激に変化したとしても審判員が危険防止措置を取ることができるように、対戦する騎馬1組に対し複数の審判員を配置する義務」の違反があったとして学校側の損害賠償責任を認めた裁判例があります☆3。

むかで競争についても、タイムを設定して練習中、足並みの乱れから前の生徒が仰向けに倒れたあおりを受け、被害生徒が後方に転倒して負傷した事案につき、裁判所は、生徒の転倒及びそれに伴う他の生徒の転倒といった競技の危険性に鑑みると、教員は練習の指導に際しては勝敗よりも安全確保に留意し、歩行から駆け足へと段階的に練習を積み競技形式の練習へ移行すべき義務を負うところ、これを怠ったとして学校側の損害賠償責任を認めています☆4。

騎馬戦にせよむかで競争にせよ、学校（具体的には指導する教諭）には、当該競技の内容から想定し得る危険を十分認識した上で、生徒に対しその危険を周知し危険回避のための指導を事前に行うとともに、競技実施に際しては危険発生防止のための体制整備を行うことによって重大事故を避けることが求められているといえます。

〔恒石　直和〕

■判　例■

☆1　福岡高判平6・12・22判タ879号236頁。
☆2　福岡地判平11・9・2判タ1027号244頁。
☆3　福岡地判平27・3・3判時2271号100頁。
☆4　神戸地判平12・3・1判時1718号115頁。

第1章◇アスリート・コーチ・トレーナーの法律相談
第1節◇スポーツ事故に関する法律相談

 脳震盪による事故の責任

　私の高校生の子どもは公立中学校の柔道部に所属していたのですが，指導担当の教諭が指導する練習中，頭を打って障がいが残ってしまいました。この事故の数日前にも脳震盪を起こしており心配していたのですが，学校側の責任を問うことはできないでしょうか。

　今日において脳震盪の危険性と脳震盪後の競技復帰に慎重な手順が要求されることは広く認識されており，柔道を含む複数のスポーツにおいて各競技団体も脳震盪に関するガイドライン等を公表しています。したがって，選手が脳震盪の診断を受けたのであれば，その選手に競技復帰させるには段階的な手順を踏む必要があり，これを十分に履践しなかった場合，学校側に賠償責任が認められる可能性が高いでしょう。

☑ キーワード

　脳震盪，ガイドライン，セカンドインパクト症候群

解　説

1　スポーツにおける脳震盪についての知見

(1) 米国における研究・議論の進展

　脳震盪は，一時期までその危険性について十分な認識が共有されておらず，

特段心配すべきものではないものであるという考えが一般的でした。

しかしながら2000年代に入ってから，NFL（National Football League）の元選手を中心とした元スポーツ選手の脳疾患が米国で注目されるようになり徐々に研究が進められ，脳震盪の危険性について議論がなされるようになりました。これにつきNFLも，2009年にはその危険性を認めました*1。NFLはその後元選手らと脳震盪についての訴訟で和解合意し，2016年4月18日，連邦巡回控訴裁判所が，NFL側が推定総額10億円を支払う旨の和解案を支持するにいたっています*2。

(2) 現在の知見

上記のように研究・議論が進んだ結果，現在，例えばワールドラグビー（旧国際ラグビー評議会）は，脳震盪は脳の外傷であってすべて深刻であることを明記し，いかなる場合にどのような対応が必要か記載した脳震盪ガイドラインを公表しており*3，日本ラグビー・フットボール協会もこの日本語版を公表しています*4。

ここでは，脳震盪の疑いがある選手は直ちにプレーをやめさせることとした上で，当日中の復帰禁止を含むその後とられるべき措置及び数日間かかる段階的な復帰プログラムを定めています（詳細は■注　記■参照）。

また，例えばサッカー*5や柔道*6といった他の競技団体もそれぞれ指針やマニュアルを公表しており，今や脳震盪の危険性と，脳震盪後の競技復帰に慎重を期す必要があることは広く認識されるにいたっているといえます。

2　指導者側の法的な責任について

以上を前提に，過去スポーツにおける頭部外傷について争われた裁判例を見てみますと，柔道部に所属する高校生が脳震盪と診断された約2週間後，練習中投げられた後にしゃがみこんで倒れ，急性硬膜下血種と診断された事案において，裁判所は，必ずしも同事案での注意義務違反の認定に際し生徒が脳震盪の診断を受けていたことは不可欠の前提でないとしつつ，当該事故より前の平成12年又は平成15年の時点で，既にスポーツ指導者向けの文献において，いわゆるセカンドインパクト症候群（軽傷の頭部外傷を受けた後に，その症状が完全に消

第1章◇アスリート・コーチ・トレーナーの法律相談
第1節◇スポーツ事故に関する法律相談

失しないうち,あるいは消失した直後に頭部外傷を受け,重篤な状態に陥るもの)の存在とそれゆえ脳震盪後の競技復帰には適切な判断が必要である旨の指摘があったとして,指導教諭の注意義務違反を認めています☆1。

このようにスポーツ中における怪我等の健康被害に関しては,指導者の選手に対する注意義務の存在を前提としつつ,どこまで医学的知見とそれに基づくあるべき対処法が普及し,広く認識されていたか,またそれに基づいた対応を指導者が行ったかが問われます。

脳震盪の危険ととるべき対処法が広く認識されている今日において,指導者には,脳震盪が疑われた場合の選手の競技中止を含む適切な対応と,競技復帰への慎重な手続が法的にも要求され,生徒が脳震盪の診断を受けたにもかかわらず安易に競技復帰させ,その後の事故による症状の重篤化を招いたのであれば,注意義務違反があったとして学校側に損害賠償義務が認められる可能性が高いでしょう。

〔恒石　直和〕

■判　例■

☆1　東京高判平25・7・3判タ1393号173頁。

■注　記■

＊1　李啓充「米スポーツ界を震撼させる変性脳疾患(1)～(8)」週刊医学界新聞3060号～3074号（隔週連載）。
＊2　AFPホームページ（http://www.afpbb.com/articles/-/3084418）。
＊3　ワールドラグビーホームページ（http://www.worldrugby.org/）。
＊4　ラグビーファミリーガイドホームページ（https://www.rugby-japan.jp/RugbyFamilyGuide/shidousya.html）。
＊5　日本サッカー協会ホームページ（http://www.jfa.jp/football_family/medical/b08.html）。
＊6　全日本柔道連盟「事故をこうして防ごう──柔道の安全指導〔第3版〕」(2011年)。

落雷，雪崩などによる事故の責任

私の高校生の子どもは，課外のクラブ活動としてのサッカーの試合中に落雷により負傷しました。誰にどのような責任が生じるでしょうか。

　私立学校の場合，指導者（引率兼監督である教諭）が不法行為に基づく損害賠償責任を負う可能性があり，学校も使用者責任又は契約上の責任を負う可能性があります。一方，国公立学校の場合，国又は地方自治体に国家賠償法に基づく責任が生じる可能性があります。
　また，試合の主催者が私的団体である場合，私的団体も債務不履行及び不法行為に基づく損害賠償責任を負う可能性があり，国又は地方自治体の場合，国又は地方自治体に国家賠償法に基づく責任が生じる可能性があります。

☑ キーワード

指導者の責任，科学的知見，予見義務，天災，落雷，雪崩

解　説

 設問類似の裁判例

　私立高校のサッカー部でサッカー協会（財団法人）主催の大会に参加したAが試合中に落雷により負傷し，A及びその父兄が学校及びサッカー協会に対し

て損害賠償を請求した事案☆1☆2があります。

裁判では、学校ないし指導者及び主催者の担当者に注意義務違反が認められるかが主とした争点になり、判決は、「落雷に対する安全対策に関する科学的知見として、避雷法、安全空間、保護範囲については広く一般に知られていた」ことを前提に、指導者及び主催者の担当者には、「生徒らを」「保護範囲に避難させ、姿勢を低くした状態で待機するよう指示した上」、対戦相手の監督及び大会主催者の担当者に対し、「落雷の危険が去るまで同試合の開始を延期することを申し入れて協議を」するなどの「措置を執り、天候の変化に注目しつつ、更に安全空間への退避の方法についても検討するなどの措置を執ることが可能であり、そうしていれば」、「本件落雷事故を回避でき」たとして、注意義務違反を肯定しました。

2 天災に関する指導者の安全配慮義務

(1) 落雷事故

上記最高裁判決はまず、「生徒は担当教諭の指導監督に従って行動するのであるから、担当教諭は、出来る限り生徒の安全にかかわる事故の危険性を具体的に予見し、その予見に基づいて当該事故の発生を未然に防止する措置を執り、クラブ活動中の生徒を保護すべき注意義務を負うものというべき」としています。

その上で、落雷による死傷事故が当時毎年5ないし11件発生し、毎年3ないし6人が死亡していることから、落雷による死傷事故は多く存在しており、落雷事故を予防するための注意に関しては、運動場等にいて雷雲が遠くにあり、雷鳴が遠くかすかでも直ちに屋内に避難すべきとの趣旨の文献の記載が多く存在していたことから、雷鳴が聞こえ、雲の間で放電が起きているのが目撃されていた本件では、雷鳴が大きな音ではなかったとしても、教諭としては、上記時点ころまでには落雷事故発生の危険が迫っていることを具体的に予見することが可能であったというべきであり、また、予見すべき注意義務を怠ったものというべきと判断し、たとえこれに反する認識が平均的なスポーツ指導者において一般的であったとしても結論を左右しないとしています。

(2) 雪崩事故

　科学的知見に関連し，県主催の研修会での雪崩死亡事故につき，「事前に訓練実施場所の地形，積雪状況や現場付近の天候等について十分な調査を行って，雪上歩行訓練を実施した場合の雪崩発生の可能性について十分な検討協議を尽くした上，雪崩が発生する危険性を的確に判断して，雪崩による遭難事故を回避すべき注意義務を負っていたというべきである」とし，山岳会の指導者的立場にある本件講師らとしては，条件を事前に十分調査，検討することにより雪崩を回避することが，完全とはいえないまでも相当程度可能であるとして安全配慮義務違反を認めた裁判例があります☆3。

　また，文部省(当時)登山研修所主催の冬山研修会に参加した研修生が雪庇の崩落により発生した雪崩に巻き込まれて死亡した事故につき，雪庇の規模に関する事前の調査や情報収集が不十分であったとして，専門家である講師らの登高ルート及び休憩場所の選定に過失があるとして，国家賠償請求を肯定した裁判例もあります☆4。

　さらに，公立学校の山岳部合宿の雪崩死亡事故につき，教諭には合宿に参加した学生をその実施により生じるおそれのある危険から保護すべき注意義務があり，その義務違反が認められるとして国家賠償責任を肯定した判例もあります☆5。

〔恒石　直和＝栗木　圭〕

■判　例■

- ☆1　高松高判平20・9・17判時2029号42頁，判タ1280号72頁（☆2の差戻審）。
- ☆2　最判平18・3・13判時1929号41頁，判タ1208号85頁。
- ☆3　長野地松本支判平7・11・21判時1585号78頁。
- ☆4　富山地判平18・4・26判タ1244号135頁。
- ☆5　最判平2・3・23判タ725号57頁。

第1章◆アスリート・コーチ・トレーナーの法律相談
第1節◆スポーツ事故に関する法律相談

 危険を伴うスポーツ事故の責任

　私の妻はツアー登山に参加中，強風及び吹雪にさらされて，低体温症により死亡しました。誰にどのような責任が生じるでしょうか。また，その他，危険を伴うスポーツのツアーや講習会で傷害等を負った場合の責任についても教えてください。

　本件においては，ツアー主催者及びガイド等の指導者に損害賠償責任が生じ得ます。危険を伴うスポーツの傷害や死亡については自己責任が原則となりますが，ツアーや講習会の場合，主催者や講師・ガイドは，参加者の安全を保障していると解されていることから，安全に配慮すべき義務の違反があれば，損害賠償責任が発生します。

☑ キーワード

　指導者の責任，主催者の責任，安全配慮義務，危険なスポーツ

解　説

1　本設問についての裁判例

　設問類似の裁判例☆1 では，プロの登山ガイドである被告が主催した登山ツアーに参加したAが，ツアー中に強風及び吹雪にさらされて低体温症で死亡したため，Aの相続人である原告らが，被告に対し，安全配慮義務違反等を理由

とする債務不履行又は不法行為に基づき損害賠償の支払を求めた事案です。

判決では、主催者の注意義務について「登山は、遭難、事故等により生命の危険を伴うものであるから、登山ツアーを企画実施する者は、参加者の生命身体に危険が生じないような適切な準備や指示、処置をする注意義務を負っている」とし、指導者・監督者の注意義務について「出発前から天候に関する情報を収集すべき義務（事前情報収集義務）、登山中の天候を予測した上で登山中の天候が悪天候である場合には登山を中止するなど適切な処置をとるべき義務（催行検討義務）」を負うとしています。なお、判決においては、原告らの請求額がそのまま認容されています（X_1（夫）：3100万円余、X_2・X_3（子ら）：各1500万円余）。

2 登山・スキューバダイビングにおける事故の責任

(1) 危険なスポーツにおける事故の責任

登山・スキューバダイビングは、一歩誤ると死亡事故にもつながる危険なスポーツであり、その危険性は一般的に認知されているといえます。したがって、事故が発生しても自己責任が原則となりますが、講習会やツアーにおいては、指導者・監督者（以下「指導者」といいます）、ツアー・講習会主催者（以下「主催者」といいます）が参加者の安全を保障していると解されることから、指導者又は主催者に安全配慮義務違反・注意義務違反（以下「安全配慮義務違反」といいます）が認められれば損害賠償責任が生じます。

(2) 指導者の安全配慮義務

指導者と主催者は、いずれも安全配慮義務を負い、その内容は重なり合いますが、指導者は参加者に直に接するため、より直接的な義務を負います。

登山において、指導者には、「装備、技術、経験及び体力等の劣る参加者の動静に関心を払い……、参加者の安全を確保する注意義務がある」☆2 とされ、より具体的な義務として、上記の事前情報収集義務や催行検討義務に加えて、自然現象による危険性を予測するため事前に調査、検討する義務☆3、自然現象の予測を踏まえてより安全なルートを選択すべき義務☆4☆5 や下山決定の際に下山の場合と停滞の場合との危険を比較衡量してより安全な処置をとるべき義務☆6 等があるとされています。

第1章◇アスリート・コーチ・トレーナーの法律相談
第1節◇スポーツ事故に関する法律相談

　スキューバダイビングおいても，講師は，「スキューバダイビング講習会の受講生の動静を常に注視し，受講生に異常が生じた場合には直ちに適切な措置や救護をすべき義務を負う」☆7とされ，より具体的な義務として，参加者のレベルに応じた危険回避義務☆8☆9，技術の習熟度や海況等に応じた実習方法・場所を選定する義務☆10等があるとされています。

(3) 主催者の安全配慮義務

　主催者の責任について，指導者との間に使用関係があった場合には，指導者の責任が認められれば使用者責任が発生します☆8。使用関係がない場合には，判例では，ツアーを企画実施する者は，参加者の生命身体に危険が生じないような適切な準備や処置等をする注意義務があるとした上で，被害者との契約内容を丁寧に検討し，安全配慮義務の具体的内容が判示されています☆10☆11。

(4) 指導者の刑事責任

　近時，登山やスキューバダイビングの事故を巡り，刑事裁判において指導者に対する有罪判決（ほとんどは業務上過失致死傷罪）が増えています☆12。

〔合田雄治郎〕

━━■判　例■━━

　☆1　熊本地判平24・7・20判時2162号111頁。　☆2　静岡地判昭58・12・9判時1099号21頁。　☆3　長野地松本支判平7・11・21判時1585号78頁。　☆4　東京高判昭61・12・17判時1222号37頁。　☆5　富山地判平18・4・26判時1947号75頁。　☆6　東京地判昭59・6・26判時1131号93頁。　☆7　東京地判平13・6・20判タ1074号219頁。　☆8　東京地判平16・11・24（平12(ワ)21770号）LLI/DB。　☆9　大阪地判平16・5・28判タ1170号255頁。　☆10　大阪地判平17・6・8（平14(ワ)12464号）LLI/DB。　☆11　東京地判平16・7・30判タ1198号193頁。　☆12　札幌地判16・3・17（平14(わ)184号）LLI/DB，福岡高那覇支判平10・4・9（平9(う)21号）高等裁判所刑事裁判速報集（平10）号119頁，鹿児島地名瀬支判平19・9・13（平19(わ)11号）LLI/DB。

━━●参考文献●━━

・　溝手康史『登山の法律学』（東京新聞出版局，2007年），同『山岳事故の法的責任』（星雲社，2015年），中田誠『商品スポーツ事故の法的責任』（信山社，2008年）。

スポーツをする者が第三者に対して加害者となった場合の指導者，主催者等の責任

公道で行われたサイクリング行事に参加した者が走行中に歩行者に衝突し，歩行者が死亡した場合，誰にどのような責任が生じるでしょうか。

A 歩行者に衝突した者に不法行為に基づく損害賠償責任が認められ得ます。主催者にも不法行為に基づく損害賠償責任が認められ得ます。
　さらに，歩行者に衝突した者が私立高校の課外活動として参加していたような場合，指導者である教諭も安全指導の徹底を怠ったなどの過失があるとして，不法行為に基づく損害賠償責任を負う可能性があります。当該学校が国公立である場合，設置主体である国又は地方自治体等が国家賠償責任を負う可能性があります。

☑ **キーワード**

指導者の責任，主催者の責任，被害者側の過失，サイクリング，ランニング，スノーボード

解　説

 設問類似の裁判例

公道で行われたサイクリング行事の参加者がコース沿線を歩行していた者に衝突し，死亡させたことから，被害者の遺族らが当該参加者のほか本件行事の

第1章◇アスリート・コーチ・トレーナーの法律相談
第1節◇スポーツ事故に関する法律相談

主催者に対して不法行為に基づく損害賠償を求めた事案があります☆1。

2 主催者の責任

上記事案の裁判では、本件行事を開催するにあたり沿線住民へ周知広報等をしなかった点、本件事故現場付近にコース監視員を配置する措置をとらなかった点について主催者に過失が認められるとして損害賠償責任が肯定されました。

なお、監視員の配置に関しては、本件事故現場付近には、横断歩道があって一般歩行者と本件行事参加者の自転車走行者とが交錯しやすい場所であること、自転車は自動車と異なりほとんど無音である上、スポーツ系自転車に乗る者は前傾姿勢になりがちであること等を前提に、これら特殊性に応じた対策を講じておくべきであったとされています。

3 指導者の責任

(1) 加害者側の指導者の責任

県立高校の陸上部の生徒が槍投げの練習中に、他の部員生徒が投げた槍が頭部に衝突し負傷した事案で、「練習に用いた槍は、」「その使用方法や練習方法によっては、人の生命や身体に危険を及ぼす可能性があるから、本件のような事故が発生する危険性があることを具体的に予見することが可能であったというべき」であり、教諭は「練習に立ち会い、監視指導すべき義務を負っていた」のであるから、この義務に違反した過失があるとし（その他、声かけ等の安全指導を徹底しなかった過失も認定）、県に国家賠償法に基づく損害賠償責任を肯定した裁判例があります☆2。

もっとも、府立高校の野球部でランニング中の生徒が信号待ちをしていた老女に衝突し負傷させた事案では、生徒の不法行為責任を認めながら、「校長ないし教員は、運動部活動に関しても生徒を指揮監督する義務があると解される」としつつも、「逐一生徒の行動と結果について監督する義務まではなく、唯生徒が通常の自主的な判断と行動をしていてもその過程で他人の生命身体に

Q11◆スポーツをする者が第三者に対して加害者となった場合の指導者，主催者等の責任

対し危険を生じさせるような事態が客観的に予測される場合に，事故の発生を未然に防止すべく事前に注意指示を与えれば足りると解するのが相当」とし，本件では指導教員には指導監督義務違反があったとはいえないとして過失を否定しています☆3。また，中学校の生徒が部活動で学校の周囲において持久走をしていたときに老女に衝突して負傷させた事案の高裁判決では，一般の中学2年生程度の能力であれば，道路における持久走での通常の走法として，日常の生活体験からも自然に体得し得るものであり，その程度の能力を当該生徒が欠いていたと認められない本件では，指導教諭としては，当該生徒もそのような走法で走行することを前提として指導すれば足りるとして，指導教諭の過失を否定しています☆4。なお，地裁は過失を肯定していました☆5。

このように単に生徒に過失が認められることをもって，直ちに指導者の注意義務違反が認められるのではなく，個別具体的な行為を詳細に検討した上で，指導者の指揮監督義務違反の有無を判断しています。

(2) 被害者側の指導者の過失

被害者側に指導者がいるようなケースでは，被害者の過失に加え，被害者の指導者に過失が認められる場合，過失相殺が認められる可能性があります☆6。

〔恒石　直和＝栗木　圭〕

― ■判　例■ ―

☆1　広島地尾道支判平19・10・9判時2036号102頁。
☆2　神戸地判平14・10・8（平12(ワ)291号）裁判所ホームページ。
☆3　大阪地判昭55・7・11判時1000号108頁，判タ423号114頁。
☆4　福岡高判平5・2・9判タ823号147頁。
☆5　福岡地久留米支判平4・6・8判タ823号149頁。
☆6　名古屋地判平13・7・27判時1767号104頁，判タ1123号174頁。

第1章◇アスリート・コーチ・トレーナーの法律相談
第1節◇スポーツ事故に関する法律相談

 施設管理者の責任

　私は競泳をしていますが，先日行われた競泳大会でスタートのときにスタート台から飛び込みをしたところ，プールの底に頭を打って怪我をしてしまいました。誰にどのような責任が生じるでしょうか。

　本件においては，プールが通常有すべき安全性を欠いており，そのことによって損害を受けた場合には，プールの管理者に対して，工作物責任又は営造物責任を根拠として損害賠償を請求することができます。
　プールの通常有すべき安全性についての判断にあたっては，日本水泳連盟が定めるプール公認規則（以下「プール公認規則」といいます）がひとつの基準となります。

☑ キーワード

　設置又は保存の瑕疵，通常有すべき安全性，工作物責任，営造物責任，土地の工作物，公の営造物，プール公認規則

解　説

1　工作物責任・営造物責任について

　土地の工作物の設置又は保存に瑕疵があった場合に，工作物の占有者又は所有者が負う賠償責任を工作物責任といいます（民717条1項）。土地の工作物とは，「土地に接着して人工的作為を加えることによって成立した物」をいいま

す☆1。

　公の営造物の設置又は管理に瑕疵があった場合に，国又は地方自治体が負う賠償責任を営造物責任といいます（国賠2条1項）。公の営造物とは，広く公の目的に供せられる物的施設をいいますが，土地に定着していることは要件ではないので，土地の工作物よりも広い概念となります☆2。

　工作物責任及び営造物責任のどちらにおいても，土地の工作物又は公の営造物の「設置又は保存（管理）に瑕疵があること」，すなわち，当該施設が通常備えているべき安全性を欠いていることが要件となります☆3。

　通常有すべき安全性の有無は，当該施設の構造，用法，場所的環境及び利用状況等諸般の事情を総合考慮して具体的個別的に判断されます☆4。

2　飛び込みの安全性とプールの水深

(1)　安全性を確保できる水深

　最新のプール公認規則では，「端壁前方6.0mまでの水深が1.35m未満であるときはスタート台を設置してはならない」（以下「スタート台設置基準」といいます）とされています。

　しかし，飛び込みにおいて十分な安全を確保するためには，3m以上の水深が必要だと考えられています*1。そのため，スタート台設置基準は絶対的な安全基準ではなく，最低条件と捉えておくべきでしょう。

(2)　安全な飛び込みをするにあたって留意すべき事項

　飛び込みの安全性に関しては，水深やスタート台の高さといった施設の構造の他にも，利用者の年齢（体格），利用者の危険性についての認識，利用者の技量，指導の適切性等が考慮要素となります。

3　裁判例と本問検討

　裁判所は，■表の事例1については，高校生による飛び込みを全く制限なしに利用することが前提とされている施設としては瑕疵があると判断し，プールを管理していた市の営造物責任を認めました☆5。

第 1 章◇アスリート・コーチ・トレーナーの法律相談
第 1 節◇スポーツ事故に関する法律相談

■表　裁判例

	事例 1	事例 2
場面	高校のクラブ活動中	スイミングスクールでの授業開始前
プールの構造	スタート台の高さが約47cm。水深は，最深部が1.2m，スタート台直下が1.0m。	スタート台の高さは水面から45cm。水深は端壁から 2 m 付近で1.1m。
用途，飛び込みの禁止	市民プールとして，子供から大人までが利用していた。市の水泳大会等も開催されており，通常の方法での飛び込みは禁止されていなかった。	スクール受講者の子供から大人までが利用していた。記録会も行われ，成人用プログラムでは，飛び込みは禁止されていなかった。
利用者の性質等	高校 2 年生で身長176cm，体重63kg。水泳部の中でも優秀な選手だった。	22歳男性。飛び込みの指導を受けたことはなく，飛び込みを試みたこともなかった。
指導者の対応	水深が浅いことについて特に指摘しなかった。	コーチは，成人の受講生が飛び込むのを目撃しても，一切注意をしたことはなかった。

　また，■表の事例2については，飛び込みの練習が認められていた競泳用プールとしては瑕疵があると判断し，スイミングスクールを経営していた会社の工作物責任を認めました☆6。

　本設問では，スタート台設置基準の遵守を中心に，利用者の年齢（体格），利用者の危険性についての認識，利用者の技量，指導の適切性等を総合考慮して，飛び込みを安全に行うための環境が確保されていたかどうかが検討されることとなります。　　　　　　　　　　　〔椿原　　直＝諏訪　　匠〕

===■判　例■===

☆ 1　大阪地判昭61・10・31判タ634号174頁。
☆ 2　東京高判昭29・9・15高民集 7 巻11号848頁。
☆ 3　最判昭45・8・20民集24巻 9 号1268頁。
☆ 4　最判昭53・7・4民集32巻 5 号809頁。
☆ 5　浦和地判平 5・4・23判タ825号140頁。
☆ 6　奈良地葛城支判平11・8・20判時1729号62頁。

===■注　記■===

＊ 1　日本水泳連盟「プールとスタート台の高さに関するガイドライン」。

スポーツ観戦中の事故

球場でプロ野球の試合観戦をしていた際に、打者が打ったファウルボールが私の顔に当たり、怪我をしてしまいました。誰にどのような責任が生じるでしょうか。

　プロ野球の球場などのスポーツ施設の管理者は、施設が通常有すべき安全性を欠いていた場合、これによって生じた損害を賠償すべき責任があります（**Q12**参照）。なお、プロ野球の球場においては、臨場感の確保の要請も考慮すべきとされています。
　また、試合を主催する球団会社（以下「球団」といいます）は、観客に対して、野球観戦契約に基づく安全配慮義務を負い、同義務に反した場合、債務不履行としての損害賠償責任を負います。

☑ **キーワード**
設置又は保存の瑕疵、工作物責任、営造物責任、臨場感、安全配慮義務

解　説

 請求の法的根拠と争点

施設管理者である球場会社に対する請求において、球場に設置又は保存の瑕疵があったかどうかが問題となります（**Q12**参照）。

第1章◇アスリート・コーチ・トレーナーの法律相談
第1節◇スポーツ事故に関する法律相談

　興業主催者である球団に対する請求において，球団は，観客との間の野球観戦契約の付随義務として，観客の安全対策を適切に講じるべき安全配慮義務を負い，当該義務を履行していたかが問題となります。

2　球場の瑕疵について

　本設問と類似する各裁判例の判断によれば，球場の瑕疵の有無については，プロ野球の球場としての一般的性質に照らし，安全性及び臨場感の確保の要請，観客に求められる注意の内容及び程度，他の安全対策等の諸要素を総合考慮し，合理的な安全性が確保されているかという基準で判断するとしました。
　各裁判例において言及された判断要素について，■表で整理しました。

■表　各裁判例において言及された判断要素

	裁判例1☆1	裁判例2☆2	裁判例3☆3（原審）	裁判例4☆4（控訴審）
観客による危険性の認識	容易に認識し得る。	通常人はよく認識している。	一般的認識はない。	容易に認識し得る。
観客に求められる注意	相応の注意が求められる。	相応の注意が求められる。	安全対策等を手がかりに衝突を回避する行動をとれば足りる。	相応の注意が求められる。
臨場感のもつ意味	観戦の本質的要素	観戦の本質的要素	臨場感優先に偏して安全性を後退させるべきではない。	観戦の本質的要素
内野フェンスの高さ	4.29m	3.6m	2.9m	
フェンスやネット以外の安全対策	看板，警笛，場内アナウンス，大型ビジョンでの動画，チケット裏面の警告	看板，警笛，場内アナウンス，大型ビジョンでの動画	警笛，場内アナウンス，大型ビジョンでの動画，チケット裏面の警告，約款での警告	
結論	瑕疵なし	瑕疵なし	瑕疵あり	瑕疵なし

※裁判例2のみ，折れたバットが観客に直撃した事案です。

3 球団の責任について

■表における裁判例4では，被害者が野球のルールに詳しくないといった事情があり，そのような観客との関係では，野球観戦契約に信義則上付随する安全配慮義務として，危険性が相対的に低い座席のみを選択できるようにするとか，危険性等について具体的に告知して危険の引受けについての選択の機会を保障するなどの安全対策を講じるべきであったとして，球団の安全配慮義務違反が認められました。

4 検　　討

グラウンドにせり出した選手の目線に近い座席が各球場で人気となっていることなどをうけ，裁判所は臨場感確保の要請を重視する傾向があります。もっとも，観客の属性も様々であり，野球のルールや危険性についての観客の認識にも当然に大きなばらつきがあると考えられます。

他方，アマチュアの試合では，家族や応援団など選手の応援を主たる目的とする観客が多くなり，プロ野球と比べると観客の危険性の認識や臨場感確保の要請は後退すると考えられます。

〔椿原　　直＝諏訪　　匠〕

―■判　例■―

☆1　仙台高判平23・10・14（平21(ワ)716号）LLI/DB。
☆2　神戸地尼崎支判平26・1・30（平24(ワ)947号，平25(ワ)67号）LLI/DB。
☆3　札幌地判平27・3・26（平24(ワ)1570号）判例地方自治410号78頁。
☆4　札幌高判平28・5・20（平27(ネ)157号）判例地方自治410号70頁。

第1章◇アスリート・コーチ・トレーナーの法律相談
第1節◇スポーツ事故に関する法律相談

 スポーツ用具に欠陥があった場合の法的責任

近所の自転車屋で購入した輸入品の自転車に乗っていたところ，自転車のサスペンション部分の欠陥が原因で転倒し，怪我をしました。誰にどのような責任が生じるでしょうか。

　当該自転車の販売業者に対しては，債務不履行責任に基づく損害賠償義務が生じます。また，当該自転車の輸入業者及び製造業者に対しては，不法行為責任のほか，製造物責任法に基づく損害賠償義務が生じます。さらに，各業者の担当者に刑事責任が生じる場合もあります。

☑ キーワード

　スポーツ用具，欠陥，製造物責任法，公の営造物

解　説

1　民法上の責任及び刑法上の責任

　スポーツ用具・器具の欠陥が原因で怪我をした者は，販売元や製造業者らに対し，不法行為責任（民709条・717条1項）や債務不履行責任（民415条），瑕疵担保責任（民570条）を根拠に，損害賠償請求をすることができます☆1☆2。
　また，販売元や製造業者の担当者は，業務上過失致死傷罪（刑211条）などの刑事責任を負う場合もあります。

2　製造物責任法上の責任

(1) 民法の特別法としての製造物責任法

　怪我をした者としては，上記民法上の責任のほか，製造物責任法に基づく責任追及を行うことも可能です。同法上の責任主体となる「製造業者等」には，①実際の製造業者だけでなく，②当該製品を加工又は輸入した者や，③自らが①②の者であると誤認させるような表示をした者なども含まれます（製造物2条3項各号参照）。本設問では，製品が輸入品のため，輸入業者にも責任を追及することが可能です。

(2) 欠　　陥

　製造物責任法上，「欠陥」とは，「当該製造物の特性，その通常予見される使用形態，その製造業者等が当該製造物を引き渡した時期その他の当該製造物に係る事情を考慮して，当該製造物が通常有すべき安全性を欠いていること」をいいます（PL 2条2項）。裁判において，最も争点となるのが，この「欠陥」の有無であり，主に下記2つの観点から検討されます。

　① 設計上・製造上の欠陥の有無　当該製品の設計そのものに問題があって安全性に欠ける場合や，設計上は問題ないが当該設計どおりに製品が製造されなかったことで安全性に欠ける場合は，設計上・製造上の欠陥が問題となります。

　　裁判例[3]では，卓球台について，「車輪幅が狭く，通常の使用により横転し易い」という設計上の問題点が，欠陥として認められました。

　② 表示上・警告上の欠陥の有無　当該製品の設計や製造に問題がなくとも，製品の使用に際して適切な表示又は警告がない場合は，表示上・警告上の欠陥が問題となります。

　　裁判例[4]では，手押しローラーのようなフィットネス器具につき，設計上・製造上の欠陥が否定されたものの，商品の取扱説明書に「本件器具を安全に使用させるための適切な指示・警告の記載がない」として，表示上・警告上の欠陥が認められました。

　また，欠陥の主張立証の程度について，本件のモデルである裁判例[5]は，

第1章◇アスリート・コーチ・トレーナーの法律相談
第1節◇スポーツ事故に関する法律相談

自転車の使用状況等からして通常起こり得ない「サスペンションの分離」という事実をもって欠陥を認め，当該分離が生じた科学的機序や構造上の不具合まで原告が主張立証する必要はないと判示しました。

3　スポーツ用具や施設等が「公の営造物」であった場合

スポーツ用具や施設等が「公の営造物」であり，その設置や管理に瑕疵があった場合，怪我をした者は，国家賠償法2条1項に基づく損害賠償請求をすることができます（関連裁判例☆6～☆8）。公立中学校において，中学生がバレーボールネット張り作業中，ネット巻き器が跳ね上がって額面に傷害を負った事案で，裁判所はネット巻き器が通常有すべき安全性を有していないとして，中学校を設置した地方自治体の責任を認めています☆8。

〔佐藤　貴史〕

■判　例■

☆1　大阪地判平18・7・7交民集39巻4号931頁。
☆2　横浜地判平21・6・16判時2062号105頁。
☆3　奈良地判平21・5・26（平16(ワ)783号）レクシスネクシス。
☆4　東京地判平15・2・4（平14(ワ)7003号）レクシスネクシス。
☆5　東京地判平25・3・25判時2197号56頁。
☆6　東京地判昭58・2・24判タ492号91頁。
☆7　鹿児島地判平15・3・11（平13(ワ)212号）LEX/DB。
☆8　大分地判平26・6・30（平25(ワ)347号）LEX/DB。

15 事故後の不適切な対応に対する責任追及

スポーツ中の事故が起きた後の対応が不適切であったため、怪我がより悪くなってしまいました。誰にどのような責任が生じるでしょうか。

> 準備，救助，応急措置，搬送，治療のそれぞれの場面において，関連当事者には契約上の安全配慮義務（民415条）又は不法行為法上（民709条・715条）の注意義務があり，義務違反により過失の責任を負います。

☑ キーワード

救助義務，注意義務，安全配慮義務

解 説

1 救助体制の準備の場面

　競技の主催者等は，競技者が救助を求めたり，救助を要する事態となったりした場合に速やかに救助し得る体制を整える救助義務を負います。
　どの程度の救助体制を整えるべきかという点については，地方の町おこしの一環として開かれたトライアスロンの大会で参加者が溺死した裁判例☆1では，主催者には直ちに設備の整った病院へ搬送できる体制を整える義務があり，最後尾の者が低速で泳いでいた場合には，いつでも救助できるよう継続し

て監視する義務があると判断されました（ただし，死亡の結果との因果関係は否定され請求は棄却されました）。

2 救助の場面

　上述のトライアスロン大会の事故で死亡との因果関係が否定されたのは，監視員が目を離した時間はごくわずかであると認められること，溺死者は溺れそうになってもがいていた時間はほとんどなくほぼ突然に水没状態に陥ったのであり，そのわずか後には監視員に発見され直ちに救助され，特段救助が遅れたともいえないことからでした。

　体育の授業中に競技を離脱して倒れて死亡した事件の裁判例☆2においては，体育教諭と養護教諭とでその注意義務の内容を分け，体育教諭の場合には，生徒の健康状態に留意し，体育授業中，生徒に何らかの異常を発見した場合速やかに生徒の状態を十分観察し，応急措置をとり，自己の手に負えない場合には養護教諭の応援を頼むとか，医療機関による処置を求めるべく手配する注意義務を負うとしました。

　山岳救助に関する裁判例☆3では，二次遭難を回避しつつ遭難者を確実に保護するための救助方法を決定するには，救助隊員の合理的な判断にゆだねられ，合理的と認められない方法をとった場合に限られて国家賠償法上違法になるとし，急斜面で遭難者のストレッチャーが滑落すれば救助が困難になる状況下で適切な措置をとらずに救助者全員が遭難者から離れた点は明らかに合理的ではないとして国家賠償法上の違法があるとしました。

3 応急措置の場面

　応急措置の場面では，ジャスト・フォー・ミニッツといわれ，呼吸停止後4分以内に蘇生措置を行わないと蘇生率が大幅に低下します。上記体育の事件では，体育教諭と異なり養護教諭は心肺蘇生法の講習を受けているのだから心肺蘇生法の応急措置を直ちにとるべき義務があるとし，養護教諭による応急措置が4分を経過していた可能性があると指摘しました。ただ，養護教諭が心肺蘇

生法の開始時期すなわち呼吸停止の時期を判断するのは著しく困難であることを理由に，過失はないと判断されています。

4 搬送の場面

搬送の場面においては，ホッケーの県立高校選手大会で生徒が頭蓋骨骨折の受傷をして死亡した裁判例☆4があります。この事案では指導者は町の病院へ連れて行きましたが医師が頭蓋骨骨折を見落として自宅へ返すように指示したためその指示に従い，途中生徒が吐いたにもかかわらず自宅に送り届けました。しかし，ホッケー経験の豊富な引率者であれば生徒が吐くなどの症状を示していれば，症状悪化の徴候ではないかということに考えを及ぼし専門病院へ搬送すべきであったとして過失を認めました。

5 治療の場面

医師も医療行為をするにあたり，注意義務を負います。医師の負うべき注意義務の基準は，診療当時の臨床医学の実践における医療水準とされるのが通説・判例☆5です。ただ医師の専門性・経験度，医療機関の規模・性格，医師及び医療機関の置かれた社会的・経済的・地理的環境が考慮されます。

〔小嶋　一慶〕

━■判　例■━━━━━━━━━━━━━━━━━━━━━━━━━

☆1　大阪高判平3・10・16判タ777号146頁。
☆2　青森地八戸支判平17・6・6判タ1232号290頁。
☆3　札幌高判平27・3・26（平24（ネ）591号，平25（ネ）231号）LEX/DB。
☆4　山口地判平11・8・24判時1728号68頁。
☆5　最判平7・6・9民集49巻6号1499頁。

第1章◇アスリート・コーチ・トレーナーの法律相談
第1節◇スポーツ事故に関する法律相談

 免責同意書の効力

スキューバダイビングの指導を受けているときに、インストラクターの過失で重度の傷害を負いました。ただ、申込みの際に、「一切の責任を問いません」と書かれた書面に署名してしまいました。インストラクターに責任を問うことができるでしょうか。

いわゆる免責同意書の効力については、当該事案の個別具体的事情にもよりますが、人間の生命・身体に対するあらゆる危害の発生について、スポーツの指導者や主催者、施設管理者が負うべき責任を免除させる内容であれば、公序良俗（民90条）に反して無効であると解されています。また、免責同意書の内容によっては、消費者契約法上無効となる場合や、そもそも競技者との間で免責同意書の作成について合意がないとされる場合もあります。

☑ キーワード

免責同意書，公序良俗，消費者契約法

解　説

 免責同意書とは

スポーツ事故が発生した場合，その責任をめぐり，関係者間で紛争が発生す

ることが事前に十分想定されます。そこで，スポーツの指導者や大会主催者，施設管理者（スポーツクラブ等）が，競技者（利用者）に対し，自らに対する法律上の請求権を予め放棄する旨の同意書への署名（又は約款上の免責条項を遵守する旨の同意）を要求することがありますが，当該免責同意書等を根拠として，指導者等が実際に免責されるのかが問題となります。

2 公序良俗違反（民90条）

　本設問のベースとなっている事案において，裁判所は，「人間の生命・身体に対する危害の発生について，免責同意者が被免責者の故意，過失に関わりなく一切の請求権を予め放棄するという内容の免責条項は，少なくともその限度で公序良俗に反し，無効である」と判断しました☆1。

　また，スポーツクラブのプールで会員が練習中に溺死した事故において，会員規約上定められている，営業中の事故その他施設利用に際しての事故についてクラブが一切の賠償責任を負わない旨の免責条項☆2や，富士スピードウェイにおける自動車レースの予備走行中の衝突・炎上事故において，参加希望者に対して提出を義務付けていた誓約書のうち，主催者らの故意・過失にかかわらず損害賠償を請求できないとの部分☆3について，いずれも，公序良俗に反し無効であるとしています。さらに，免責特約を限定的に解した裁判例☆4もあります。

　これらの裁判例は，個別具体的事案に基づいて判断されたものであり，あらゆる事故における免責同意書の効力を無効としたものではありません。しかし，少なくとも，スポーツにおける競技者の生命や身体に対するあらゆる危害の発生に関し，競技者が指導者等に対し「一切の責任を追及しない」といった包括的・一方的な権利放棄を示すような書面は，競技者がその内容に真に同意したものとはいえず，公序良俗（民90条）に反して無効であると考えられます。

3 消費者契約法について

消費者契約法では，事業者の債務不履行責任又は不法行為責任の全部を免除する条項（消費者契約法8条1項1号・3号）や，一部を免除する場合であっても，それが故意又は重過失に基づく損害賠償責任を免除する条項（消費者契約法8条1項2号・4号）は無効となるため，本設問においても，インストラクター側が消費者契約法上の「事業者」，競技者が「消費者」にあたる場合，当該書面は無効となります。

　また，同法10条では，民商法等の任意規定と比べて消費者の権利を制限し，又は義務を加重する消費者契約の条項であって，その程度が信義則に反する程度に消費者の利益を一方的に害するものは無効とされています。裁判例では，プロ野球の試合を観戦中にファウルボールが被害者の顔面に直撃した事故において，球団の責めに帰すべき事由に基づく損害賠償の範囲について，免責条項上，故意又は重過失に起因する損害以外は治療費等の直接損害に限定している点に対して，消費者契約法10条によって無効である疑いがある，としています☆5。

4　合意の不成立

　約款等の一部として免責条項が含まれている場合，個別具体的な事情によっては，被害者と指導者側との間で，免責条項についての合意がないとされることもあります。裁判例では，契約約款中に定められた，ファウルボールに起因する損害について責任を負わない旨の免責条項☆5やスポーツクラブのプールで会員が練習中に溺死した事故における免責条項☆2について，被害者との間で合意が成立していないと判断されました。

〔渡邉　健太郎〕

■判　例■

☆1　東京地判平13・6・20判タ1074号219頁。
☆2　富山地判平6・10・6判時1544号104頁。
☆3　東京地判平15・10・29判時1843号8頁。

☆4　東京地判平9・2・13判時1627号129頁。
☆5　札幌高判平28・5・20判時2314号40頁。

―――●参考文献●―――

- 小笠原正監修『導入対話によるスポーツ法学〔第2版〕』298頁〔井上洋一〕（信山社，2007年），村千鶴子「スポーツクラブ会則に定める免責条項」別冊ジュリ『消費者法判例百選』88頁（有斐閣，2010年），河村浩「スクーバダイビング事故をめぐる法的諸問題」判タ1074号69頁。

第1章◇アスリート・コーチ・トレーナーの法律相談
第1節◇スポーツ事故に関する法律相談

 スポーツ事故と保険

スポーツ中の事故に備えて，保険加入を考えていますが，どのような保険がありますか。また，スポーツ中の事故にもかかわらず，保険の適用が受けられない場合があると聞きました。詳しく教えてください。

> スポーツ中に事故が発生した場合には，補償を受け，又は賠償をするために保険を利用します。スポーツ中の事故に関する保険・補償制度には，民間の保険会社が用意しているもののほか，公益財団法人や独立行政法人が運営しているもの等，様々な種類のものがあります。
>
> もっとも，スポーツ中の事故であるからといって，すべてのケースに保険が適用されるわけではありません。保険等の適用の有無が争われ，適用が否定された裁判例も存在します。

 キーワード

スポーツ安全協会，スポーツ安全保険，JSC，災害共済給付制度，日本体育施設協会，スポーツファシリティーズ保険

解 説

1 スポーツ事故における保険の位置付け

スポーツ事故は発生防止が最重要であり，その次に重要なのは結果の拡大防

止です。賠償や補償（保険等の利用を含む）は，事故発生後の問題です。また，事故の被害者・その遺族は，事故が発生した際，事故の内容，事故の原因，再発防止策，の順で関心を有し，賠償や補償（保険等の利用を含む）はその次に位置する問題です。

スポーツ事故における保険の位置付けは以上のとおりですが，事故発生に備え，保険等に加入しておくことは有益で，保険・補償制度について知っておく必要があります。

2 スポーツ安全保険

スポーツ安全保険は，スポーツ安全協会が契約者となり，損害保険会社との間で傷害保険（被保険者が，急激かつ偶然な外来の出来事により身体に損害を負った場合に，その損害の結果に対して保険者が保険金を支払うもの），賠償責任保険（被保険者が法律上の損害賠償責任を負った場合に，被保険者に代わって保険者が被害者に対して保険金を支払うもの），突然死葬祭費用保険の一括契約を締結するものです。4名以上のスポーツ活動等を行うアマチュア団体・グループが加入でき，その構成員が被保険者となります。団体の活動中・往復中の事故等を広くカバーするもので，基本的に個人練習は対象となりません。

また，加入区分にもよりますが，年間の掛金は，子ども（中学生以下）のスポーツ活動等で1人あたり800円から，大人（高校生以上，64歳以下）のスポーツ活動で1人あたり1850円と，民間の保険と比較しても全体として低額です。ただ，岩登り等危険度の高いスポーツ活動については，年間の掛金は年齢を問わず1人あたり1万1000円です。補償額の上限は，傷害保険は後遺障害の場合に3150万円，賠償責任保険は対人・対物賠償で5億500万円です。

現在約900万人が加入しており，指導者も含め加入を検討すべきでしょう。

3 災害共済給付制度

学校管理下で事故が発生し損害が生じた場合には，スポーツ安全保険は適用されませんが，災害共済給付制度を利用できます。同制度は，学校教育活動中

の事故のほか，学校管理下における課外活動中の事故も対象としています。給付主体はJSCであり，給付を受けるには，学校の設置者が，児童生徒等の保護者の同意を得て同センターと契約しておく必要があります。同センターは，学校管理下での事故の情報が集積されていることを生かし，事故防止に向けての啓発活動にも力を注いでいます。

災害共済給付制度に関し，中学校のサッカー部に所属する生徒が，冬休みに校外で行っていた自主練習中に急性心不全で死亡した事故が，同制度の適用対象となるかどうかが争われた裁判例があり☆1，裁判所は，サッカー部の部活動計画は各部員に休み前に通知されていたこと，生徒が死亡した自主練習は部活動計画書に記載されたものではなかったことなどから，生徒が死亡した自主練習は学校の教育計画に基づくものではなかったと判断しました。

4 スポーツファシリティーズ保険

スポーツファシリティーズ保険は，体育施設における事故等に対応しています。日本体育施設協会が損害保険会社との間で一括契約を締結するもので，施設賠償責任保険，スポーツ災害補償保険等がセットになっています。加入して被保険者となることができるのは同協会の会員・準会員です。

5 民間の保険会社の商品

民間の保険会社の商品（保険）には，イベント保険やゴルフ保険があります。ここで，民間の保険約款の解釈が問題となった裁判例☆2を紹介します。

路上でゴルフクラブを素振りし人に当てて死亡させた者（被保険者）が，保険会社に対し，ゴルフ保険約款に基づいて保険金を請求して訴訟を提起したというもので，被保険者の行為がゴルフ保険約款において保険の対象となる「ゴルフの練習」に該当するか，が争点でした。

裁判所は，被保険者が素振りをしていたのは比較的狭く，人や自転車等の通行も少なくない道路上であったこと，時間帯が昼過ぎであったこと，被保険者が，道路に出たとき以外に通行人の存否等を確認することなく素振りしていた

こと等を認定した上で,「ゴルフの練習」に該当しないとしました。

6 最後に

　以上紹介してきたもののほか,国内の各競技団体が独自に設けている制度(全日本柔道連盟の障害補償・見舞金制度,日本ラグビーフットボール協会の見舞金制度,全日本スキー連盟のスキー補償制度等)や,自治体向けの制度(全国町村会総合賠償補償保険制度,全国市長会市民総合賠償補償保険)もあります。

　このように,スポーツ中の事故に対応する保険には様々な種類のものがあります。スポーツに携わる場合には,保険の適用範囲をよく確認した上で,保険加入を積極的に検討すべきでしょう。

〔山口　純子＝多賀　　啓〕

― ■判　例■ ―

☆1　東京高判平 5・4・20判タ841号257頁。
☆2　大阪地判昭63・3・29判タ671号225頁。

― ●参考文献● ―

・　髙木宏行「スポーツと保険」スポーツメディスン145号42頁,第一東京弁護士会少年法委員会編『子どものための法律相談〔第2版〕』211頁〔尾高健太郎＝飯田豊浩〕(青林書院,2014年),日本弁護士連合会弁護士業務改革委員会＝スポーツ・エンターテインメント法促進PT編著『スポーツ事故の法務――裁判例からみる安全配慮義務と責任論』165頁〔菅原哲朗〕(創耕舎,2013年),日本スポーツ法学会監修『標準テキスト　スポーツ法学』174頁〔桂充弘〕(エイデル研究所,2016年)。

第1章◇アスリート・コーチ・トレーナーの法律相談
第1節◇スポーツ事故に関する法律相談

企業スポーツと労働災害

　私は実業団の陸上部に所属する陸上選手です。実業団での練習中に負傷してしまった場合，労災保険の適用を受けることはできるのでしょうか。また，負傷したのが仮に日本代表チームの合宿における練習中であった場合はどうでしょうか。

　労働者災害補償保険（以下「労災保険」といいます）は，「労働者」が「業務上の災害」により損害を被った場合に適用されます。
　スポーツ選手が「労働者」といえるかどうかは，所属する企業と使用従属関係にあるか否かが，また，「業務上の災害」かどうかは，負傷時にスポーツ選手が企業の支配下で業務を行っていたか否か及び事故が運動競技に起因するものであるか否かが，判断のポイントになります。
　所属する実業団の練習中の負傷であれば，多くは「業務上の災害」と認められ労災保険の適用を受けられるでしょう。日本代表チームの合宿における練習中の負傷の場合でも，実業団の練習中の事故と同様に労災保険の適用を受けられる可能性が高いといえるでしょう。

☑ キーワード

　労災保険，労働者性，業務上の災害，平成12年5月18日付労働省通達

解 説

1 労災保険の適用要件

事故に遭ったスポーツ選手が労災保険の適用を受けられれば，療養給付・休業給付・障害給付等の公的保障を受けられます。そこで，労災保険が適用されるための「労働者」，「業務上の災害」という2つの要件を解説します。

2 「労働者」

労働者災害補償保険法（以下「労災保険法」といいます）の「労働者」と労働基準法（以下「労基法」といいます）の「労働者」は同義と解されています。そして，労基法上の「労働者」といえるかどうかは，企業（使用者）と使用従属関係にあるか否かが判断のポイントになります。使用従属関係の有無は，契約の形式のみに捉われず，労務提供の実態や報酬の労務対償性，時間的・場所的拘束の程度，その他諸要素を総合的に勘案し，実質的に判断されます。これは，指導者としてスポーツ競技に関わる場合にもあてはまります。

この点，厚生労働省は，スポーツ選手の労働者性については，スポーツの種類等により類型化した基準を設けておらず，後に詳述する平成12年通達において，従来からの労働者性判断の考え方（労働基準法研究会による昭和60年12月19日付報告）に基づき，実質的な使用従属関係の有無を判断するとするのみです。また，大相撲の力士の解雇が争われた複数の裁判例において，労働契約か否かの統一的な判断はなされていません。

このように，行政上，スポーツごとの類型化した基準がなく，司法上も統一的判断が行われていないことからすれば，たとえ契約が「プロ契約」という形式をとっていたとしても，一般にも個人事業主であることが明白ないわゆるプロスポーツ選手（プロ野球の一軍選手など）の場合や，労働者と扱われないかわりに所属団体が独自の保障制度を設け，それにより十分な保障が手当てされてい

るといった事情がなければ，労災保険の申請を検討すべきでしょう。

3 「業務上の災害」

　「業務上の災害」かどうかは，負傷時に労働者が使用者の支配下にあったか（業務遂行性），事故が運動競技に起因するか（業務起因性），が判断のポイントとなりますが，以下では業務遂行性について詳述します。

　この点，厚生労働省（当時労働省）は，平成12年5月18日付通達（基発第366号）を発し，「業務上の災害」の認定のための具体的判断基準を示しました。

　同通達は，「業務行為又はそれに伴う行為」（業務遂行性）について，競技行為自体のほか，それに付随して行われる準備行為等及びその他出張に通常伴う行為等労働契約の本旨に則ったと認められる行為も含むとします。また，対外的な競技会に出場する場合，出張又は出勤として扱われる等の一定の要件を実質的に満たせば，競技それ自体のほか，競技会場までの往復中や準備中等の付随行為も「業務行為又はそれに伴う行為」に含むとします。対外的な競技会には，所属する企業（実業団）の代表として参加する競技会のほか，日本代表選手として出場するオリンピック等の国際的競技大会や各都道府県代表選手として出場する全国的競技大会も含まれ，日本代表の合宿は国際的競技大会への参加に付随するものとして，そこでの負傷でも，労災保険の適用を受けることが可能です。さらに，練習に伴う災害についても，労災保険の適用が認められる要件を明示します。なお，同通達はそれ以前のエスビー食品事件の労働保険審査会の判断を踏まえていると考えられます。　　　〔山口　純子＝多賀　啓〕

──●参考文献●──

- 大橋卓生「企業スポーツ選手と労災保険」スポーツメディスン111号38頁，根本到「プロスポーツ選手と個別的労働法」日本労働法学会誌108号127頁，永野秀雄「プロスポーツ選手の労働者性」日本労働研究雑誌537号20頁，川井圭司『プロスポーツ選手の法的地位』450頁（成文堂，2003年），日本スポーツ法学会監修『標準テキストスポーツ法学』265頁〔川井圭司〕（エイデル研究所，2016年），小笠原正監修『導入対話によるスポーツ法学〔第2版〕』224頁〔川井圭司＝森浩寿〕（信山社，2007年）。

19 告訴等による刑事責任の追及方法

スポーツ中の事故で刑事責任が生じた事例について教えてください。また，加害者に刑事責任を負わせるためには告訴が必要な場合があると聞きました。告訴の方法を教えてください。

> スポーツ中の事故に関し，刑事責任が生じる場面は，大別すると，①競技者同士が競技中に起こした事故，②競技者以外の者（指導者や引率的な地位にある者など）が起こした事故に分かれます。事例の多くが過失犯ですが，事案によっては暴行罪（刑208条）や傷害罪（刑204条）などの故意犯が成立することもあります。なお①に関しては，違法性阻却事由の有無が問題となります。
> 　刑事告訴は，告訴権者が，捜査機関（主に警察）に対し，犯罪事実を申告し，犯人の処罰を求めることが必要となります（刑訴230条等）。

☑ **キーワード**

違法性阻却事由，刑事告訴の手続

解　説

1　スポーツ中の事故における刑事責任が生じた事例

(1)　競技者同士の競技中の事故

第1章◇アスリート・コーチ・トレーナーの法律相談
第1節◇スポーツ事故に関する法律相談

(a) 日本拳法部の部員が、同部員の被害者の顔面を殴打する暴行を加えその結果死亡させたとして傷害致死罪（刑205条）に問われた事案☆1で、「スポーツとして行われる格闘技及びその練習が正当行為として違法性を阻却されるためには、スポーツを行う目的で、ルールを守って、かつ相手方の同意の範囲内で行われることを要する」とし、正当行為の成立を否定しました。

(b) ダートトライアル用車両を運転中の事故で同乗者を死亡させ業務上過失致死罪（刑211条）に問われた事案☆2で、「危険の引き受け」に関し、「運転方法及びこれによる被害者の死亡の結果は、同乗した被害者が引き受けた危険の現実化という事態であり、また、社会的相当性を欠くものではない」として違法性が阻却され無罪が言い渡されました。

(2) 競技者以外の者の事故

(a) 登山ツアー添乗員によるツアー客2名を被害者とする業務上過失致死罪に問われた事案☆3で、被告人には、安全を図るべき注意義務があり、「B及びC（執筆者注：被害者ら）が後方に離れているのを熟知しながら、遅れてついてくるものと軽信し、その合流を待たずに9合目を出発してB及びCから離れ去った」として、禁錮2年、3年間の執行猶予を言い渡しました。

(b) ファンダイビングのガイドの最中に、被害者を溺水させて死亡させ業務上過失致死罪に問われた事案☆4で、具体的なガイドの不備を指摘し、「漫然とガイド業を営むうちに、被害者両名に対して、杜撰、無謀かつ危険なガイドを行った」として禁錮1年4月を言い渡しました。

(c) 体罰事案のため、厳密には事故とはいえませんが、高校のバスケットボール部の男子生徒が顧問の体罰を苦に自殺したとして傷害罪等に問われた事案☆5で、「被害者は、罰を受けるようなことは何らしておらず、要するに被告人が満足するプレーをしなかったという理由で暴行を加えられたのであって、このような暴行は、被害者が書き残したように理不尽というほかない」として、懲役1年、3年間の執行猶予を言い渡しました。

2 刑事告訴について

(1) 刑事告訴とは

刑事告訴とは，告訴権者が，警察などに対して，口頭又は書面で，犯罪事実を申告し，犯人の処罰を求める意思表示をいい，告訴権者に制限があることや，処罰を求める意思表示を伴う点で，被害届の提出や告発（刑訴239条）と異なります。

(2) スポーツ事故における刑事告訴の留意点

スポーツ事故の多くは，過失犯の事案です。過失傷害罪（刑209条1項）は親告罪ですので（刑209条2項），被害者やその法定代理人からの告訴がないと起訴ができません。他方，過失致死罪（刑210条）や業務上過失致死傷罪（刑211条）の場合は非親告罪であるため，起訴にあたって告訴は必要となりません。

告訴は，犯人を知った日から6ヵ月以内に行う必要があります。告訴期間のない犯罪もありますが，スポーツ事故で想定される過失傷害罪は6ヵ月の期間制限がありますので注意が必要です。

また，犯罪には，犯罪が終わった時から一定期間を過ぎると起訴ができなくなるという「公訴時効」が存在します。過失傷害罪，及び過失致死罪の場合は3年（刑訴250条2項6号），業務上過失致傷罪の場合は5年（刑訴250条2項5号），業務上過失致死罪の場合は10年（刑訴250条1項3号）です。そのため，告訴をする場合，当該期間内に起訴ができるよう告訴をする必要があります。

〔工藤　杏平〕

■判　例■

☆1　大阪地判平4・7・20判時1456号159頁。
☆2　千葉地判平7・12・13判時1565号144頁。
☆3　札幌地判平16・3・17（平14(わ)184号）裁判所ホームページ。
☆4　鹿児島地名瀬支判平19・9・13（平19(わ)11号）裁判所ホームページ。
☆5　大阪地判平25・9・26（平25(わ)3059号）LEX/DB。

第2節　不当差別に関する法律相談

 性別を理由とする不当な差別

　私は，高校1年生の女子ですが，男子の野球部に所属しています。ところが，甲子園大会（全国高等学校野球選手権大会）に出場しようとしたところ，参加資格は男性のみに限られるとして参加を拒否されました。このような制限は許されるのでしょうか。

　本件での制限は許されるものと考えられます。
　甲子園大会への参加資格を定めた日本高等学校野球連盟（以下「高野連」といいます）の大会参加者資格規定5条1項は，参加資格を「男子生徒」と定めています。これが性別を理由とした不当な差別規約になるのかどうかが問題になりますが，現在の日本においては合理的な区別として許されると考えられます。今のところ，甲子園大会へ女子生徒が選手として参加することは認められないでしょう。

☑ キーワード

性別による差別，団体の自治権

解説

1 性別による区別

(1) 区別の合理性

そもそも、スポーツ競技においても性別を理由とした不当な差別は許されず、各人を平等に取り扱うべきです（憲14条、基本2条8項）。

しかし、法的な観点での「平等」な取扱いとは、同一の事情や条件の下において各人が同じように取り扱われることを意味するものであり、「平等」は相対的に判断されます。

したがって、個人が受ける取扱い（本件でいえば、参加拒否）とその根拠となる他者との実際の違い（本件でいえば、性別）との間に、社会的に合理的な関連性があると考えられる限り、合理性のある区別として許されると考えられます。

(2) 団体の自治権

また、スポーツ団体や大会運営主体は、競技のルールや参加資格等を明らかにするための規約を制定し、参加者に対してこれを守るように求める自治的な権利をもっています。さらに、参加者が規約に反した場合、公正な手続に基づき、違反者に相当な処分を下す権利も有しています。

したがって、ある団体等の規約や処分の是非について裁判所等の外部機関が判断する場合、団体の自治権に基づく裁量を尊重し、判断できる事項は一定の制約を受けます。

(3) 合理的区別の判断

そこで、競技団体や大会運営主体が、規約や慣例に基づいて参加資格やその他の事項について性別に基づいた制限を設けた場合や、そうした制限に基づいて何らかの処分を行った場合、団体の有する一定の裁量を前提として、その制限や処分が社会的に合理的な区別として許されるのかどうかを、具体的に考える必要があります。その場合、団体の裁量範囲、区別の目的、区別による制限と目的達成との関連性、より制約の少ない制限方法の有無等の多くの要素について、その競技の歴史や社会的背景も含めて判断する必要があるでしょう。

第1章◇アスリート・コーチ・トレーナーの法律相談
第2節◇不当差別に関する法律相談

　例えば，東京六大学野球連盟や日本野球連盟（いわゆる社会人リーグ）は，女性選手の試合参加を認めており，実際に活躍している女性もいます。また，日本プロフェッショナル野球協約は，日本のプロ野球における選手資格に性別の制限を設けておらず，女性であってもプロ野球選手として登録されることは可能です。一方，高校野球においては，高野連は，男女の体力差などを理由として女子生徒の試合参加を認めておらず，全国高等学校女子硬式野球連盟が女子生徒の全国大会を開催し，日本女子プロ野球リーグに選手を輩出しています。

　それぞれの野球団体が異なるものであり，野球競技や各団体の歴史，甲子園大会の意義をどのように捉えるかによって，現在のところ，高野連の判断も不合理であるとまではいえないでしょう。

2　これからの性別による区別を考えるために

　2020年には，東京で夏季オリンピックが開催される予定です。2014年に，オリンピック改革に向けて国際オリンピック委員会が採択した「オリンピック・アジェンダ2020」では，オリンピック競技への女性選手の参加率を5割とすることや，男女混合の団体種目の採用を奨励しています。

　しかし，2016年夏季オリンピックでは，テニスとバドミントンの男女ダブルス，セーリングの混合ナクラ17級（男女ペア），馬術を除き，すべて男女別で競技が行われました。また，新体操とシンクロナイズドスイミングは，男性競技も存在しますが，女性だけの競技しか行われませんでした。女性選手の参加率向上は果たせても，実際にはスポーツにおける男女混合の団体種目の採用は簡単ではありません。2020年の東京オリンピックでも，新規採用競技を含め，この傾向は変わらないでしょう。

　差別の不当性を考えるための合理性の判断においては，社会的背景の変化やこれを背景とした社会的議論を無視することはできません。また，スポーツにおいては，競技の勝敗は無視できない要素であり，性差が導く個人の身体能力の違いは勝敗に直結するものです。だからこそ，スポーツの世界における性差による区別を克服することは，社会におけるジェンダー概念にも大きな影響を与えることになるでしょう。

〔阿部新治郎〕

21 LGBTに対する不当な差別

　私は，1年前まで男性として男子レスリングの大会に出場していましたが，この度，性転換手術を受け，女子のレスリングの大会に出場しようとしたところ，出場を拒否されました。不当な差別にはあたらないのでしょうか。
　女性から男性への性転換の場合はどうでしょうか。

　男性から女性のカテゴリーへの変換の可否については，競技力の公平性が保たれているかどうかが基準となります。したがって，設問の事例でも，競技力の公平性を損なわない場合には，出場拒否処分を争う余地はあるでしょう。この点，性転換手術を受けた後，競技に出場する前の1年以上の相当期間，及び，競技に出場する期間中，適切なホルモン治療を受け，血清テストステロン（男性ホルモン）値10nmol/ℓ以下を維持するなどの国際オリンピック委員会（IOC）が採用している基準が参考になりますが，現時点では，このIOCが採用している基準も確立されたものであるとまではいえません。
　また，女性から男性のカテゴリーへの転換の場合には，競技力の公平性は問題になりませんので，出場を拒否することは，不当な差別にあたるというべきです。
　日本レスリング協会の加盟団体規程3条(3)では，差別の根絶が加盟団体の義務とされており，同(5)にスポーツ仲裁受諾条項もありますので，JSAAに大会への出場を求めて仲裁を申し立てるのが良いでしょう。

☑ キーワード

　トランスジェンダー，競技力の公平性，IOC基準

第1章◇アスリート・コーチ・トレーナーの法律相談
第2節◇不当差別に関する法律相談

解　説

1　LGBTとは

(1) LGBTとは何か

　LGBTとは，性的指向に関する，レズビアン（女性同性愛者），ゲイ（男性同性愛者），バイセクシャル（両性愛者），及び，性自認に関する，トランスジェンダー（身体的性別と心理的性別の違和）の頭文字を並べた表記であり，これに，インターセックス（男性又は女性に単純に分類できない性分化疾患）を加えたセクシュアル・マイノリティーの方への差別が，スポーツの分野においても問題となっています。

(2) LGBTをめぐる問題

　レズビアン，ゲイ，バイセクシャルのスポーツ選手については，その性的指向への偏見差別から，例えば，団体競技における選手選考等で不利な取扱いがされたり，ファンやスポンサーが離れたりといった問題があり，公表したくてもできずにいる選手も多数存在していることが指摘されています。また，トランスジェンダーやインターセックスの選手については，こうした偏見差別に加えて，一般的に，男性の方が，心肺機能や筋力，骨格等の面において，有利であるとされていることから，競技への出場自体の制限や女性選手に対する性別検査の実施等という差別も問題となってきました。

2　LGBTの差別に関する法制度等

(1) 国際的な取組み

　この点，LGBTの差別に関しては，2011年に国連人権理事会において，性的指向や性自認に基づく人権侵害に関する調査報告書の作成が決議されるなど，世界レベルでの人権保障への取組みも広がっています。

　そして，スポーツの分野では，2014年にIOCで採用されたアジェンダ2020

Q21◆LGBTに対する不当な差別

(オリンピック・ムーブメントの未来に向けた戦略的な工程表)において，オリンピズムの根本原則6項に性的指向を理由とする差別の禁止を規定するよう求められ(同提言14)，実際，同年のオリンピック憲章には，同根本原則6項に，「このオリンピック憲章の定める権利および自由は……性的指向，……などの理由による，いかなる種類の差別も受けることなく，確実に享受されなければならない。」として，性的指向による差別の禁止が盛り込まれました。

(2) **日本における動き**

日本においても，近年，LGBT差別禁止法の制定に向けた動きがありスポーツの分野でも，2014年に日本体育協会が作成した「スポーツ指導者のための倫理ガイドライン」に，性的指向や性自認を理由に，相手の扱いに差をつけたり相手を嘲笑・侮辱する，さらには集団から除外する，あるいは関わりを拒否する言動は，差別であり反人道的言動であることが明記されました。2011年に制定されたスポーツ基本法には，「性的指向や性自認」を理由とした差別の禁止は明記されていませんが，同法2条8項の不当な差別的取扱いの中には，「性的指向や性自認」を理由とした差別も含まれると解されます。

(3) **IOCの基準**

また，トランスジェンダーの競技者については，IOCは，2004年の時点から，社会的情勢を受けて，①思春期以前に性転換手術を受けていること，②思春期以降に性転換手術を受けた場合には，手術後2年間が経過し，適切なホルモン治療を受けていること，③法的に新しい性が承認されていることの3条件を満たした場合に出場を認めており，同年のアテネ五輪から採用されています。

さらに，性転換手術を受けることを強要するのは，個人の身体の自由に対する侵害と考えられるのに対し，女性から男性のカテゴリーの競技に出場する場合には公平性の問題はないことからIOCは，2016年1月に次の基準を採択し，同年のリオ五輪から採用しました。すなわち，今後は，性転換手術をしなくても，①女性から男性へ転換する者は，男性の競技に制限無しに出場できます。②男性から女性へ転換する者は，(i)自分の性自認が女性であると言明していること（なお，この言明は，スポーツの目的において，4年間は変更できません），(ii)性転換後の最初の競技出場前の12ヵ月間以上，及び，女性の競技に参加する期間を通して，血清テストステロン値が10nmol/ℓ以下であり，(iii)条件の遵守が

定期的な検査により確認されることの各要件を満たせば，女性の競技に出場できるようになりました。

3 設問の事例の検討

　この点，設問の事例は，LGBT の中でもトランスジェンダー選手に対する差別に関するものであり，性転換手術を受けているか否かにかかわらず，競技力の公平性が保たれているか否かが重要な基準となります。

　したがって，①女性から男性への転換の場合は，一般に公平性は問題とならないことから，大会への出場を拒否することは不当な差別といえるでしょう。他方，②男性から女性への転換の場合は，医学的・科学的観点から，競技力の公平性が保たれているかにより，不当な差別であるか否かが判断されることになり，前記**2**(3)の IOC の基準が参考になります。しかし，2015年7月に CAS は，先天的にテストステロン値が高い女子選手の出場資格に制限を設けた国際陸上競技連盟の規定を一時停止する判断を下しており，国際陸上競技連盟に対し，2017年7月までに，テストステロンの数値が高い女性アスリートが優位であることを科学的に証明することを求めています。したがって，女性の競技への出場資格に関しては，未だ，世界的に確立した基準は存在しておらず，今後の CAS の判断等が待たれています。
〔徳田　暁〕

● 参考文献 ●

- 特集「LGBT と弁護士業務」自由と正義2016年8月号15頁，特集「セクシュアル・マイノリティへの現状と課題解決に向けて」法律のひろば2016年7月号4頁，高峰修＝井谷聡子「スポーツにおけるセクシュアル・マイノリティの権利を巡るポリティクス」現代スポーツ評論2015年32巻94頁，柳澤康子「性同一性障害・トランスジェンダー競技者の抱える問題」現代スポーツ評論2011年25巻146頁，スポーツ問題研究会編『Q＆A スポーツの法律問題〔第3版補訂版〕』（民事法研究会，2015年），白井久明「スポーツと『性別』」スポーツメディスン146号40頁，日本体育協会「スポーツ指導者のための倫理ガイドライン」，IOC 規程・基準，日本スポーツ法学会監修『標準テキストスポーツ法学』（エイデル研究所，2016年），スポーツ社会学研究2010年18巻2号，その他，多数のインターネット記事，新聞報道。

国籍（人種を含む）を理由とする不当な差別

　私はアメリカ国籍を有し，1年間だけ語学留学で日本の高校に通っています。留学先の高校でバスケットボール部に所属していますが，国体やインターハイといった大会に出場することができるでしょうか。仮に，永住権を有していればどうですか。

　本設問執筆（2017年2月）時点では，国民体育大会（国体）については，原則として出場不可能ですが，永住権を有していれば出場可能です。これに対し，全国高等学校総合体育大会（インターハイ）については，永住権の有無とは関わりなく，残念ながら出場は不可能と考えられます。

☑ **キーワード**

国籍条項の有無，各大会の目的による違い

解　説

1　総　　論

　日本においてアマチュアスポーツをする権利は，日本人のみならず外国人にも保証されています。
　しかしながら，アマチュアスポーツ大会への出場ということになると，その大会の目的に応じて，外国人の出場に対して一定の制限が定められていることがあります。

2　国民体育大会（国体）について

　国民体育大会（国体）は，実施要綱総則柱書記載のとおり，「広く国民の間にスポーツを普及し，スポーツ精神を高揚して国民の健康増進と体力の向上を図り，併せて地方スポーツの振興と地方文化の発展に寄与するとともに，国民生活を明るく豊かにしようとするスポーツの祭典」です。

　そのため，国体の実施要綱総則5(1)において，選手（及び監督）の参加資格は原則として「日本国籍を有する者」とされており，ただし例外的に「出入国管理及び難民認定法」に定める在留資格のうち「永住者」（「日本国との平和条約に基づき日本の国籍を離脱した者等の出入国管理に関する特例法」に定める「特別永住者」を含む）の資格を有する選手（及び監督）については，日本国籍を有しなくても国体に参加できることとされています。

　この点，国体への参加資格に国籍条項が存在することの合憲性が争点となった訴訟において，福岡地方裁判所は「国や県が……国民体育大会や県民体育大会を開催する場合，右参加資格を日本国民や県民に限ったとしても，右憲法の規定に反するとは言えない……立法政策，行政政策の問題に過ぎない」[1]として，さらに最高裁判所は「参加資格を日本国籍を有する者に限る旨の実施要項を作成した行為が，憲法14条に反するものでないことは……明らかである」[2]として，いずれも国籍条項は合憲と判断しています。

3　全国高等学校総合体育大会（インターハイ）について

　全国高等学校総合体育大会（インターハイ）は，開催基準要項2記載のとおり，「教育活動の一環として高等学校（中等教育学校後期課程を含む）生徒に広くスポーツ実践の機会を与え，技能の向上とスポーツ精神の高揚を図るとともに，高校生活動も含め生徒相互の親睦を深め，心身ともに健全な青少年を育成すること」を目的としており，元々日本国民を対象として想定している国体とは異なりますので，選手の参加資格として日本国籍を有することは要求されていません。

しかし，外国人留学生の場合，日本人とは異なり，開催基準要項12所定の諸要件（「学校教育法第1条に規定する高等学校（中等教育学校後期課程を含む）に在籍する生徒であること。但し，休学中，留学中の生徒を除く。」「転校後6ケ月未満のものは参加を認めない。（外国人留学生もこれに準ずる）」等）に加えて，「外国人留学生の全国高校総体参加について」と題する規程の2において，「在籍する高等学校を卒業する目的で入学した生徒（短期留学は不可）であること」が定められています。

以上のような全国高等学校体育連盟の考え方の合憲性について判断した判例は，今のところ見当たりません。

4　考　察

以上のとおり，国体やインターハイへの出場については，外国人に対して，いずれも日本人と異なる制約が課されているのが現状です。

しかし，全国高等学校サッカー選手権大会では，「外国人留学生の登録は4名までとし，試合出場は2名までとする」とされ，国体やインターハイのように広範な制約は課されていません。また，高校野球選手権大会（いわゆる「春の甲子園」「夏の甲子園」）の出場資格には国籍要件はなく，外国人も日本人と変わりなく出場が可能ですし，ラグビーの場合，外国人であっても，①出生地が日本であること，②両親祖父母のうち1人が日本出身であること，③日本で3年以上継続して居住していること，のうちいずれか1つの条件を満たしていれば，日本代表として出場することが可能です。

スポーツ基本法2条8項の趣旨から，スポーツを行う外国人に対して日本人と異なる不当な差別があってはならないことは当然です。

外国人も日本人と同様，日本のコミュニティを構成する不可欠の一員である以上，現代日本の実情に即した規則の改定が検討されるべきであると考えます。

〔安富　真人〕

■判　例■

☆1　福岡地判平5・8・31判タ854号195頁。

☆2　最判平16・6・11法セ597号110頁。

第1章◇アスリート・コーチ・トレーナーの法律相談
第2節◇不当差別に関する法律相談

 障がいを理由とする不当な差別

　私は，下半身に障がいがあり，車いすで生活しています。車いすバスケットボールの練習をするために体育館の利用を申し込んだところ，「床に傷や汚れがつく」として拒否されました。このような扱いに対して，不当だとして争うことはできるのでしょうか。

　2016年4月1日，障害者差別解消法が施行され，障がい者から日常生活や社会生活を営む上で支障となる「社会的障壁」を取り除くために助けを求める意思表明があった場合，過度な負担にならない範囲で，必要かつ合理的な配慮（以下「合理的配慮」といいます）をしなければならないと定められました。「合理的配慮」は，国の省庁や地方自治体など行政機関では「法的義務」（7条2項），民間の事業者は「努力義務」（8条2項）になっており，その不提供は，「障がいを理由とする差別」と規定されました。体育館は，都道府県や市町村が設置した公立の場合がほとんどで，当該地方自治体が設けている障害者差別解消法の対応窓口へ，体育館利用に関する「合理的配慮」を申し立てるのが第一歩となるでしょう。

☑ キーワード
　障害者差別解消法，合理的配慮，障害者権利条約，競技用車いす

Q23◆障がいを理由とする不当な差別

解　説

1　競技用車いすへの誤解

(1)　日本の体育館の使用事情

　設問は，2020年の東京パラリンピックを控え，日本車椅子バスケットボール連盟への加盟者が73チーム計658人（2016年1月末現在）に増えた今も，各地で散見される実例をもとにしたものです。

　日本パラリンピアンズ協会が2016年のリオデジャネイロパラリンピックを前に実施した日本代表選手への調査でも，「障害を理由にスポーツ施設の利用を断られたり，条件付きで認められたりした経験」があると答えた選手が21.6%に上り，車いす競技が半数近くを占め，トップ選手も例外ではありません。

　車いすバスケットボールは，コートを縦横無尽に車いすが駆け回り，激しくぶつかり合うのが魅力です。勢い余って車いすごと転倒する場面もしばしば，見受けられます。ただ，欧米では，「床に傷やタイヤ痕がつく」ことを理由に，体育館を貸し出さないということはありません。貸し出し拒否の背景には，フロアへの土足の入場を禁じ，きれいな床でないといけないという日本の使用事情とともに，民間の指定管理者が増え，「補修で特別な出費をかけたくない」という意識が働いています。

(2)　利用拒否をめぐる裁判例

　障害者差別解消法が施行されるまでは，体育館の窓口で拒否されれば，訴訟で争うしか手だてがありませんでした。障がい者個人への負担が大きく，障がいを理由としたスポーツ施設利用拒否をめぐる裁判例はありません。

(3)　床に傷やタイヤ痕がつかない改良

　日本車椅子バスケットボール連盟では，「車いすが床に大きな傷をつけることはない。誤解がある」と言います。足を保護するために競技用車いすの前方に取り付けられているバンパーが床と接触することが多いのですが，日本では，バンパーにホース状の緩衝材を巻き，床に傷がつくのを防いでいます。タ

イヤ痕も黒のタイヤは床に跡が残りやすいとの指摘を受け，競技者は，色のつきにくい赤や白，グレーのタイヤを使用しています。

もちろん，100％，傷やタイヤ痕がつくのを防ぎきれませんが，日常の維持管理で十分対応できる範囲であり，健常者のスポーツシューズでつく跡と比べても差異はないといいます。

2 「合理的配慮」の申立て

(1) 「合理的配慮」の基本的考え方

2006年に国連で採択され，2014年に日本が批准した障害者権利条約の2条で，「合理的配慮」は，「障害者が他の者との平等を基礎として全ての人権及び基本的自由を享有し，又は行使することを確保するための必要かつ適当な変更及び調整であって，特定の場合において必要とされるものであり，かつ，均衡を失した又は過度の負担を課さないもの」と定義されています。

(2) 「合理的配慮」の実例

障害者差別解消法を所管する内閣府はホームページに，「合理的配慮」の具体例として，生活の場面ごとに①スロープ，手すり等を設置する（雇用・就業），②筆談，読み上げ，手話などを用いる（行政機関），③車いす等の大きな荷物のトランクへの収納の手助けを行う（公共交通）——などを掲げていますが，スポーツ施設での実例は挙げていません。

一方，文部科学省は，「文部科学省所管事業分野における障害を理由とする差別の解消の推進に関する対応指針」で，スポーツ分野における「合理的配慮」に関して，スポーツ施設に対して，「障害の有無にかかわらず誰もが楽しく安全にスポーツに親しむことができる環境を整備し，障害者がスポーツに参加する機会の拡充を図るとの基本的な考え方を踏まえて対応することが適当である」としています。その上で，本設問のような事例に関しても，「障害者が使用する用具等が施設の管理・維持に与える影響の程度については，具体的な場面や状況により異なるものであるため，当該場面や状況に応じて，柔軟に対応することが重要である」とし，障がい者本人や保護者らと可能な限り合意形成を図った上で，合理的配慮を提供することが望ましいとしています。

(3) 意思表明の手続

　体育館でなく，地方自治体の対応窓口に文書で行うのがいいでしょう。決まった書式はありませんが，必要な支援や活動内容などとともに，利用を認めている体育館の実例など客観的な資料を添付すると，合意形成に有効です。2016年2月，東京都と東京都障害者スポーツ協会が障がい者の受け入れを広げるために作成した「障害者のスポーツ施設利用促進マニュアル」は，競技用車いすの床を傷つけないための様々な改良の例を紹介しています。

(4) 過重な負担の判断要素

　体育館にとって利用を認めることが，過重な負担であるかどうか，が判断のポイントになります。①事務・事業への影響の程度（事務・事業への目的・内容・機能を損なうか否か），②実現可能性の程度（物理的・技術的制約，人的・体制上の制約），③費用・負担の程度，④事務・事業規模，⑤財政・財務状況——の要素が考慮されます。逆に言えば，体育館側が過重な負担を立証できない限り，利用拒否はできないと言えます。

　どうしてもらちがあかない場合は，文部科学省のスポーツ分野の相談窓口のスポーツ庁健康スポーツ課障害スポーツ振興室や日本車椅子バスケットボール連盟に相談して，働きかけてもらうのもいいでしょう。障がい者の意向を全く無視するのであれば，人権侵犯として，法務省の人権擁護機関や各法務局に訴え出ることも考えられます。

(5) 条例による対応

　障がい者差別の解消を目的にした条例も，2007年7月，全国に先駆けて施行された千葉県の「障害のある人もない人も共に暮らしやすい千葉県づくり条例」をはじめ，計17道府県，8市（日本障害フォーラムまとめ，2017年1月現在）でできています。

　国は，障害者差別解消法制定にあたり，「既存の相談窓口で対応する」ことを基本とし，個々の事例に対して調停・あっせんをするADR（裁判外紛争解決手続）のための組織は設けていません。しかし，条例を制定している自治体の多くは，障害者や家族らから対象事案の解決を図るためのあっせんの申立てを受けた知事や市長の求めで，関係者の意見聴取やあっせんにあたる調整委員会などADRのための組織を設けています。さらに，相手側当事者があっせんに

従わない場合は，知事や市長が勧告をし，正当な理由がなく，勧告にも従わなかった場合は，氏名を公表するとの規定を盛り込んでいる地方自治体もあります。

また，障害者差別解消法17条で地方自治体に設置が推奨されている障害者差別解消支援地域協議会に，そうしたあっせんの機能を持たそうとしている地方自治体もあります。ただ，条例施行から10年近くになる千葉県でも2017年1月現在で，あっせんまでいたったケースは，スポーツ分野以外も含め，1件もなく，制度が日本社会に浸透していないことがわかります。

3 「合理的配慮」を実現する意義と注意点

(1) 実現の意義

「合理的配慮」は，個々の障がい者に対して，その状況に応じて個別に実施される措置で，建築物のバリアフリー化や介助者の人的支援などの環境整備の差によって，内容は変わってきます。しかし，判例を積み重ねることは，取り組みのすそ野が広がっていくことにつながります。当事者から意思表明がなければ，検討されることもないので，権利として，遠慮せず，「合理的配慮」を求めてください。車いすバスケットボールよりもっと激しいぶつかり合いがあるウィルチェアーラグビーの使用や，屋外グラウンドでの陸上競技用車いす「レーサー」での練習などにも道を開くことになります。

(2) 注意点

利用を認めるかどうかの問題と，万が一，体育館を傷つけた場合の原状回復や，安全の問題は別です。原状回復のための補償費用は当然，利用者が負担しなければなりません。外国選手はバンパーに補償材を施しておらず，日本車椅子バスケットボール連盟は，主催した国際大会の後，体育館に補償費を支払ったこともあります。他の利用者とぶつかって，自分も含めて，けががあった場合に免責されるわけでもありません。ルールに沿った使用が大切です。

〔井手　裕彦〕

Q23◆障がいを理由とする不当な差別

―●参考文献●―

- 二本柳覚『これならわかる〈スッキリ図解〉障害者差別解消法』（翔泳社，2016年），日本パラリンピアンズ協会「第3回パラリンピック選手の競技環境 その意識と実態調査」報告書18頁，内閣府ホームページ「合理的配慮等具体例データ集 合理的配慮サーチ」，「文部科学省所管事業分野における障害を理由とする差別の解消の推進に関する対応指針」19頁，東京都オリンピック・パラリンピック準備局 公益社団法人東京都障害者スポーツ協会「障害者のスポーツ施設利用促進マニュアル」35頁，日本障害者リハビリテーション協会サイト・障害保健福祉研究情報システム「国内外の障害者差別禁止法・条例・手話言語条例」。

第1章◇アスリート・コーチ・トレーナーの法律相談
第2節◇不当差別に関する法律相談

 ヒジャブ着用を理由とする競技参加の禁止

私は，イスラム教を信仰しており，宗教上の理由でヒジャブ（スカーフ）を常に着用しています。ところが，安全上の問題があるとして，ヒジャブを着用しての競技参加を禁止されました。このような差別は許されるのでしょうか。

　宗教を理由とする不当な差別は，日本国憲法でもオリンピック憲章でも禁止されています。ヒジャブ着用を理由とする競技参加禁止は，宗教を理由とする不当な差別として捉えられ，世界的にも，ヒジャブ着用のままで競技に参加することが認められる流れとなっています。

☑ **キーワード**

信教の自由の保障，不当な差別の禁止

解　説

1　ヒジャブ着用を理由とする競技参加禁止

　宗教上の理由によってヒジャブの着用を義務づけられたイスラム教徒の女性にとって，ヒジャブ着用を理由とした競技参加の禁止は，ヒジャブ着用をやめるか，競技参加をやめるかという究極の選択を強いられることになります。
　ヒジャブ着用による競技参加の禁止は，現実の問題として発生しています。

2009年9月には，あるイスラム教徒の女性がヒジャブ着用を理由にバスケットボールの試合に出場できなくなったことがありました。また，同じくバスケットボールでは，2014年9月に韓国仁川で行われたアジア大会で，ヒジャブの着用を禁止されたカタール代表が試合を放棄したことがありました。

他にも，2011年6月に行われた，ロンドン・オリンピック女子サッカーのアジア2次予選のイラン代表とヨルダン代表の試合で，ヒジャブ着用を理由に，イラン代表の出場資格が否定されたことがありました。

いずれの場合も，ヒジャブの着用によって，安全上の問題を生ずることが主な理由とされていますが，より実質的な理由としては，大会主催者側からは，スポーツ競技は宗教に対して中立でなければならないという点が主張されています。

このような事態を受け，ヒジャブ着用を理由とする競技参加の禁止の是非が，大きな論争を巻き起こしました。

2　信教の自由の保障及び不当な差別の禁止

宗教と差別については，日本国憲法でも定められています。日本国憲法は，20条1項前段において，「信教の自由は，何人に対してもこれを保障する。」と信教の自由を保障するとともに，14条1項において，「すべて国民は，法の下に平等であって，人種，信条，性別，社会的身分又は門地により，政治的，経済的又は社会的関係において，差別されない。」として，合理的な理由のない不当な差別を禁止しています。

また，オリンピック憲章のオリンピズムの根本原則4項で，「スポーツをすることは人権の1つである。すべての個人はいかなる種類の差別も受けることなく，オリンピック精神に基づき，スポーツをする機会を与えられなければならない。オリンピック精神においては友情，連帯，フェアプレーの精神とともに相互理解が求められる。」と定め，6項においても，「このオリンピック憲章の定める権利および自由は人種，肌の色，性別，性的指向，言語，宗教，政治的またはその他の意見，国あるいは社会のルーツ，財産，出自やその他の身分などの理由による，いかなる種類の差別も受けることなく，確実に享受されな

ければならない。」と，宗教を含むあらゆる差別の禁止が謳われています。

3　ヒジャブ着用を理由とする競技参加禁止の合理性

　ヒジャブ着用を理由として競技参加そのものを禁止することは，イスラム教徒の女性にとって，「信仰」か「競技」かという二者択一を強いられるほど根本的なものです。
　その反面，ヒジャブ着用を理由とする競技参加禁止の理由とされる安全上の問題については，安全が確保されるような措置をとることで解決可能であり，ヒジャブ着用を理由とする競技参加禁止そのものを正当化する理由にはならないと考えられます。また，スポーツ競技の宗教に対する中立性という理由については，ヒジャブ着用のまま競技に参加することを認めたとしても，直ちに，特定の宗教を特別扱いしたことにはなりませんが，ヒジャブ着用を理由とする競技参加を禁止することは，イスラム教徒の女性の信教の自由を不当に制限するものであり，かえってイスラム教による差別となり，スポーツ競技の宗教に対する中立性を脅かすことになりかねません。
　そのため，ヒジャブ着用を理由とする競技参加禁止については，合理性があると考えるのは困難と思われます。

4　世界の流れ

　世界的な流れを見ても，2012年7月に，国際サッカー連盟は，女子選手に対する試合中のスカーフ着用禁止の規定を撤廃するなど，ヒジャブ着用のまま競技に参加することが認められる流れとなっています。
　なお，2016年に行われたリオデジャネイロ・オリンピックでは，女子フェンシングで，「ヒジャブを着用した米国最初の五輪選手」が誕生しています。また，同じくリオデジャネイロ・オリンピックのビーチバレー女子では，ヒジャブを着用し，長袖長ズボンのユニホームで戦うエジプト選手も誕生しています。

〔内田　和利〕

第3節　代表選考に関する法律相談

 25　団体競技の代表選考

　私は，ボートのダブルスカルという2人で行う競技の選手ですが，五輪選考の代表選手に選考されず，納得がいかないため，代表選考を争いたいと考えています。また，団体競技の代表選考について教えてください。

　　代表選考を争う場合は，その迅速性から，JSAAに申し立てることが有効です。JSAAのスポーツ仲裁においては，仲裁パネルが採用する判断基準に基づき判断されます（**Q26**も参照）。
　　団体競技の代表選考においては，チームワークのためのコミュニケーション能力や協調性などが判断要素となることがあり，個人競技と比べて，選考側の裁量の幅が大きいといえます。

☑ **キーワード**

　代表選考，団体競技，選考基準，JSAA，裁量

解　説

第1章◇アスリート・コーチ・トレーナーの法律相談
第3節◇代表選考に関する法律相談

1　JSAAにて代表選考を争う場合

　代表選考決定に不服がある場合には，裁判所よりもJSAAにおいて争うことが有効です。JSAAにおいては，代表選考決定を正面から争うことができ，迅速な判断を仰ぐことができるからです。なお，スポーツ仲裁も仲裁であるため，仲裁合意が必要であり，競技団体がスポーツ仲裁自動応諾条項を有していないときには，仲裁合意をする必要があります（スポーツ仲裁規則2条2項）。また，極めて迅速に解決する必要があるときには，職権により緊急仲裁に付されます（同規則50条，JSAA-AP-2016-001参照）。過去の仲裁判断については，http://www.jsaa.jp/award/index.html に掲載されています（巻末仲裁判断一覧参照）。

2　設問のベースとなった事案について

　本件は，申立人（選手）が，被申立人（国内統括団体）が行った2012年ロンドン五輪大会予選会の男子軽量級ダブルスカル日本代表クルーの内定（以下「本件決定」といいます）の取消し等を求めた事案です（JSAA-AP-2011-003）。本件では，被申立人が，選考基準にないイレギュラーな事態が発生したとして独自の選考方法，選考過程を採用して選考決定を行いました。
　仲裁パネルは，「仮に被申立人の主張するイレギュラーな事態があったとしても，それに対処するためにA選手（申立外）の漕いだクルーの全記録を除外する選考方法を設定し，これに基づいて被申立人が選考判断したことは，著しく合理性を欠く結果を生じている」とし，「本最終選考における……日本代表クルーの内定は，イレギュラーな事態に対処すべき選考方法及び選考過程の点で著しく合理性を欠く」として，本件決定を取り消しました。

3　JSAA仲裁パネルの判断基準

　競技団体の決定が争われる場合に，多数の仲裁パネルが採用する判断基準は，競技団体の自律性から一定の裁量を認めた上で，「①競技団体の決定がそ

の制定した規則に違反している場合，②規則には違反していないが著しく合理性を欠く場合，③決定に至る手続に瑕疵がある場合，または④競技団体の制定した規則自体が法秩序に違反しもしくは著しく合理性を欠く場合において，それを取り消すことができる」(「A基準」。JSAA-AP-2003-001，同2004-001，同2009-002，同2011-001他多数。「B基準」は **Q26** 参照) というものです。

代表選考を争うアスリート側としては，この判断基準に照らしながら，主張を組み立てることになりますが，競技団体には一定の裁量が認められるため，裁量権の逸脱がポイントになります。なお，過去の代表選考に関わる仲裁判断において，代表選考に係る決定が取り消された事案は15件中3件（本件，JSAA-AP-2013-005，同2016-001（代表除外決定の取消し））となっています。

4　団体競技における代表選考について

アスリートとしては，代表選考は重大関心事であり，一義的かつ明確な代表選考基準が望ましいといえます。これに対して，選考側としては，勝てる選手を選考しなければならず，様々な要素を勘案した総合判断をしたいと考えます。仲裁判断においても，選考側にその専門性から一定の裁量を認めています。

なお，選考基準の発表時期・方法については，アスリート側からすると，代表に選考されるためにトレーニングのスケジュールを組み立てられるよう，できるだけ早い段階で選考基準をホームページ等において公表することが望ましいといえますが，現状において選考側の義務とまではされていないため，仲裁判断では法的拘束力がない「付言」においてその旨の言及がなされるにとどまっています（JSAA-AP-2004-001，同2014-007等，**Q26** 参照）。

団体競技は，個人競技と比べて，代表選考において，選手間の相性やコミュニケーション能力など数値化することが困難な要素を勘案することも可能であるため（JSAA-AP-2010-004），選考側の裁量の範囲が広いといえます（ただし，これらの要素を殊更に重視する場合には合理的理由が必要。JSAA-AP-2013-005）。

〔合田雄治郎〕

第1章◇アスリート・コーチ・トレーナーの法律相談
第3節◇代表選考に関する法律相談

 個人競技の代表選考

　私は，個人競技のボッチャの選手ですが，アジア大会の代表に選考されませんでした。選考結果に納得がいかないため，代表選考を争いたいと考えています。また，個人競技の代表選考について教えてください。

　代表選考を争う場合は，その迅速性から，JSAAに申し立てることが有効です。JSAAのスポーツ仲裁において，仲裁パネルが採用する判断基準に基づき判断されます（**Q25**も参照）。
　個人競技の代表選考の場合には，団体競技と異なり，他のチームメイトとのコミュニケーション能力や協調性といった客観化することが難しい要素が少ないため，団体競技と比べ選考側の裁量の範囲は狭いといえます。特に時間や距離といった客観的な基準で勝敗を決する競技においては，一義的かつ明確な基準の作成が可能です。

☑ キーワード

　代表選考，個人競技，選考基準，JSAA，裁量

解　説

1　設問のベースとなった事案について

　本件は，ボッチャ（運動機能に重い障害がある人でもプレーできるように考案された

ヨーロッパ発祥の球技）の選手である申立人が，アジア・オセアニアボッチャ選手権大会（以下「本件競技会」といいます）の出場選手として申立人を選出しないとした被申立人（競技団体）の決定を取り消し，申立人を選出することを求めた事案です（JSAA-AP-2013-005）。

　仲裁パネルは，客観的数値にしたがい自動的に決まる旨の基準がない場合は，専門的見地及び戦略的見地から，記録の他，技術以外の能力，調子，実績，団体競技であれば競技者間の相性等を総合考慮して判断することも必要であるとしつつ，選考過程において，試合結果等の数値を考慮せず恣意的な判断を行う等，競技団体としての専門性を放棄するような裁量を逸脱する判断が行われた場合にのみ，代表選考を取り消し得るとの判断基準（以下「B基準」といいます）を採用した上で，「上位成績者の成績を凌駕することが明白である場合など，上位成績者以外の者を選出する合理的な理由が認められる場合には，例外的に上位成績者以外から国際大会派遣対象者を選出することも許される」とし，上位成績者である申立人ではなく下位成績者である申立外A（被申立人の選出した出場選手）を選出する合理性について検討した上で，「申立人を本件競技会の出場選手に選出することを原則とすべきところ，合理的な理由なく申立外選手を選出し，申立人を選出しないとするものであり，取り消されるべきである」としました。

2　仲裁パネルの判断基準について

　代表選考事案において，B基準を採用した仲裁パネルの数は，A基準（**Q25**参照）を採用した仲裁パネルよりも少数です（本件のほか，JSAA-AP-2010-004，同2010-005）。B基準は，代表選考にのみ採用される基準であり，選考の内容に踏み込んだ基準といえます。なお，B基準は，選考側の裁量の幅が広いようにも読めますが，本件ではB基準を厳格に解した上で選考決定を取り消しており，採用した仲裁パネルの解釈次第であるといえます。

3　仲裁パネルによる代表選手の選出について

本件仲裁判断の主文では，申立人を出場選手に選出しないとの決定を取り消し，さらに被申立人に申立人を本件競技会における出場選手に決定するよう命じています。この点について，仲裁パネルは，申立人を選出することの合理性を述べた上で，「本件決定が取り消された場合，あらたな本件競技会への出場選手については，本来，本件スポーツ仲裁パネルによる判断を尊重した被申立人の判断に委ねるべきである」が，本件競技会のエントリー期限が迫っていること，速やかな被申立人の理事会決議が難しいこと，現状では申立人が本件競技会の出場の機会を逸して重大な損害を被ることを理由として，申立人を選出するよう命じています。なお，過去の仲裁判断において，本件を除いて，代表選手の選出を求める申立ては却下されています。

4 個人競技における代表選考基準について

個人競技の中でも，時間や距離などの客観的数値で勝敗を決することができる競技では，客観的数値に基づき自動的に代表が決まるような選考基準を作成することが可能です。これに対して，個人競技でも採点競技は，客観的数値だけで代表選考を行うことが難しく，主観的な要素を勘案せざるを得ないため，選考側の裁量の幅が広がります。もっとも，団体競技と比べれば，個人競技における選考側の裁量の幅は狭いといえます（**Q25**参照）。また，選考において主観的要素を勘案する場合には，独立した複数の評価者を用意することが望ましいとされています（JSAA-AP-2004-001）。

5 代表選考基準が発表されていない場合や内容が不明確な場合について

代表選考事案において，代表選考基準が発表されていない場合や発表されていてもその内容が不明確な場合が多々あり，望ましいことではありません。過去の仲裁判断でも，予め明確な代表選考基準を公表すべきであったと「付言」として述べられています（JSAA-AP-2014-007等）。なお，JSAAに申し立てたことにより，競技団体が選考基準を再考したり，合理的な基準に修正したりした事案（JSAA-AP-2004-002，同2010-005等）があります。　　　〔合田雄治郎〕

第4節　懲戒処分に関する法律相談

 懲戒処分を争いたい場合

　私は現在，私立大学のとあるスポーツ競技の部活の監督を務めていますが，暴力行為があったとして，当該競技の統括団体から除名処分を受けました。暴力行為はなかったとして処分を争うことができますか。また，仮に，暴力だと判断されたとしても，処分が重すぎるとして争うことはできますか。

　統括団体からの懲戒処分（除名処分）に対して不服がある場合には，裁判所やJSAAにおいて処分の有効性を争うことができます。また，十分な調査，弁明の機会が与えられないまま，除名処分がなされたのであれば，その手続上の瑕疵の観点からその有効性を争うこともできます。また，処分内容については，違反事実の重大さに応じた処分を選択することが求められます。

☑ キーワード

暴力行為，懲戒処分，部分社会の法理，比例原則

第1章◇アスリート・コーチ・トレーナーの法律相談
第4節◇懲戒処分に関する法律相談

解説

1 不服申立ての手続

　除名処分を争う手続としては，まず，民事訴訟において除名処分の無効や理事会決議無効確認を求める訴えを提起することができます。また，統括団体が法人である場合には，社員総会等の決議の取消しの訴え（一般法人266条）も行うことができます。しかし，競技団体の内部の制裁に関する司法審査について，裁判所は消極的な姿勢を示す場合もあります。裁判所が審理し得る対象は，「法律上の争訟」（裁所3条1項）に限定されており，法律上の争訟性がない事件は，却下されます。
　さらに，判例は，「法律上の争訟性」が認められる場合であっても，「それが一般市民法秩序と直接の関係を有しない内部的な問題にとどまる限り，その自主的な解決に委ねるのを適当とし，裁判所の司法審査の対象にはならない」[1]としています。
　例えば，全日本学生スキー連盟がその会員に対して行った競技大会への出場を停止する処分等の無効確認請求に係る訴えが，団体の内部問題であるとして不適法とされた事例[2]などがあります。
　一方，司法審査の対象としたものとしては，競技団体のしたアマチュアボクシング選手登録の取消しを求めた事案[3]などがあります。本件での除名処分が相談者の経済活動や社会生活の基盤を覆すようなものである場合には，法律上の争訟にあたると判断される可能性があります。スポーツに関する紛争は，JSAAへの申立ても可能です。

2 懲戒処分手続

　懲戒処分とは，競技団体の上部団体若しくは統括団体がその秩序違反行為をした団体構成員に対して行う制裁であり，このような制裁処分を行うにあたっ

ては適正な処分手続が求められます。

　まず，競技団体は処分を行う以上，定款や処分に関する規則（倫理規程，競技者規程など）で，懲戒事由や懲戒内容を明確にしておく必要があります（明確性の原則）。例えば，全日本柔道連盟などの団体では倫理規程で「処分の基準」が示されています。

　また，懲戒規定がある場合でも，処分決定にいたる手続に瑕疵がある場合には，その処分の有効性が問題となります。不利益処分を受ける者には，まず弁明の機会が与えられなければなりません。そのためには，事前に処分の対象となる行為や事実及び処分理由の告知が必要とされます。十分な調査をしないで行われた除名処分を取り消した仲裁判断もあります（JSAA-AP-2011-002）。

　本設問の場合でも，弁明の機会において，自らの意見や反論を述べることにより，暴力行為の有無を争うことができます。競技団体が，独自の調査をすることなく，大学側の調査結果のみに基づいて大学柔道部の部長を処分した事案で，手続的瑕疵がないとはいえないものの，懲戒委員会で弁明の機会があったと判断した仲裁事案があります（JSAA-AP-2016-006）。

3　処分の相当性

　懲戒処分基準が明確に定められており，手続がいかに適正なものであっても，実際に行われる懲戒処分自体が不合理なものであってはなりません。

　そして，処分内容については，比例原則のもと，「違反事実の重大さに応じて処分を選択すべきである」（JSAA-AP-2003-001）とされています。さらに，本件での除名処分が過去の処分例などと釣り合っているかどうかについても検討する必要があります（平等取扱いの原則）。

　なお，競技団体には一定の裁量権が認められています。暴力行為を行ったバレーボールチームの監督に対して，岐阜県バレーボール協会が行った処分決定（「大会でのベンチ入りを永久に禁止する」）が社会通念上著しく合理性を欠き，裁量権の範囲を逸脱したとまではいえないとした仲裁判断もあります（JSAA-AP-2015-006）。

〔石堂　典秀〕

第1章◇アスリート・コーチ・トレーナーの法律相談
第4節◇懲戒処分に関する法律相談

―■判　例■―

☆1　最判昭52・3・15民集31巻2号234頁等。
☆2　東京地判平22・12・1判タ1350号240頁。
☆3　東京地判平18・1・30判タ1239号267頁。

―●参考文献●―

・　第一東京弁護士会総合法律研究所スポーツ法研究部会編著『スポーツ権と不祥事処分をめぐる法実務――スポーツ基本法時代の選手に対する適正処分のあり方』（清文社，2013年）。

賭博行為に対する懲戒処分

　私は，企業の陸上部に所属していますが，先日，違法カジノ店でバカラ賭博を行っていたことが見つかってしまいました。企業及び競技団体からどのような処分を受けますか。食事を賭けたゴルフだった場合や，カジノが合法とされている海外での行為であった場合はどうですか。

(1)　企業からの処分
　違法カジノにおけるバカラ賭博を行っていた場合（以下「①のケース」といいます），就業規則に，懲戒処分の事由として定められていれば懲戒処分を受け得るものといえます。
　食事を賭けたゴルフの場合（以下「②のケース」といいます）やカジノが合法とされている海外での行為であった場合（以下「③のケース」といいます）は，懲戒処分を受けないか，受けたとしても軽い処分となるものと考えられます。
(2)　競技団体からの処分
　①のケースは懲戒処分を受け得るものといえます。
　②のケースや③のケースも，その賭けた金額等の事情によりますが，やはり，処分事由が定められていれば懲戒処分を受ける可能性があるといえます。

☑ キーワード

　賭博，懲戒処分，私生活上の行為

第1章◇アスリート・コーチ・トレーナーの法律相談
第4節◇懲戒処分に関する法律相談

> 解　説

1　賭博行為について

　日本国内において賭博行為は禁止されており，賭博罪（刑185条・186条等）にあたります。本設問の違法カジノにおけるバカラ賭博も賭博罪に該当する違法な行為です。

　アスリートが賭博に関わることは，暴力団などの反社会的勢力との接点を生み出すことになり，賭博にとどまらない様々な違法行為への入り口になります。最近では，スポーツベッティングが世界的にも広まり，国際的な犯罪組織がスポーツベッティングへ関与するようにもなっていますので，選手，監督・コーチ，審判等のスポーツ関係者に八百長の働きかけが強まっていくことも懸念されています。そのため，アスリートは，反社会的勢力との関係を遮断し，高度な清廉性（JOCの「選手のアントラージュ（選手を取り巻く関係者）の行動についてのガイドライン」では高潔性という言葉が用いられています）を保つことが要請されます。

　なお，②のケースは，「一時の娯楽に供する物を賭けたにとどまる」（刑185条但書）にあたり，賭博罪にあたらない可能性があり，③のケースは，賭博罪は国外犯処罰の対象とはされていない（刑3条）ため，賭博罪にあたりません。もっとも，スポーツは，プレイヤーたるアスリート，スポーツ関係者のみならず，ファンや支援者らと感動を共有し，喜びと幸せを広げるという価値をもっています。このようなスポーツの価値を損なわないようにするという道義的・社会的要請にも配慮する必要があるものと思われます。

2　企業（会社，使用者）としての処分

　使用者が労働者を処分するためには，懲戒に関する定めが就業規則等に定められることによって，使用者が懲戒権をもつことが労働者との間の労働契約の

一内容となっている必要があります。

また，本件のような私生活上の行為が処分事由にあたるかという問題があります。

会社は，私生活上の行為について介入できないのが原則ですが，「会社の社会的評価に及ぼす悪影響が相当重大であると客観的に評価される場合」[1]には，処分事由となります。

①のケースは，私生活上の行為ではありますが，使用者の業種や規模に照らし，「会社の社会的評価に及ぼす悪影響が相当重大であると客観的に評価される場合」であれば，懲戒処分を受け得るものといえます。

②のケースや③のケースでは，その賭けた金額等の事情によりますが，「会社の社会的評価に及ぼす悪影響が相当重大であると客観的に評価される場合」とはいえないことが多く，懲戒処分を受けないか，受けたとしても軽い処分となるものと考えられます。

3 競技団体としての処分

競技団体は，処分に関する規則などで，処分を行う理由となる処分事由を定めています。

通常の場合スポーツ選手はこれらの規則に明示又は黙示に同意することを前提に競技を行っていると思われ，こうした処分に関する規則等が処分の法的根拠となると考えられます。

典型的な処分事由としては，①処分に関する規則の定めに違反した場合，②スポーツ団体の名誉・信用を傷つけた場合，③刑罰法令に違反した場合等があります。

競技団体の運営には自律性が認められ，処分を行うか否か，行う場合の処分内容についても裁量が認められます。

しかしながら，その裁量は全く自由なものではなく，スポーツ選手の権利，利益という観点から，一定の制約を受けることは，代表選考の場合と同様です。具体的な制約の内容は，**Q26**を参照ください。

①のケースは，刑罰法令に違反した場合であり，そのような処分事由が定め

られている場合には懲戒処分を受け得るものといえます。

　②や③のケースは，その賭けた金額等の事情によりますが，刑罰法令に違反した場合とはいえなくとも，スポーツ団体の名誉・信用を傷つけた場合という処分事由にあたるとして懲戒処分を受けることが考えられます。上記のとおり，スポーツ関係者には賭博からの遮断が強く要請されるものと考えられるため，相当程度重い処分もあり得るものといえるでしょう。

　野球賭博への参加等を処分事由としてされた力士に対する懲戒解雇が有効であるとされた事例☆2 が参考になります。

〔水越　聡〕

■判　例■

☆1　最判昭49・3・15民集28巻2号265頁。
☆2　東京地判平25・9・12判タ1418号207頁，東京高判平26・2・5（平25(ネ)5538号）LEX/DB。

●参考文献●

・　第一東京弁護士会総合法律研究所スポーツ法研究部会編著『スポーツ権と不祥事処分をめぐる法実務——スポーツ基本法時代の選手に対する適正処分のあり方』（清文社，2013年）。

連帯責任

私は，現在，私立高校1年生で野球部に所属しており，今年の夏の甲子園大会に出場することが決まっていますが，3年生部員から暴力行為を受けています。このことが発覚した場合，甲子園の出場資格はどうなりますか。既に引退した3年生による万引きが発覚した場合はどうでしょうか。

　野球部員が日本学生野球憲章に違反する行為をした場合，日本学生野球協会は，違反行為を行った野球部員が所属する野球部に対して，対外試合禁止の処分を行うことがあります。

　本件の3年生部員による1年生部員への暴行が，野球部内において複数人で日常的に行われていたような場合には，日本学生野球協会によって対外試合禁止の処分がなされる可能性があり，対外試合禁止の処分がなされた場合には甲子園の出場資格がなくなります。

　一方，引退した3年生部員の万引きが発覚したような場合には，日本高等学校野球連盟によって注意や厳重注意がなされるにとどまり，日本学生野球協会による対外試合禁止の処分まではなされず，甲子園の出場資格はなくなりません。

☑ **キーワード**

　暴力行為，万引き，対外試合禁止，連帯責任，スポーツをする権利の制約

第1章◇アスリート・コーチ・トレーナーの法律相談
第4節◇懲戒処分に関する法律相談

解　説

1　野球団体による処分

　高校野球の野球部員による不祥事への制裁措置について，日本学生野球憲章（以下「野球憲章」といいます）は，日本高等学校野球連盟（以下「高野連」といいます）が野球部や部員に対して注意や厳重注意をすることができる旨を定め，また，日本学生野球協会（以下「協会」といいます）が野球部や部員に対して対外試合禁止や謹慎などの処分をすることができる旨を定めています（詳細は **Q43** 参照）。

　このように野球憲章には高野連や協会による野球部や部員個人に対する様々な処分が定められていますが，伝統的に多くのケースでは，部員個人に対して処分を行うのではなく，不祥事を行った野球部員が所属する野球部に対して処分を行う運用がなされています。

2　対外試合禁止処分（連帯責任）の問題点

　野球憲章には，協会が所属する野球部に対して対外試合禁止の処分を行うことができるとの定めがありますが，そもそも協会が一部の部員の不祥事を理由に連帯責任として対外試合禁止という野球部全体の活動を停止させる処分をすることが法的に許されるのかといった問題があります。

　この点，一部の部員の不祥事を理由に連帯責任として野球部全体の活動を停止させることは，不祥事には関与していない部員，設問のような部内での暴力の場合には被害者自身のスポーツをする権利を不当に奪うだけでなく，高校野球の場合には，大学進学との関係でスポーツ推薦入学等に不利益を及ぼすことも考えられ，問題はさらに深刻になります。

　また，一部の部員の不祥事を理由に連帯責任を科すことは，不祥事を起こした部員個人の責任を団体責任に転嫁するもので近代法の個人責任の原則に反す

るため許されず，野球憲章には個人に対する処分が定められている以上，不祥事を起こした部員個人への処分で対応すべきであり，野球部全体への処分はすべきではないとの見解もあります。

しかし，高校野球界全体の規律確保や，学生野球の基本原理（野球憲章2条）の遵守という観点から，一般的には内部的な審査手続が適正であり，処分内容が違反行為に照らして著しく不相当でない限り，対外試合禁止処分が法的に許されないとは必ずしもいえません。

もっとも，対外試合禁止の処分は，不祥事に関与していない部員あるいは被害者本人のスポーツをする権利を不当に奪うものである以上，不祥事に直接関わっていない部員や部全体について，少なくとも一定の具体的な責任が認められる場合に限られるべきでしょう。例えば，違反行為には直接には関わっていない部員であっても，その部員が違反行為の存在を把握しながら何らの防止措置や報告等を行っていなかった場合や，部全体に違反行為を許容するような習慣や土壌があり，それを部全体で受け入れていた場合などが考えられます。

文部科学省が公表している「スポーツ指導における暴力等に関する処分基準ガイドライン（試案）」では，「チームの他の競技者自身に何ら責任が認められないにも関わらず，違反行為の加害者が所属するチームに対する処分は，当該チームに対し処分を行うことを通じて，当該チームに所属する指導者及び競技者が同様の違反行為を起こさないよう注意喚起すること等により，当該チームにおける将来の違反行為を未然に防ぐ必要が認められる場合に限り行うものとする。」とされており，今後協会が野球部への対外試合禁止の処分を検討する際には，このガイドラインに従った検討をする必要もあるでしょう。

3 本設問について

(1) 暴力行為について

暴力行為のような不祥事が起こった場合に野球部に対して対外試合禁止の処分がなされるか否かは，暴行に関与した上級生の人数，被害を受けた下級生の人数，暴行及び怪我の程度その他の様々な事情を考慮した上で判断されます。

本設問では3年生部員による1年生部員への暴行ですが，この暴行が当該野

第1章◇アスリート・コーチ・トレーナーの法律相談
第4節◇懲戒処分に関する法律相談

球部内で日常的に複数人の上級生らによって行われていたなど野球部それ自体の体質が問題であると判断される場合には，野球部に対して対外試合禁止の処分がなされる可能性はあります。もっとも，暴行を受けた被害者のスポーツをする権利を奪うことにもなりますので，特に慎重な判断が必要です。協会から対外試合禁止の処分がなされた場合には，当然夏の甲子園大会の出場資格もなくなります。

(2) **万引きについて**

部員による万引きの場合には，万引き行為に関与した部員の人数や万引きの態様その他の様々な事情を考慮した上で判断されます。

本設問では既に引退した3年生による万引きが発覚していますが，野球部の活動とは関係のないところで，その元部員1人で行っていたような場合には，高野連によって注意や厳重注意がなされるにとどまり，対外試合禁止の処分まではなされることはないと思われます。

〔廣田　和彦〕

第5節　スポーツ指導上の問題に関する法律相談

 指導者から暴力，セクハラ，パワハラを受けた場合の対応及び相談先

　私は，現在，私立学校のサッカー部に所属していますが，顧問の先生から，平手で顔をはたかれるなどの暴力を受けています。このような行為はやめてほしいのですが，どこに相談をすればよいのでしょうか。相談したことが顧問の先生に知られてしまうことはないでしょうか。

　　まず，保護者に相談し，対応してもらうとよいでしょう。
　　学校内の相談先としては，担任の先生，校長などが考えられます。
　　学校外の相談先としては，日本サッカー協会の「暴力根絶相談窓口」，日本スポーツ法支援・研究センターの「スポーツ相談室」，日本体育協会の「スポーツにおける暴力行為等相談窓口」が挙げられます。これらの相談窓口への相談では，秘密を厳守することになっていますので，相談者が誰であるかが漏れることはありません。

☑ キーワード

保護者への相談，先生への相談，国内競技連盟の相談窓口，日本スポーツ法支援・研究センターの相談室，日本体育協会の相談窓口

第1章◇アスリート・コーチ・トレーナーの法律相談
第5節◇スポーツ指導上の問題に関する法律相談

解　説

1　保護者や学校関係の相談先

　まずは，両親など保護者に相談しましょう。法定代理人である保護者を通して，様々な相談をすることになります。

　学校内では，担任の先生が一番身近でしょうから，担任の先生に相談するのがよいでしょう。

　また，顧問の先生からの暴力は，生徒自身の身体や精神に影響を与えるものですから，保健室の先生（養護教諭）に相談することもできます。

　さらに，校長は，各先生を監督する権限をもっていますから（学教37条4項・62条），校長に相談して，校長から顧問の先生に対して指導してもらうなどの対応を求めることができます。

　ただし，担任の先生や校長などが，顧問の先生に対して，誰からの相談であったかを話してしまう可能性は否定できません。相談したのが自分であることを伏せておいてもらいたいのであれば，相談の際に，予めその旨をよく伝えておくとよいでしょう。

　公立学校である場合は，教育委員会が先生の人事権をもっていますから，教育委員会に相談することもできます。

　しかし，私立学校は学校法人が運営しており，教育委員会は私立学校の先生を直接指揮監督する権限をもっていませんので，相談先としては適切でないでしょう。

2　学校外の相談先

(1)　国内競技連盟の相談窓口

　日本サッカー協会では，「暴力根絶相談窓口」(http://www.jfa.jp/violence_eradication/) を設置しています。匿名で相談することもできますし，実名で相

Q30◆指導者から暴力，セクハラ，パワハラを受けた場合の対応及び相談先

談する場合でも，希望すれば相談者の氏名は秘密として扱われます。

　日本サッカー協会には公認指導者資格があり，顧問の先生がこの資格を有している場合，日本サッカー協会は，調査の上，注意からライセンス失効まで，必要に応じた指導を行うことができます（指導者に関する規則21条2項）。顧問の先生が公認指導者資格を有していない場合には，都道府県協会等を通じて，話合いの場を設けるあっせんをすることになります。

　サッカー以外でも，多くの競技で，国内競技連盟が指導者資格の認定を行っているほか，暴力行為等について相談窓口を設置していますので，同様の相談をすることが可能です。

(2)　**日本スポーツ法支援・研究センター**

　日本スポーツ法支援・研究センター（http://jsl-src.org/）では，「スポーツ相談室」を設けています。スポーツ相談室では，スポーツ法の専門家がスポーツに関する法律相談全般を受け付けていますので（スポーツ相談室利用規約1条2項），顧問の先生のもつ資格の有無にかかわらず，また，暴力以外のセクハラ，パワハラ等についても相談することができます。弁護士が受付を担当し，相談についても基本的に弁護士が担当しますので，相談者の秘密は厳守されます。

(3)　**日本体育協会の相談窓口**

　日本体育協会では，公認スポーツ指導者資格の認定をしており，顧問の先生がこの資格を有している場合があります。日本体育協会は「スポーツにおける暴力行為等相談窓口」を設けていますので，公認スポーツ指導者による暴力行為等（セクハラ，パワハラも含みます）についてはこちらに相談することが可能です。この相談窓口では，相談者等を特定し得る情報を他に漏らさないこととなっていますので（スポーツにおける暴力行為等相談窓口設置規程7条），相談したことが顧問の先生に知られることはありません。

　日本体育協会は，暴力行為等の有無について事実確認を行い，注意から公認スポーツ指導者資格の取消しまで，必要に応じた処分を科すことができます（公認スポーツ指導者処分基準3項）。

〔岡本　大典〕

第1章◇アスリート・コーチ・トレーナーの法律相談
第5節◇スポーツ指導上の問題に関する法律相談

 指導者の暴力に関する裁判例と検討ポイント

　私は，公立高校の陸上部に所属していますが，コーチから，指導と称して平手や拳で殴られるなどして打撲などの怪我を負いました。指導が違法であるとして学校やコーチに治療費等や精神的な慰謝料を請求することはできますか。

　生徒に非違行為がない場合，本件行為は単なる暴行と評価されますので，不法行為責任を追及することができます。
　生徒に非違行為があり，懲戒を目的として本件行為が行われた場合であっても，平手や拳で殴る行為は，身体に対する侵害を内容とするものですから，学校教育法で禁止されている「体罰」に該当します。よって，この場合も，不法行為責任を追及することができます。
　ただし，学校自体には法人格がありませんので，学校に対し不法行為責任の追及として治療費等や慰謝料を請求することはできず，設置主体である地方自治体に対し請求することになります。また，公務員であるコーチ個人については，地方自治体との間の求償の問題となります。

☑ キーワード

　部活動，暴力，懲戒，体罰

Q31◆指導者の暴力に関する裁判例と検討ポイント

解説

1 指導者による暴力の背景

　学校の部活動に限らず，スポーツの指導においては，選手と指導者が対等な関係にないことや，また，指導者自身が暴力による指導を受けてきたことで，暴力を伴う指導が効果的であると思い込んでいるケースも多く，指導者による暴力が発生しやすい環境があります。

　しかし，暴力による指導は選手から自ら考える機会を奪ってしまうため，競技力向上にとって効果がないのみならず有害でさえあることに留意する必要があります。

2 暴力と懲戒・体罰

　部活動は学校教育の一環であるため，学校教育法の規定が適用されます。学校教育法11条は「校長及び教員は，教育上必要があると認めるときは，文部科学大臣の定めるところにより，児童，生徒及び学生に懲戒を加えることができる。ただし，体罰を加えることはできない。」と定めています。

　したがって，生徒に非違行為（規則・ルール等への違反行為）がなく，競技力向上や士気向上等を目的としてなされた行為は，懲戒の場面ではないので，単なる暴行・暴力と評価され，違法性が認められます。これに対し，生徒に非違行為があり，懲戒を目的として行為が行われた場合，懲戒行為として違法性が阻却されるか否かが問題となり，懲戒行為の中でも禁止されている「体罰」に該当するか否かが問題となります。

3 懲戒と体罰

　それでは，「体罰」とはどのような行為を指すのでしょうか。

文部科学省の「体罰の禁止及び児童生徒理解に基づく指導の徹底について（通知）」（2013年3月13日）によれば，児童生徒の年齢，健康，心身の発達状況，行為が行われた場所的及び時間的環境，懲戒の態様等の諸条件を総合的かつ客観的に考慮して，懲戒の内容が身体的性質のもの，すなわち，①身体に対する侵害を内容とするもの（殴る，蹴る等），②児童生徒に肉体的苦痛を与えるようなもの（正座，直立等特定の姿勢を長時間にわたって保持させる等）を「体罰」としています。

4 不法行為責任を負う主体

(1) 学　　校

公立学校の場合，学校自体には法人格がありませんので，学校が不法行為責任を負うことはありません。なお，私立学校の場合は学校（運営法人）に法人格がありますので，当該法人が不法行為責任を負います。

(2) 学校の設置主体である地方自治体

公立学校における運動部活動における教員の指導は，教育活動の１つとして，国家賠償法１条１項の「公権力の行使」にあたると考えられますので，学校の設置主体である地方自治体は不法行為責任を負います。

(3) 教員である指導者

教員である指導者が個人として不法行為責任（民709条）を負うことは理論上は考えられますし，民事訴訟を提起することも可能です。しかし，公権力の行使にあたる国又は地方自治体の公務員が，その職務を行うについて違法に他人に損害を与えた場合には，国又は地方自治体が被害者に対して損害賠償の責任を負い，公務員個人は求償の対象となり得るものの，被害者に対して直接の責任を負わないと，一般には考えられています。

5 裁　判　例

指導者の暴力に関し参考になる裁判例として以下のものがあります。いずれも生徒に非違行為がないケースであり，指導者の行為に違法性が認められてい

ます。
① 県立高校のバレーボール部の顧問である教員が生徒に対し，気合いを入れるためなどの目的で，平手又は竹刀を用いて頭，尻，太もも，みぞおちなどを複数回にわたって叩いた事案で，裁判所は，違法な有形力の行使である暴行に該当すると判断し，慰謝料の請求を認めました。被告である群馬県及び教員は，長年にわたって部員や保護者から苦情がなかったことから上記行為につき黙示の承諾があり，違法性が阻却されると主張しましたが，裁判所は黙示の承諾を認めませんでした☆1。
② 市立高校のバスケットボール部の顧問である教員による暴行や威迫的言動等を受けたことにより自殺にいたった事案で，裁判所は，暴行や威迫的言動等を一連一体のものとして評価するのが相当であるとし，多数回の殴打による暴行に加え，生徒に著しい心理的外傷を与える威迫的言動等が一連一体の行為として繰り返されたことで自殺にいたったものとして，死亡による逸失利益や慰謝料等の請求を認めました☆2。

〔今井　千尋〕

■判　例■

☆1　前橋地判平24・2・17判時2192号86頁。
☆2　東京地判平28・2・24（平25（ワ）32577号）LEX/DB。

●参考文献●

・　文部科学省「スポーツを行う者を暴力等から守るための第三者相談・調査制度の構築に関する実践調査研究協力者会議報告」（2013年）（http://www.mext.go.jp/b_menu/shingi/chousa/sports/020/toushin/1343415.htm），望月浩一郎「スポーツ部活動から暴力をなくすために何が必要か？」菅原哲朗＝望月浩一郎編集代表『スポーツにおける真の指導力――部活動にスポーツ基本法を活かす』（エイデル研究所，2014年）。

第1章◇アスリート・コーチ・トレーナーの法律相談
第5節◇スポーツ指導上の問題に関する法律相談

 指導者のセクハラに関する裁判例と検討ポイント

　私は私立高校で女子バレーボール部の顧問を務めていますが，体のケアの目的でマッサージを行ったところ，選手（生徒）の親から「子供がセクハラをされた」と騒がれています。これはセクハラにあたりますか。

　マッサージがセクハラにあたるか否かは，そのマッサージの方法，施した部位，マッサージの必要性，当時の周囲の状況等を総合的に勘案し判断する必要があります。指導者としては，異性の選手（生徒）の身体に触れる行為が，それがたとえ体のケアを目的とするマッサージのためであっても，原則としてセクハラにあたる（あるいは，セクハラと言われてもやむを得ない）ものと日頃から認識しておくべきです。
　仮に選手（生徒）が同意していたとしても，それのみをもって「セクハラではない」とは言えないことに注意が必要です。

☑ キーワード

セクハラ，指導者の責任，倫理ガイドライン，被害者の同意

解　説

 スポーツ界におけるセクハラ

セクハラとは，「性的な行動・言動等であって，当該行動・言動等に対する

競技者の対応によって，当該競技者が競技活動をする上での一定の不利益を与え，若しくはその競技活動環境を悪化させる行為，又はそれらを示唆する行為も含まれるもの」（文部科学省「スポーツ指導における暴力等に関する処分基準ガイドライン（試案）」）とされています。もっとも，一般的には，「相手の意に反する性的言動」と理解しておけば足りるものと思います。この定義からすれば，セクハラにあたるか否かは，相手が不快に感じているか否かが問題であり，行為者の意図によって決まるものではありません。

　セクハラは，スポーツ界において特に起こりやすいとの指摘があります。しかし，セクハラは，個人の尊厳を不当に傷つけ，かつ，スポーツをする環境を悪化させるものであり，特に，被害の声を上げることが難しい未成年に対する教育現場でのセクハラは根絶されなければなりません。

2　セクハラと言われないために

(1)　ガイドライン

　多くのスポーツ団体は独自に倫理ガイドラインを作成し，セクハラの禁止を宣言しており，その中にはマッサージについて言及しているものも見受けられます。例えば，日本バレーボール協会作成の「指導における倫理ガイドライン——暴力とセクハラの根絶に向けて」においては，「技術指導や体調管理などの目的で選手の身体に触れるときは，選手本人の了解を得るとともに，できる限り着衣の上から触れ，また第三者の同席を求めるなどして，誤解を与えることがないよう配慮する」と規定しています。また，全日本柔道連盟作成のガイドラインでは，そもそも無資格の異性によるマッサージは一切避けるべきとの趣旨の記載もあります。

　さらに，京都市教育委員会作成の「スクール・セクハラの防止に向けて」（2007年7月）においては，部活動指導の際のマッサージと称して身体に触れる行為はセクハラにあたると明示されています。

(2)　指導者の意識

　各ガイドライン等の記載を見る限り，指導者（柔道整復師等の資格をもつ専門家は除く）による身体的接触を伴うマッサージは，セクハラとされる極めて高い

リスクを孕むものであり、原則として避けるべきです。万が一やむを得ず必要に迫られてマッサージを行う場合には、同性の指導者に施術させる、第三者を同席させるなど2人きりになることは避ける、選手（生徒）からの了解を得ることはもちろん、未成年の場合は保護者からも事前に了解を得、かつ、事後に速やかに施術内容を報告するなどにより、法的トラブルへの発展を未然に防ぐよう十分な配慮が必要となります。

3 指導者の選手（生徒）に対するマッサージ等がセクハラにあたるか

裁判では、いくつかの観点からセクハラ該当性が判断されています☆1。

(1) 行為の客観的判断

行為の是非を判断するために、まず検討すべきは、その行為の方法、態様が、一般的にみて社会的に許される行為といえるか否かという点です。その際には、行為が各スポーツ団体の定める倫理ガイドラインに沿ったものであったか否かという視点は、判断のための重要な指針にもなり得ます。

(2) 行為の目的

行為時の指導者の目的（体のケア）は一考慮要素とはなり得ます。しかし、行為の是非はあくまで客観的事実を社会通念で評価し判断しますので、実際に性的な意図がなかったからといって、それだけで行為が正当化されることはありません。

(3) 被害者の同意

また、行為の際、被害者が同意をしている場合があります。しかし、スポーツ界特有の当事者間の上下関係、指導者がもつ権限などにも鑑みれば、被害者が本当に自由な意思決定として同意をしているかは疑わしい場合が多くあります。特に、被害者が未成年の場合には、判断能力が乏しいこともあり、より一層慎重に検討する必要があります。したがって、被害者が同意をしていたからといって、それだけで行為が正当化されるわけではありません。

〔金刺　廣長〕

■判　例■

☆1　前橋地判平14・6・12（平11(ワ)442号）LEX/DB，大阪地判平20・5・20（平18(ワ)13014号）LLI/DB，宮崎地判平22・2・5判タ1339号97頁，名古屋地判平24・1・24（平20(ワ)5924号）LEX/DB，秋田地判平25・2・20（平24(わ)40号）LEX/DB，東京高判平25・12・11（平25(う)457号）LEX/DB（上告審：最決平26・4・23（平26(あ)103号）LEX/DB），甲府地判平26・5・27（平25(わ)116号，141号，174号）LEX/DB。

●参考文献●

・白井久明「スポーツとセクシュアルハラスメント」スポーツメディスン133号46頁。

第1章◇アスリート・コーチ・トレーナーの法律相談
第5節◇スポーツ指導上の問題に関する法律相談

Column 1 適切な指導のために

　「スポーツ界における暴力行為根絶宣言」（2013年）以降も依然として暴力事件の報道は絶えませんが，これまでの指導者像は大きく転換したといえます。日本体育協会は，『21世紀のスポーツ指導者』の中で，指導者について，単に技術の指導に優れているだけでなく，選手との間に相互に尊敬の関係を築き，選手から信頼を得ることを求めています。日本サッカー協会では「プレイヤーズファースト」を掲げ，指導者に対して「子どもを一人の選手としてリスペクト」すること，子どものよき見本となることを求めています。

　子どもたちが健全かつ安全にスポーツを楽しむためには，科学的な知見も必要とされます。例えば，試合や練習中に頭に衝撃を受けることによって生じる脳振盪の危険性がアメリカなどでは注目を集めています。受傷直後は軽い症状だと思って試合や練習を再開したものの，その後，重篤な後遺症や死亡にいたるケースが報告されています。アメリカのNFLやNBAでは専門医の許可がなければプレー復帰を認めないとする基準等を設けています。日本でも日本臨床スポーツ医学会などはガイドライン（「頭部外傷10か条の提言〔第2版〕」）を発表しています。脳震盪の危険性は，コンタクトスポーツだけでなく，すべてのスポーツ競技に共通したリスクといえます。

　野球においては，骨や関節が成長しつつある年代に過度な練習をすることで，重大な障害（いわゆる「野球肘」，「野球肩」）を引き起こすことがあります。日本臨床スポーツ医学会では，小学生は1日50球以内，試合を含めて週200球をこえない投球数に制限すべきとの提言を行っています（「青少年の野球障害に対する提言」）。また，MLBでも，「PITCH SMART」という子どもたちの投球数に関するガイドラインを作成しました。

　欧米諸国では，子どもたちのスポーツ環境を改善するために「グッドプラクティス（Good Practice：GP）」に関するガイドラインが作られています。良き指導者となるためには，資格の拡充とともに，他の指導者のGPを知る必要があります。日本高等学校野球連盟では若手指導者が，ベテラン指導者からノウハウや心構えを学ぶ「甲子園塾」を開催し，GPの共有化を図っています。このような試みは各競技団体でも参考になるものと思われます。

◆石堂　典秀＝金刺　廣長◆

第6節　教育・キャリア設計に関する法律相談

　特別推薦による入学と在学契約（特待生問題）

　私の息子は、現在、野球の特待生として授業料を免除されて私立高校に通っています。ところが、この前、練習中の事故で、大怪我を負ったことが原因で、学校から退学を求められています。退学をしなければならないのでしょうか。また、学校に残れる場合には、授業料の免除は今後どうなりますか。

　怪我により野球の能力について特待生の要件を満たさなくなったとしても、それ自体は、退学の正当な理由とはならないと解されますので、学校の求めに応じて退学する必要はありません。また、在学契約の内容にもよりますが、特待生の要件を満たさなくなった場合、一般的には、授業料免除等の優遇措置の効力を失う場合が多いので、今後は、授業料の免除を受けられなくなる可能性が高いでしょう。

☑ キーワード

　在学関係、在学契約、特待生

第1章◇アスリート・コーチ・トレーナーの法律相談
第6節◇教育・キャリア設計に関する法律相談

解　説

1　在学契約の解釈

　生徒が私立高校に入学し在学している関係（在学関係）は，私法上の契約関係（在学契約）とみるのが通説です。在学契約は，教育基本法及び学校教育法（以下「学教法」といいます）に定める理念による規律を受けることが当然に予定されているという意味で，取引法原理に適合しない側面を有しており，学教法の理念により規律されることが予定された継続的な有償双務契約としての性質を有する私法上の無名契約と解されています。
　そのため，私学経営権も公共の利益によって制限され，私立高校においても，その公共的性格に照らして，正当な理由なく一方的に在学契約を解除（退学処分）することは許されないと解されています。
　これらのことは，特待生であっても一般の生徒と変わりませんが，特待生の場合，私学側からスポーツの能力が評価されて生徒の身分を取得し，授業料免除等の優遇措置を受けていることから，怪我により野球の能力を発揮できなくなるような場合，私学側としては，特待生との在学契約の目的を達成することができないという側面があります。

2　退学処分の可否

(1)　怪我の場合
(a)　上記の理由から，怪我により野球の能力を発揮できなくなるような事態に備えて，私学側が，在学契約の内容として，かかる場合に在学契約の解除（退学処分）を可能とする条項を定めていることがあります。
　しかしながら，在学契約は学教法の理念による規律を受けることが当然に予定され，野球部の活動が学校教育活動の一環として教育的見地から認められるべきものであり，在学契約の解除（退学処分）が生徒に与える影響の大きさを

考えると，野球の能力を発揮できなくなったからといって退学処分を可能とすることは，教育を受ける権利を保障する憲法26条1項の趣旨，教育基本法の理念に反し，著しく合理性を欠くというべきです。

したがって，この種の合意等は，公序良俗に反し無効（民90条）であり，解除権の行使は権利濫用（民1条3項）にあたり，私学側が在学契約を解除（退学処分）することはできないと解すべきでしょう。

(b) なお，かかる解除権が在学契約の内容となっていない場合，私学側が在学契約を債務不履行（民415条）により解除しようとすることが考えられますが，野球の能力を発揮することが在学契約上の債務と捉えることは困難であり，学教法の理念から許されるべきではなく，在学契約の解除（退学処分）はできないと考えるべきでしょう。

(2) 怪我以外の場合

以上のことは，本人がやる気をなくした場合や不祥事を起こした場合も同様と考えられます。在学契約の解除（退学処分）は生徒の身分を剥奪する重大な措置ですから，懲戒退学事由に該当するような場合は別として，在学契約の解除（退学処分）は，たとえ特待生であっても教育上やむを得ないと認められる場合に限って許容されるべきでしょう。

3 優遇措置（授業料免除）の効力

(1) 明確な合意がある場合

(a) 将来分について

在学契約の内容として，特待生の要件を満たさなくなった場合に授業料免除等の優遇措置の効力を喪失するとされている場合があります。この種の合意等は，在学契約の内容にもよりますが，一概にその合理性を否定することはできないと考えられ，在学契約の解除（退学処分）とは異なり，公序良俗に反し，権利濫用として無効となる例は限られると思われます。

しかしながら，「選手又は部員であること」を特待生の要件とすることは問題があると考えます。退部を条件に優遇措置の効力を失う取扱いがされていると聞きますが，生徒の自由な意思決定を過度に制約し，年季奉公をも彷彿とさ

せるものですから，学教法の理念からは，学業特待生の例を参考に，契約期間を明確にし，①複数年契約の場合，契約期間内は優遇措置の効力は喪失しない，②単年契約の場合であっても，野球に限らずスポーツの能力が評価される場合には優遇措置を継続するなど，他の適切な在り方を検討すべきでしょう。

(b) **過去分について**

在学契約の内容として，特待生の要件を満たさなくなった場合に過去分の授業料の支払を義務づけている場合があります。

しかしながら，授業料の免除は，特待生であることの対価であり，少なくとも特待生の要件を満たしていた期間については対価関係が成立していること，また，生徒の自由な意思決定を過度に制約するものであることから，このような特約は，著しく合理性を欠き，公序良俗違反により，無効となる可能性が高いと考えます。また，過去分の授業料の支払を義務づけるというのは，損害賠償額の予定又は違約金の定めの性質を有するものとも考えられますので，消費者が支払う損害賠償の額を予定する条項等（消費者契約法9条1号）により無効とされる余地もあるでしょう。

(2) 明確な合意がない場合

(a) 明確な合意のないまま「3年間」授業料免除の合意で入学した場合，特待生の要件を満たさなくなり在学契約の目的を達成できなくなるリスクは私学側が負担するのもやむを得ないというべきであり，特段の事情のない限り，優遇措置の効力を失わせることはできないと考えるべきでしょう。

(b) また，上記のとおり，授業料の免除は特待生であることの対価であり，少なくとも特待生の要件を満たしていた期間については対価関係が成立していることから，基本的には，過去分の授業料の支払義務はないと考えるべきでしょう。

〔松原　範之〕

●参考文献●

- 加藤正男・最高裁判所判例解説民事篇〔平成18年度〕（下）（6月～12月分）1183頁～1250頁，公益財団法人日本高等学校野球連盟ホームページ「高校野球特待生問題」。

34 アマチュアクラブにおけるチームの移籍の制限

　私は現在，高校1年生で野球部に所属していますが，甲子園大会への出場の見込みが低いため，同一県内の強豪校に転校しようと思っています。転校は認められ，直近の甲子園大会に出場できるでしょうか。親の仕事の都合で転校せざるを得ない場合はどうですか。

　日本高等学校野球連盟（以下「高野連」といいます）が定める大会参加者資格規定により，転校後1年以内は原則として出場資格が認められないため，直近の甲子園大会に出場することはできません。ただし，親の仕事の都合で転校せざるを得ない場合，やむを得ない事由があるものとして高野連の承認を得て出場できる場合があります。

☑ **キーワード**

　移籍制限，アマチュア，大会参加資格

解　説

 出場資格制限の趣旨

　高野連の平成28年度大会参加者資格規定には5条において，「参加選手の資格は，以下の各項に適合するものとする。」と定め，(3)で「転入学生は，転入学した日より満1ヵ年を経過したもの。」と規定されています。したがって，

他の高校へ転校した場合，転校した日から1年間は甲子園などの高野連の主催する大会には出場できないことになります。

他の競技団体においても，大会参加規定などでこのような制限規定を置いている場合がみられます。このような制限規定は，有力な選手が他のチームに引き抜かれるような事態を避けるため，また，チームを転々とするような選手が出ることを防ぐために設けられた規定であり，このような制限規定自体は，制限する期間が相当である限りその目的に合理性があるものとして有効とされています。

2 制限の限界

しかし，不当に他のチームへの移籍を制限することは，選手の自由を奪うことになりかねませんので，理由を問わず移籍を制限することや制限の期間を不当に長くするような規定は過度の制限として無効となる可能性があります。

このようなことから，高野連の大会参加者資格規定においても，前述の規定に引き続き，「ただし満1ヵ年を経なくても，学区制の変更，学校の統廃合または一家転住などにより，止むを得ず転入学したと認められるもので，本連盟の承認を得たものはこの限りではない。なお転入学生であっても，前在籍校で野球部員として当該都道府県高等学校野球連盟に部員登録されていなかったものは，転入学した日から参加資格が認められる。」という規定がなされており，この規定自体は有効といえるでしょう。

3 他競技の場合

このような制限は，高野連の場合だけでなく，他の競技や大会でも定められている場合が多く見受けられます。例えば，全国高等学校総合体育大会（インターハイ）開催基準要項では，大会参加資格として，12項(6)において「転校後6ケ月未満のものは参加を認めない。（外国人留学生もこれに準ずる）但し，一家転住などやむを得ない場合は，各都道府県高等学校体育連盟会長の認可があればこの限りでない。」という規定があります。

このように，移籍に対する制限は，高野連の場合と同様に大会ごとに参加資格の規定において定められている場合が多く，大会のレベルや主催者により，全国連盟や都道府県連盟，市町村連盟などが規定を設けることになります。これによって，市町村レベルの規定であれば，市町村を越えて転校するなどすれば，その規定が及ばなくなる反面，全国レベルの規定であれば，日本国内で転校すればすべて規定が及ぶということになります。

4　設問の場合

設問の場合，甲子園大会への出場についてなので，全国レベルである高野連の大会参加者資格規定に従うことになり，同一県内の転校であっても，転校した日から1年間は甲子園大会を含む高野連の主催大会には出場できないということになります。

また，その理由についても，「甲子園大会への出場の見込みが低いため」ということであれば「止むを得ず転入学した」ともいえず，例外規定の適用もないことになります。

他方，その理由が，「親の仕事の都合で転校せざるを得ない場合」については，「一家転住など」「止むを得ず転入学したと認められるもの」といえますので，高野連の承認を得て出場することができる可能性が高いといえるでしょう。

5　出場制限を争う場合

では，親の都合で転校せざるを得なかったのに，参加資格による制限規定を適用されて出場できなくなってしまった場合などに，出場制限を争う場合にはどのようにすればいいのでしょうか。

この場合，参加資格の制限によって出場できなくなったことが法的に保護される権利かどうかですが，プロ選手ではないアマチュア選手の場合については，チームとの契約上の権利を主張することも難しいですし，出場する地位が法的に保護される権利と評価することも難しいので，参加資格の制限だけを法

律上の争訟として通常の裁判所で争うことは難しいと考えます。また，仮に出場できないことについての精神的損害を損害賠償として争うなど法律上の争訟性が認められ裁判所で争った場合でも，解決までに時間を要し出場制限期間内に解決できず実効性がなくなる可能性があります。

そこで，このような紛争については，JSAAのスポーツ仲裁を利用することが適切であると思います。この場合，相手方となる移籍制限を規定した団体について，仲裁合意の規定があるかどうかを確認する必要があります。なお，仮に市町村レベルの団体で仲裁合意の規定がなくても，上部団体に仲裁合意の規定があれば仲裁に応じるケースが多いと思いますのでその点も合わせて確認すると良いでしょう。

6　クラブチームなどでの制限

他方，学校の部活などではなく，クラブチームなどにおいては，チームを辞めた日から一定期間は当該競技団体に所属する他のチームへの移籍を認めないという形でそもそもチームへの所属すら認めないような形の制限が多くみられます。これは，クラブチームにおいては，原則どこのクラブにも所属できるため，クラブ間の引き抜きや試合ごとに所属するチームを変えるなどのおそれがより強いことによります。このような制限は，そもそも他のチームへの所属自体を認めないという点で大会参加資格の制限より強力な制限ですので，その制限の有効性や移籍を認めるかどうかの判断は大会参加資格の制限の場合よりも，より慎重に判断されることになるでしょう。

〔堀田　裕二〕

■注　記■

＊　関連仲裁判断として，JSAA-AP-2014-004。

2 アスリートのセカンドキャリア設計
──JOC キャリアアカデミーについて

　JOC キャリアアカデミーは，2008年 JOC ナショナルトレーニングセンター（NTC）設立に合わせて発足しました。オリンピック強化指定選手を対象にトップ選手が競技生活終了後にも不安をもつことなく，競技に集中でき，さらなる競技力向上が図れるような支援を行うことを目的としています。この事業は①選手研修，②キャリアカウンセリング，③就職就学支援（「アスナビ」）の3つの柱から構成されています。

　選手研修は，毎年，年間100回程度実施しています。NTC やそれぞれの競技の NTC 拠点での合宿中にセミナー形式で行われ，内容としては，「オリンピアン講話」，「ロジカルコミュニケーション」「メディアトレーニング」「チームビルディング」等，選手のニーズに合わせて行っています。また，キャリアプランニングは早い段階から意識してもらうことが重要と考え，ジュニア選手を対象とした研修も行うようになりました。

　キャリアカウンセリングは，選手の進学先や就職先などを明確にするために，選手個々人の希望や適性について相談を受け付けています。年間で大体120人の選手に実施しています。

　「アスナビ」は，高校や大学を卒業したトップアスリートが，生活環境を安定させ競技に集中できるよう，JOC が就職を支援する制度です。アスナビでは，就職を希望する選手に「エントリーシート」を作成してもらい，JOC ウェブサイト内の「アスナビ」のページに「エントリーシート」を掲載します。JOC では「アスナビ」就職支援説明会を主催し，参加企業の皆さんに選手全員のシートを配布し，数名の選手が自己アピールを行います。その後，関心をもった企業と選手とのマッチングを行っています。これまでに全国で延べ40回実施し，2010年10月に活動を始めて以来，139名の選手が96社で採用されました（2017年2月現在）。内訳としては，夏季選手78名，冬季選手39名，パラリンピック選手22名という状況です。冬季競技地域で冬季選手の就職実績を拡大していくことが今後の課題となっています。最近の調査（「第1回アスナビ採用企業実態調査」（2016年4月））では，多くの企業が引退後も継続勤務を希望し，「選手の活躍や競技に立ち向かう姿勢に刺激を受け，社員のモチベーションに変化があった」「応援することで社員の一体感醸成に寄与した」との評価を得ています。　◆八田　　茂◆

第1章◇アスリート・コーチ・トレーナーの法律相談
第7節◇肖像権・パブリシティ権に関する法律相談

第7節　肖像権・パブリシティ権に関する法律相談

 35　肖像権・パブリシティ権の管理規程

　私は，ある競技のアスリートであり，当該競技団体に所属し，その競技大会に参加しています。このたび，地元の飲食店を経営する会社から私のスポンサーになるので店舗内に写真を貼らせて欲しいとの提案を受けました。私はこの提案を受けることができるのでしょうか。競技団体との関係でどのような点に注意すべきでしょうか。

　　肖像権・パブリシティ権は，当該個人に帰属するものですが，各競技団体において規程により所属選手の肖像権・パブリシティ権を管理している例が多くみられます。競技団体によっては，広告宣伝目的での所属選手の写真等の肖像の利用を制限している団体もありますので，まずは所属する競技団体の規程を確認し，どのような場合に肖像等の利用が可能になるかを確認してください。
　　また，規程上，所属選手の肖像権（パブリシティ権）の利用を制限する条項がある場合でも，その管理方法や補償，救済措置などが不十分である場合などは，同項が無効とされる可能性もあります。

☑ キーワード

肖像権,パブリシティ権

解説

1 スポーツ選手の肖像権・パブリシティ権

 他人にみだりに自己の容貌を撮影・公開されない権利である肖像権の財産権的側面として,著名人がその氏名や肖像その他顧客誘引力のある情報を自由にコントロールする権利である,いわゆるパブリシティ権が判例上認められてきました。

 著名なスポーツ選手は,その氏名や肖像を商業的に使用することで非常に高額な対価を得られることもあります。そのため,各競技団体が所属選手の肖像権・パブリシティ権について,規程等によって管理していることが多くみられます。

2 規約等による肖像権・パブリシティ権の制限

(1) 各競技団体ごとの管理の例

(a) 日本水泳連盟は「競技者資格規則」7条において,競技者の肖像等の広告宣伝目的の使用を原則禁止とした上で,同連盟が認定した者等を除外認定者として扱い,当該除外認定者に対しては連盟主催の海外遠征の際の実費負担義務を負わせています。

(b) 日本スケート連盟は「競技者資格規程」3条(1)において,「スケートで得た名声を本連盟の承認を得ることなしに,商業宣伝のために自らの肖像権を利用し,あるいはその利用を認めたもの」を登録無資格者と規定した上,「賞金等の取扱規程」4条において,選手が連盟の承認を得て肖像権の使用により得た契約料等の90パーセントを選手が取得し,10パーセントを連盟が受領する

こととしています。

（c）日本バスケットボール協会は「基本規程」の96条において、肖像等を使用する権利は協会に帰属するものとし、協会に承認料を支払い承認を得られれば広告宣伝活動をしてよいとしています。

(2) パブリシティ権制限の正当性

パブリシティ権は人格権である肖像権の財産的側面ではありますが、譲渡性はあると理解されています。そのため、前述のような所属競技団体にパブリシティ権を譲渡するような条項が直ちに違法となることはありません。ただ、競技団体に所属しているというだけでパブリシティ権を競技団体に管理されてしまうことには疑問もあります。

プロ野球選手の契約に使用される統一契約書16条に「球団が指示する場合、選手は写真、映画、テレビジョンに撮影されることを承諾する。なお、選手はこのような写真出演等にかんする肖像権、著作権等のすべてが球団に属し、また球団が宣伝目的のためにいかなる方法でそれらを利用しても、異議を申し立てないことを承認する。」という条項があり、これによって選手のパブリシティ権を球団が管理することになることが不当であるとして選手が訴訟を起こした事案があります☆1☆2☆3。

この訴訟で選手側は、争点の1つとして、当該条項が不合理な附合契約にあたり無効であるとして争いました。しかし、裁判所は、選手側に契約相手の選択可能性は制限されるものの、選手が主体的に商品広告に関与できることや、使用料の分配率の交渉可能性があることなどから、直ちに不合理とはいえない等として、有効と判断しました。

プロ野球に限らず、スポーツの競技団体においては、選手は所属団体を選択する余地がないことがほとんどかと思いますので、選手のパブリシティ権を管理する方法や補償、救済措置などが不十分である場合などは、パブリシティ権を制限する条項が無効とされる可能性も残されていると思われます。例えば、前述したスケート連盟の規程などは、パブリシティ権の使用料について予め選手と連盟の分配率が定められていますが、プロ野球では、分配率が予め定められていません。このような点からもプロ野球の規定は、選手に対する制約が強いといえます。

Q35◆肖像権・パブリシティ権の管理規程

〔飯島　俊〕

■判　例■

☆1　東京地判平18・8・1判時1957号116頁。
☆2　知財高判平20・2・25（平18(ネ)10072号）裁判所ホームページ。
☆3　最判平22・6・15（平20(オ)792号）。

第1章◇アスリート・コーチ・トレーナーの法律相談
第7節◇肖像権・パブリシティ権に関する法律相談

 アスリートの肖像権・パブリシティ権の侵害例と対処方針

　私は，Jリーグのクラブに所属するサッカー選手です。先日訪れた美容院で髪を切った後に店長から写真を撮らせて欲しいといわれ許可したのですが，後日，その美容院のホームページ上で私に無断でその写真が掲載され，「A選手が髪を切りに来てくれました」と書かれていました。この行為に対して，肖像権・パブリシティ権を侵害するものとして私は何らかの請求をすることはできるのでしょうか。

　撮影した写真をA選手に無断でホームページ上に公表することはパブリシティ権又は肖像権侵害の問題となります。
　本件では，パブリシティ権侵害とされる可能性は低いといえますが，肖像権を侵害するものとして，ホームページからの写真の削除，損害賠償請求ができる可能性が高いと認められます。

☑ キーワード

　ホームページ，肖像権，パブリシティ権

解　説

1　肖像権とパブリシティ権の意義

Q35の解説をご参照ください。

2 スポーツ選手のパブリシティ権

(1) 裁判例

(a) スポーツ選手のパブリシティ権が問題となった事案としては，王貞治メダル製造事件☆1と中田英寿書籍事件☆2☆3があります。

前者は，業者が，元プロ野球選手である王貞治選手の承諾を得ることなく，800号本塁打の記念メダルを製造・販売しようとしたために，選手が差止めの仮処分を求めた事案で，裁判所は，差止めの仮処分を認めました。

後者は，サッカー元日本代表の中田英寿氏が出版社に対して，出版した書籍がパブリシティ権等を侵害するとして書籍の販売の差止めと損害賠償を請求した事案ですが，裁判所は，パブリシティ権侵害を認めませんでした。ただし，サッカー競技に直接関係しない記述がプライバシー権を侵害すると判断して，書籍の差止めと損害賠償請求は認められました。

(b) スポーツ選手の事案ではありませんが，パブリシティ権侵害が成立する場合を類型化した最高裁判決として，ピンクレディー事件☆4があります。この判決では，①氏名，肖像等それ自体を独立して鑑賞の対象となる商品等として使用し，②商品等の差別化を図る目的で氏名，肖像等を商品等に付し，③氏名，肖像等を商品等の広告として使用するなど，専ら氏名，肖像等の有する顧客誘引力の利用を目的とするといえる場合に，パブリシティ権侵害が成立すると判断しています。

(2) 本件への当てはめ

本件に関し，ピンクレディー事件で示された①から③の類型に該当するかを検討すると，①A選手の写真自体が商品として使用されていませんし，②商品に付されたわけではありませんが，美容院が集客目的でA選手の写真を使用した点は否定できませんので，③に該当する可能性は否定できません。

もっとも，A選手の写真が使われたのは，美容院のウェブサイトの一部ですし，その内容もA選手の美容院への来店の事実を公表するにとどまりますので，美容院のウェブサイトを全体としてみたときに，A選手の顧客誘引力に専ら依存しているとまでは認められないので，パブリシティ権侵害となる可能性

は低いものと考えられます。

3　肖像権侵害の判断基準

(1) 最高裁判決が示す基準
　週刊写真誌のカメラマンが刑事事件の法廷において被疑者の容貌・姿態を撮影した行為が肖像権を侵害しないかが問題となった事案で，最高裁は，「ある者の容ほう，姿態をその承諾なく撮影することが不法行為法上違法となるかどうかは，被撮影者の社会的地位，撮影された被撮影者の活動内容，撮影の場所，撮影の目的，撮影の態様，撮影の必要性等を総合考慮して，被撮影者の上記人格的利益の侵害が社会生活上受忍すべき限度を超えるものといえるかどうかを判断して決すべきである。」と判示しました☆5。

(2) 本件への当てはめ
　本件は，写真の公表が問題となる事案であり，写真の撮影が問題となった最高裁判決の事例とは異なりますが，肖像権侵害の問題である点は同じです。したがって，個々の判断要素は異なるとしても，社会生活上受忍すべき限度を超えるものといえるかどうかを基準に判断される点は同じです。
　この点，A選手は，髪を切った美容院の店長に写真を撮影すること自体は承諾していることからすれば，その写真が利用されたとしても，社会生活上受忍すべき限度を超えるものとまでは認められないようにも思えます。
　しかしながら，写真を撮影することと公表することは別問題であり，撮影した写真を不特定多数の人が容易に見ることができるウェブサイト上にアップすることはプライバシー侵害の程度が高いといえます。しかも，公表された内容は，サッカーとは全く関わりのない髪を切るという私生活領域内での行為です。
　これらの事情を考慮すれば，たとえA選手が写真の撮影は承諾していたとしても，撮影した写真を無断でウェブサイト上に公表することは，社会生活上受忍すべき限度を超えるものとして，肖像権侵害と認められる可能性が高いといえます。

〔佐伯　昭彦〕

Q36◆アスリートの肖像権・パブリシティ権の侵害例と対処方針

■判　例■

- ☆1　東京地判昭53・10・2判タ372号97頁。
- ☆2　東京地判平12・2・29判時1715号76頁。
- ☆3　東京高判平12・12・25判時1743号130頁。
- ☆4　最判平24・2・2判タ1367号97頁。
- ☆5　最判平17・11・10判タ1203号74頁。

●参考文献●

- 多田光毅＝石田晃士＝椿原直編著『紛争類型別スポーツ法の実務』95頁〔三浦悠佑〕（三協法規出版, 2014年），スポーツ問題研究会編『Q＆Aスポーツの法律問題〔第3版補訂版〕』192頁〔曽我部晋太〕（民事法研究会，2015年），高松政裕「スポーツ選手の肖像利用に関する法的諸問題」スポーツメディスン166号42頁。

第1章◇アスリート・コーチ・トレーナーの法律相談
第8節◇プロスポーツに関する法律相談

第8節　プロスポーツに関する法律相談

 プロ野球の選手契約と移籍

　プロ野球選手から，今のチームから移籍したいという相談がありました。まだシーズン中ですが，他のチームへ移籍することはできますか。また，シーズン終了後であれば移籍することはできますか。実業団チーム所属の選手の場合と比較して教えてください。
　また，高校生や大学生から，プロ野球を経ずにメジャーリーグに挑戦したいという相談もありました。このようなことは可能なのでしょうか。

　　プロ野球選手は，「保留制度」という移籍制限制度により，シーズン中・シーズン終了後問わず，原則として他の国内チームへの移籍はできません。ただし，フリーエージェント制度（FA制度）により，一軍登録日数145日以上を1シーズンとして，8シーズン（大学卒・社会人卒の選手については7シーズン。ただし，国外の球団への移籍については9シーズン）の一軍登録を達成した選手は移籍することができます。
　　実業団チームに所属する選手についても，引き抜き防止や戦力均衡などの観点から，所属チームの同意（リリースレター）が必要とされていたり，移籍後の試合出場数の制限が課されるなどの規制が加えられているのが通例です。
　　なお，アマチュア選手がプロ野球を経ずにメジャーリーグ所属球団と

> 直接契約することは可能ですが，その場合，現状，当該球団退団後一定期間は日本球界に復帰することが認められていませんので，注意が必要です。

☑ キーワード

保留制度，フリーエージェント，移籍金，ポスティング制度，トレード

解説

1 保留制度とフリーエージェント（FA）制度

日本プロ野球においては，「保留制度」という強力な移籍制限が選手に課されています。

保留制度とは，球団側が選手を「保留者名簿」に記載しておく限り，契約期間が満了しても，選手は他の球団への移籍に限らず，他球団に移籍するための契約交渉や練習参加が禁止されるという制度です（野球協約第9章「保留選手」参照）。この保留制度における所属球団側の権利（野球協約66条1項）を保留権といいます。

この保留制度の唯一の例外がフリーエージェント（以下「FA」といいます）制度（野球協約196条，フリーエージェント規約参照）です。

FA権を取得するための主な要件は前述のとおりですが，補償金やその他の細かい要件については，日本プロ野球選手会のホームページ（URLは **Q38**参照）を参照した上で，なお不明点がある場合には弁護士等の専門家にご相談ください。

2 ポスティング制度

FA制度とは別に，ポスティング制度という海外移籍制度があります。これは，イチロー選手をはじめ，本設問執筆日現在（2017年2月17日）まで15名（外国人選手含む）の選手が利用してメジャーリーグに移籍した実績があります。

ポスティング制度とは，海外FA権を取得していない選手の海外移籍を可能とする制度です（日米間選手契約に関する協定（平成25年12月16日改定調印発効）＊1）。日本野球機構（以下「NPB」といいます）所属の球団が，交渉権の対価となるリリース料（上限2000万米ドル）を設定した上で，NPBコミッショナーを通じてメジャーリーグ（以下「MLB」といいます）コミッショナーに対してある選手が契約可能選手である旨を通知し，MLBコミッショナーがMLB各球団に対してこれを告知（これを「ポスティング」といいます）し，応札した全球団が当該選手との契約交渉を行うことができます。

3 トレード制度

選手の移籍に関する制度としては，これらの他にトレード制度があります。

トレード制度とは，球団が保有する所属選手の保留権を，他のNPB所属球団に譲渡し，その対価として当該他の球団に所属する選手の保留権を獲得したり，金銭を受け取ったりする制度です（野球協約第13章「選手契約の譲渡」参照）。

4 実業団チームに所属するアスリートの移籍

プロ野球以外のアスリートの中には，一般企業に所属しながらアスリートとして活動している選手もいますが，そのような選手もチーム間の移籍が自由ということはなく，引き抜き防止や戦力均衡などの観点から，所属チームの同意（リリースレター）が必要とされていたり，移籍後の試合出場数の制限が課されるなどの規制が加えられているのが通例です。

いずれにしても，契約を締結する前に，弁護士などの専門家に相談した上で移籍に関する条項を含めて契約内容を良く吟味・検討することが肝要です。

5　プロ野球を経ない MLB への挑戦

　近年，日本のアマチュア選手が MLB から注目されていることもあって，プロ野球を経ずに直接 MLB 球団に入団することを希望する選手も現れ始めました。当時新日本石油（ENEOS）野球部所属の田澤純一選手が直接 MLB のボストンレッドソックスに入団した例がありますが，現在は NPB によってドラフトを拒否し，海外球団と契約した選手は，当該球団退団後一定期間 NPB に復帰することを認めないという復帰制限が設けられているため，注意が必要です。

　ドラフト制度そのものはプロ野球の戦力均衡のために合理性が認められ，憲法上保障されている職業選択の自由を過度に制限するものではなく，契約自由の原則にも反しないという考え方が一般的ですが，上記のような復帰制限は，当該選手の職業選択の自由を過度に制限するものであり，独占禁止法にも違反するという考え方もあり，今後さらなる検討・議論が必要な論点であると思われます。

〔石原　遥平〕

■注　記■

＊1　正文名称：AGREEMENT BETWEEN THE OFFICE OF THE COMMISSIONER OF BASEBALL AND THE OFFICE OF THE COMMISSIONER OF NIPPON PROFESSIONAL BASEBALL

第1章◇アスリート・コーチ・トレーナーの法律相談
第8節◇プロスポーツに関する法律相談

38 プロ野球の契約更改

　プロ野球選手から契約更改の際の代理人になって欲しいとの依頼がありました。どのような手続を行えばよいでしょうか。また，球団との交渉ではどのような点に気を付けて交渉をすればよいでしょうか。

　プロ野球選手の代理人になるためには，日本プロ野球選手会の公認代理人として登録する必要があります。
　球団との交渉にあたっては，まず，選手会事務局や代理人経験者等に協力を仰ぎ，各球団に合った適切なアプローチ方法を含む様々な情報を収集することが肝要です。契約交渉期間が事実上春季キャンプ（例年2月1日～）前までという一定期間に限られ，かつ，仮に提示金額に不満があっても保留制度（**Q37**参照）により他の球団に移籍するという選択肢自体がないため，最終的には球団側の提示額を受け入れるか参稼報酬調停を行うことを選択せざるを得ない状況にあるということに留意しつつ，依頼人である選手はもちろん，球団からも信頼を得られる行動と言動を心掛け，査定根拠を明確に示すよう球団側に要請するとともに，選手会とも協働して客観的な数値や成績をもとに，類似した成績や年次の選手との比較も行いながら，スケジュールを意識して交渉を進めると良いでしょう。
　なお，代理人を選任した上で契約交渉に臨んだとしても，必ずしも年俸増額が勝ち取れるとは限らないという点は選手側関係者に理解してもらう必要があるものの，代理人としては，年俸の増減基準を明確にする効果や，第三者の視点を入れることによって冷静に交渉できる点，自主トレーニングに集中して次のシーズンの準備が滞りなくできる点等の代理人を選任することのメリットを良く意識して行動する必要があります。

Q38◆プロ野球の契約更改

☑ **キーワード**

NPB公認選手代理人，仲介人

解　説

1　代理人登録の手続等

　平成12年オフシーズン以前は，プロ野球選手の契約更改に関する交渉において，選手側が代理人に委任することが認められていませんでした。そこで，労働組合日本プロ野球選手会（以下「選手会」といいます）から，選手と球団の間の交渉力格差を埋めるための制度として，代理人制度導入の必要性を強く訴えた結果，代理人制度が発足することになりました。

　選手会のホームページ（http://jpbpa.net/system/）に手続の詳細が記載されていますので，これに従って登録手続を完了させてください。

2　球団との交渉の留意点等

　選手会公認代理人として登録した（又はしようとする）弁護士としては，まず第一歩として，選手会事務局や代理人経験者，エージェントや球団のスコアラーに協力を仰ぎ，各球団に合った適切なアプローチ方法を含む様々な情報を収集することが重要です。その上で，保留制度（**Q37**参照）や交渉上のポイントに精通するための事前準備を怠らないようにするとともに，査定根拠となる要素の中から，年俸や待遇面の改善に直結し得る根拠（ペナントレース中の成績はもちろんのこと，その他にもクライマックスシリーズや日本シリーズといったポストシーズンの成績や貢献度，さらには日本代表（侍ジャパン）での活躍，球団イベントへの貢献度等）をピックアップし，数値及び資料等を示しつつ，同等の成績を記録した選手との比較も行うなどして，効果的に交渉すべきでしょう。

　球団側としては，保留制度により選手を一定期間拘束することができますの

第1章◇アスリート・コーチ・トレーナーの法律相談
第8節◇プロスポーツに関する法律相談

で，選手がFA権（**Q37**参照）を取得するまでの間は当該選手の市場価値に比して低額な年俸を提示することがままあります。この点を念頭に置きつつ，具体的な根拠を示して，粘り強い交渉を行うことが必要となります。

なお，春季キャンプが例年始まる2月1日の前日までに選手契約を締結できない場合，その後の契約交渉によって補填できた場合を除き，2月1日から契約締結の前日まで1日につき参稼報酬の300分の1を減額すると定められ（統一契約書3条2文），交通費や宿泊費等の実費が自己負担となることが原則ですので，これらの不利益を選手が被るおそれがあるということも認識しつつ，スケジュールに余裕をもって交渉を進める必要があります。

また，年俸に関して球団側と合意にいたらない場合には，複数年契約の交渉や出来高払いに関する条項の交渉を行うこともできますし，参稼報酬調停という制度によって球団側と話合いの機会をもつことも可能です。この参稼報酬調停を利用して年俸の増額を勝ち取った事例として埼玉西武ライオンズ（当時）の涌井秀章選手の事例があります。

3 エージェント，仲介人等との差異

日本のプロ野球以外におけるいわゆるスポーツエージェントは，選手の契約交渉業務を行うほか，選手が競技に専心できるような環境整備まで手伝うことがあります。

アメリカ合衆国ではMLB，NBA，NFL，NHLといった4大プロスポーツにおいてエージェント登録の制度があり，登録先は日本プロ野球と同様に選手組合となるものの，その資格に制限はありません。

サッカーでは，平成27年3月末日までは各国協会が認定した代理人資格を保有する者のみ活動することができるとされていましたが，同年4月以降，FIFAがこれまでの制度を廃止し，新たに「仲介人との協働に関するFIFA規則（Regulations on Working with Intermediaries）」を制定したことを受け，日本サッカー協会も資格に制限のない仲介人制度の運用を開始しており，2017年2月現在145人（うち，弁護士資格を有している者は7名）が登録しています。

〔石原　遥平〕

39 アスリートと労働組合・団体交渉

　私はある競技のアスリートですが，待遇や競技団体の運営方法の改善を所属団体へ申し出るため，選手会を設立し交渉をしました。しかし，所属団体から，交渉を拒否されてしまい，今後，どのような方法によって団体と交渉すればよいか悩んでいます。野球やサッカーでは選手会のほか，労働組合を結成していると聞きましたが，労働組合の結成方法と労働組合としてできる活動を教えてください。

　あなたが労働組合法上の労働者であると認められる場合には，労働組合を組織し，使用者に団体交渉を求めることができます。

☑ **キーワード**

労働組合，不当労働行為，団体交渉権

解　説

1　労働組合法と労働組合

　労働組合は労働者が団結して，賃金や労働時間などの労働条件の改善を図るためにつくる団体です。いわゆる労働三権，すなわち団結権，団体交渉権，ストライキ権が憲法で保障されており，この基本的な権利を具体化するために労働組合法（以下「労組法」といいます）が制定されています。この労組法は，労働

者が労働組合を結成することで労使に対等な交渉を促進させ，使用者との間で「労働協約」を締結する権能を認めるとともに，使用者が労働組合及び労働組合員に対して不利益な取扱いをすることを「不当労働行為」として禁止しています。加えて労組法は，正当な争議行為や組合活動の際の刑事責任・民事責任の免除，不当労働行為救済手続の利用，税金の非課税などの特権を労働者に与えています。

2 どうすれば労働組合になれるか

(1) 「労働者」の要件

どのようなアスリートが労働組合を組織することができるのかというと，まずは，これらのアスリートが労組法にいう「労働者」に該当する必要があります。「労働者」について労組法3条は，「職業の種類を問わず，賃金，給料その他これに準ずる収入によつて生活する者」と定義しています。ここでいう「労働者」には，売り惜しみのきかない自らの労働力という特殊な財を提供して対価を得て生活することから，相手方との個別の交渉においては交渉力に格差が生じ，契約自由の原則を徹底すると不当な結果が生じるため，労働組合を組織し集団的な交渉による保護が図られるべき者については，幅広く含まれると解されています。

(2) その他の要件

そして，労組法上の保護を受けるためには当該労働組合が，①労働者が主体となって組織していること，②労働者の自主的な団体であること，③主な目的は労働条件の維持改善であること，が要件とされています。

そのほか，組合員の全員が差別の取扱いを受けないこと，役員の選挙は，組合員（又は代議員）の直接無記名投票で行うこと，ストライキは，組合員（又は代議員）の直接無記名投票により過半数の同意がなければ行わないことなどの要件もあります。また，組合の規約改正には，組合員の直接無記名投票による過半数の支持が必要とされています。

Q39◆アスリートと労働組合・団体交渉

3 プロ野球選手会とＪリーグ選手会は労働組合

　プロ野球選手会は，今から約30年前の1985年に，組合資格審査の申立てを行っています。その際，東京都地方労働委員会は選手会を労組法上の労働組合として認定しました。同委員会は，プロ野球選手の労務提供のあり方等について，通常の労働者とは異なるものの，①試合日程・場所等は球団（使用者）の指示に基づいていること，②参加報酬は労務の対価と認められること，③選手は労働力として球団組織に組み入れられていること，④最低年俸，移籍制度，年金，傷害保障，トレード等の各条件について団体交渉が十分に機能し得ることなどから，プロ野球選手を労組法上の労働者と判断したものと考えられます。

　その後，2004年に近鉄バファローズとオリックス・ブルーウェーブとの合併をめぐる球界再編問題を機に労使が激しく対立をし，選手会は史上初めてストライキを実施しました。その際，日本野球機構側が選手会は労組法上の労働組合とはいえないとの見方を示したことに対して，東京地裁☆1と東京高裁☆2がともに，プロ野球選手会は団体交渉の当事者となる労働組合であるとの立場を明確にしたのでした。この判断は，選手会が労働組合の地位を有することを，球界の内外に改めて印象づけました。その後，選手会はワールド・ベースボール・クラシックへの参加条件の見直し，ポスティング制度の改正などについて積極的に意思決定に関与してきました。

　他方，日本プロサッカー選手会は2011年に労働組合として再編されました。報道では，日本代表の勝利給アップをめぐる同選手会と日本サッカー協会の攻防が本格化したことをきっかけに，選手組合発足の意向が固まったといわれています。また，国際プロサッカー選手会からも労働組合化を進めるようアドバイスを受けていたとされます。

　このようにプロ野球とＪリーグの選手会は労組法上の労働組合であるため，それぞれリーグと所属チームは，選手会の活動を理由とする不利益取扱いを禁止され，また選手会が求める団体交渉を正当な理由なく拒否することもできません。さらに選手会には労働条件の維持・向上を求めてストライキを実施する

第1章◇アスリート・コーチ・トレーナーの法律相談
第8節◇プロスポーツに関する法律相談

権利も与えられているのです。

　なお，最近，ラグビーのトップリーグに所属する選手らを会員とする日本ラグビーフットボール選手会の発足が話題となりました。2019年のワールドカップ日本大会の成功に向け，競技普及や発展を目的とするとともに，選手の待遇改善や引退後のキャリア支援も実施するとしています。ラグビー選手会が今後，労働組合として再編する可能性も大いにありますが，労組法の保護を得ずとも，選手会が今後，選手の意見を集約する窓口となり，日本サッカー協会やトップリーグなどとのコミュニケーションを円滑にするという目的において十分な機能を果たすことが期待されています。

〔川井　圭司〕

━━■判　例■━━

　☆1　東京地決平16・9・3労働法律旬報1612号24頁。
　☆2　東京高決平16・9・8労判879号90頁。

40 欧米の選手会による労働協約

欧米の選手会はどのような活動をしているのでしょうか。日本との違いがあれば教えてください。

　2000年以降，世界的にみて，スポーツにおける選手会の役割は益々増加する傾向にあります。リーグや所属チームの意思決定に何らかの形で参加したり，あるいはプロリーグにおける選手会は労働組合として，リーグとの間で団体交渉を実施したり，時にはストライキを実施することもあります。

☑ キーワード

労働協約，ストライキ，ロックアウト，アメリカ学生選手の組織化

解　説

1　アメリカの4大リーグの選手会

　世界的に見てプロスポーツの選手会が活発なのは，やはりアメリカの4大リーグ，NFL（アメリカンフットボール），MLB（野球），NBA（バスケットボール），NHL（アイスホッケー）です。特にメジャーリーグの選手会は強大な交渉力をもっています。それは1970年代以降，世界最強の労働組合とまで言われるようになりました。他方，マイナーリーグの選手は選手会に加入していません。使用

者との関係で対等な交渉力をもたない労働者に与えられるバックアップ制度という労働組合の本質から見た場合に、このアメリカの現状はやや皮肉な状況であるといえます。他方、日本では2軍選手も選手会に加入しており、マイナーリーグの労働条件との比較において、かなりの好条件を得ています。

話を戻すと、アメリカ4大リーグの選手会はこれまで多くの労使紛争を経験してきました。1970年から80年にかけて保留制度（契約満了後も球団に拘束され移籍が制限される制度）をめぐって激しく対立し、数多くの訴訟が提起されました。選手会は、保留制度は選手を獲得するチーム間での自由競争を抑制するものであり、反トラスト法に違反すると主張してきました。1976年の連邦控訴裁判所がこの主張を認め、移籍自由の拡大に大きなインパクトを与えました。その後、選手会はリーグとの間で団体交渉をする権利を有するのであり、どのような保留制度が望ましいのかは、労使の自治で決定するべきであるという連邦最高裁判断が1996年にくだされました。これにより、選手会は団体交渉に特化していくことになりました。

近年では、リーグ収益の分配などをめぐって労使の綱引きが行われています。

2 アメリカでは労働協約の締結が最大の山場

(1) アメリカ4大リーグ

選手会とリーグとの交渉の合意は労働協約（Collective Bargaining Agreement）という形になります。この労働協約は最大限に優先される規定であり、この内容に反するリーグ規則をチーム間で制定したり、あるいはチームと選手が個別契約を締結したりすることはできません。通常3年から5年の協約が締結され、この協約の期間満了を迎える前に、次期協約に向けた交渉が開始されます。その交渉過程において、しばしば労使の対立が激化し、ストライキやロックアウトにいたることもあります。例えば、1994〜1995年にメジャーリーグで実施されたストライキは実に232日に及び、ワールドシリーズを含む900試合以上が中止になりました。

最近では、2011年にNBAでロックアウトに発展する労使紛争がありまし

た。NBA収益の労使での分配を50対50（選手対リーグ）にすべきと主張するリーグ側と，57対43のままに据え置くべきであるとする選手側との溝が埋まらず，交渉が決裂したのです。最終的には労使交渉が妥結しロックアウトが解除されましたが，当初10月に予定されていたシーズン開幕が同年12月25日までずれ込み，リーグ運営に多大な影響が出ました。

このようにアメリカの労使関係は日本との比較において敵対的（adversarial）であるといえます。そしてアメリカではそのことが，公正な態度であると考えられています。ただし，近年は労使対決でエネルギーを消耗するのを避け，互いに協力する姿勢が見受けられます。それは，パイの取り分で労使が争うのではなく，パイ自体を拡大させ，互いの利益につなげることに重きが置かれるようになってきたからです。

(2) **アメリカ大学スポーツでの組織化**

ところで，最近，大学スポーツ選手が労働組合を組織したというニュースが全米を駆け巡りました。大学スポーツ選手が労働者？　と驚かれたと思いますが，大学スポーツはビジネス化が進み，今や「金のなる木」になっています。こうした収益の分配を求めて学生選手が声を上げたのでした。結果的に，労働組合化によってこの問題を解決させることはできないとする行政委員会（全国労働関係局・ワシントン本部）の判断により，労働組合化が現実になることはありませんでした。とはいえ，このニュースから，大学スポーツがどれほどビジネス化されているか，そしてスポーツ組織との関係で交渉力をもつために労働組合法がどれほど重要視されているかを窺い知ることができます。

3　国際的動向とFIFPro

イギリスでは1898年にサッカー選手の保留制度の導入及び週給上限（週4ポンド）の設置に反発してThe Association Footballers' Unionが発足しましたが，その目的を達成することができず，数年後には解散してしまいました。その後，1907年に新たに発足したThe Association of Football Players' and Trainers' Union（その後，名称をProfessional Footballers' Association, PFAに変更）は，世界で最も歴史のある選手会として現在も選手の労働条件向上のために

第1章◇アスリート・コーチ・トレーナーの法律相談
第8節◇プロスポーツに関する法律相談

活動を続けています。1961年，PFAはストライキの実施を楯に週給上限を廃止に追い込み，また保留条項の違法性を主張して訴えを提起したGeorge Eastham選手の支援をし，移籍の自由獲得に貢献しました。またPFAは1978年に，選手の労働条件をめぐる団体交渉に従事する専門委員会を立ち上げました。この専門委員会は現在ではサッカーリーグとプレミアリーグとの間で交渉を行っています。最近では，放映権収入をめぐる分配率が1つの大きな争点となっています。団体交渉を通じてPFAとリーグとの間で締結された合意は労働協約となり，PFAの承認なく，労働条件を変更することは許されません。こうしたプロスポーツにおけるリーグと選手会との労使関係は欧州のほか，オーストラリアやニュージーランドでも構築されています。

このように各国で選手会が重要な役割を果たしているほか，国際的な規模で選手会の意義が増しています。例えば，サッカーでは1965年にフランス，スコットランド，イギリス，イタリア，オランダのプロサッカー選手会によって設立された国際プロサッカー選手会（FIFPro）は，今や58の各国選手会が加盟する組織に発展してきました。2001年にFIFAの国際移籍制度が大きく改正されましたが，その際にもFIFProが意思決定に直接関与してきました。また2006年にはFIFAとFIFProは協定を結び，サッカーに関する重要な事項について両者の対話を実施し，連携して決定していくこととしました。その後，2012年には欧州において労働条件の最低基準を導入するなど，選手の労働条件の底上げが実現しました。さらに近年，FIFProは，人種差別，八百長，女子プロサッカー選手の権利保護などの問題に取り組んでいます。

〔川井　圭司〕

第9節　スポーツ紛争の解決方法に関する法律相談

　裁判による紛争解決の可否

　私は，あるスポーツの選手ですが，所属する競技団体から会員資格の停止処分を受けました。会員資格停止処分の無効確認の訴えを裁判所に提起したいのですが認められるでしょうか。違法な資格停止処分により競技大会に出場できなくなったことに基づく慰謝料の請求はどうでしょうか。

　会員資格停止処分の無効確認の訴えは，自律的規範を有する競技団体内部の問題であり，一般市民法秩序と直接の関係を有するものということができないので，法律上の争訟に該当せず，司法審査の対象にならないとして，原則として，却下されることになります。
　慰謝料請求については，競技団体による資格停止処分が団体内部の規定に照らして，実体的にも手続的にも違法といえるかが争点となり，違法性の有無によって請求が認容されるか棄却されるかのいずれかになります。

☑ **キーワード**
結社の自由，裁判を受ける権利，法律上の争訟，部分社会の法理，不法行為，処分の違法性，慰謝料請求

第1章◇アスリート・コーチ・トレーナーの法律相談
第9節◇スポーツ紛争の解決方法に関する法律相談

解　説

1　結社の自由と裁判を受ける権利

　憲法は，国民が自主的に団体を結成することを結社の自由として保障しています（憲21条1項）。結社の自由は，団体として活動する自由，すなわち，団体内部の問題を自治的に処理する権利を含むと解されていますので，団体内部の紛争について，紛争解決のためのルールが存在し，そのルールに従って団体の決定が自主的，合理的になされているときは，その決定は尊重されるべきことになります。

　ところで，憲法は，裁判所において裁判を受ける権利を保障しています（憲32条）から，団体内部の決定によって不利益を受けた団体の構成員は，不利益の是正を求めて，裁判所に決定の無効確認の訴えを提起することが考えられます。この場合，結社の自由との関係で，裁判所は，団体内部の紛争を解決するため，どこまで介入できるかが問題となります。

2　法律上の争訟

　裁判所が司法権に基づいて審判することができる対象は，「法律上の争訟」に限られています（裁所3条1項）。法律上の争訟とは，当事者間の具体的権利義務ないし法律関係の存否に関する紛争で，かつ，法令の適用によって終局的に解決できるものをいうとされています。

　この点について，最高裁判所は，「自律的な法規範を有する団体にあっては，規範の実現を内部規律の問題として自治的措置に任せ，裁判に期待するのを適当としない場合がある」☆1として，地方議会議員の出席停止処分の法律上の争訟性を否定しました。また，大学の単位授与不認定を争った事案について，「大学は，一般市民社会とは異なる特殊な部分社会を形成しているから，一般市民法秩序と直接の関係を有しない内部的な問題は司法審査の対象にはな

らない」☆2 として，いわゆる部分社会の法理により，法律上の争訟性を否定しました。

3 競技団体の紛争と司法審査

　競技団体の紛争についての最高裁判例は存在しませんが，数少ない下級裁判所の裁判例があります。全日本学生スキー連盟が会員である大学スキー部に対し，部員の不祥事を理由として競技大会への出場を停止する処分にしたことに関し，当該会員が処分無効確認の訴えを提起した事案につき，裁判所は，「当該団体は自律的規範を有し，一般的社会とは異なる特殊な部分社会を形成しており，このような団体内部の法律上の紛争については，一般市民法秩序と直接関係を有しないときは，当該団体の自律権を尊重し，原則として裁判所の司法審査は及ばない」として訴えを却下しました☆3。日本シニア・ゴルファース協会の会員資格が問題となった事案につき，同様に部分社会の法理により，会員資格は協会が自主的，自律的に判断すべき問題であり，一般市民法秩序と直接関係ないので司法審査の対象とならないとしました☆4。
　また，競技ダンス連盟の理事会決議により3年間の会員資格停止処分を受けた会員の提起した決議無効の訴えにつき，決議が著しく会員の社会生活上の権利を奪うことにはならないので，決議の当否は任意的団体の内部において自治的自律的に解決すべきであって裁判所が介入すべき問題ではないとして，訴えを却下しました☆5。

4 処分無効による慰謝料請求

　相手方の違法行為によって精神的損害を被った者は，相手方に対し，不法行為（民709条）に基づいて慰謝料を請求することができます。
　選手の競技団体に対する慰謝料請求が認められた裁判例として，世界大学柔道選手権大会の日本代表選手選考会の参加資格を，分裂していた学生柔道連盟の一方の学生連盟加盟の学生だけに認めたことに対し，参加を認められなかったことは違法であるとして，選考会の主催者である全日本柔道連盟に対し慰謝

第1章◇アスリート・コーチ・トレーナーの法律相談
第9節◇スポーツ紛争の解決方法に関する法律相談

料を請求したのに対し，裁判所は，参加資格の制限は主催者の裁量権を逸脱した不合理な制限に該当し違法であるとして，1人当たり5万円の慰謝料を認めました☆6。

これに対し，アマチュアボクシングの選手がアマチュア規則違反を理由として選手登録を取り消されたことに対し，取消決定が違法であるとして慰謝料を請求した事案において，裁判所は，登録取消決定の実体面と手続面の両方から違法性の有無について判断し，いずれの面からも違法性はないとして請求を棄却しました☆7。このような事案について，実体面については競技団体の自律的な判断を尊重し，手続面だけの違法性を検討すべきであるとする考え方もあります。

〔竹之下義弘〕

■判　例■

☆1　最大判昭35・10・19民集14巻12号2633頁。
☆2　最判昭52・3・15民集31巻2号234頁。
☆3　東京地判平22・12・1判タ1350号240頁。
☆4　東京地判昭63・9・6判タ691号236頁。
☆5　東京地判平4・6・4判タ807号244頁。
☆6　東京地判昭63・2・25判時1273号3頁。
☆7　東京地判平18・1・30判タ1239号267頁。

42　JSAAによる紛争解決手続

　私は，ある競技の選手ですが，身に覚えのない素行不良という理由で，所属する競技団体の決定により，半年間の資格停止処分を受け，目標にしていた競技会に出場することができなくなってしまいました。JSAAにて，競技団体の決定を争いたいのですが，手続の種類及び注意点を教えてください。

　JSAAは，スポーツ界における紛争を公平・公正・迅速に解決することを目指して2003年に設立されました。紛争解決手続として調停手続及び以下の4種類の仲裁手続が設けられています。
① スポーツ仲裁（スポーツ仲裁規則による仲裁）　競技団体の「決定」に対して不服を申し立てるタイプの仲裁手続で，4種類の仲裁手続の中では，最も利用件数の多い手続です。
② 特定仲裁合意に基づくスポーツ仲裁（特定仲裁合意に基づくスポーツ仲裁規則による仲裁）　当該手続に従って解決する旨の合意があれば，競技団体の「決定」に限らず，広くスポーツに関する紛争を全般的に対象とすることができる手続です。
③ 加盟団体スポーツ仲裁（加盟団体スポーツ仲裁規則による仲裁）　JOC，日本体育協会又は日本障がい者スポーツ協会の日本パラリンピック委員会に加盟する団体が，これらの競技団体による決定に対して不服を申し立てる，というタイプの仲裁手続で，2014年から導入されました。
④ ドーピング仲裁（ドーピング紛争に関するスポーツ仲裁規則による仲裁）　ドーピング違反の有無に関する決定に対する不服申立ての手続です。

第1章◇アスリート・コーチ・トレーナーの法律相談
第9節◇スポーツ紛争の解決方法に関する法律相談

☑ キーワード

スポーツ仲裁，JSAA，仲裁自動応諾条項

解　説

1　JSAAとは

　スポーツに関する紛争について，正当性のない決定を是正する手段がないとすれば，スポーツ界全体の信頼を喪失させます。そこで，2003年4月7日，スポーツに関する紛争を解決するための機関として，日本スポーツ仲裁機構（Japan Sports Arbitration Agency；JSAA）が設立されました。

2　スポーツ仲裁（スポーツ仲裁規則による仲裁）の手続

　設問のケースにおいて，当該選手はスポーツ仲裁（スポーツ仲裁規則による仲裁，以下，「スポーツ仲裁」といいます）の手続をとることが想定されます。
　スポーツ仲裁が予定している紛争は，「競技団体」が競技者等に対して行った懲戒処分や代表選手選考などの「決定」です。
　スポーツ仲裁の申立ては，原則として，申立人が申立ての対象となる競技団体の決定を知った日から6ヵ月以内にJSAAに仲裁申立てが到達する必要があります（スポーツ仲裁規則13条1の1，以下スポーツ仲裁規則を「規則」といいます）。申立人が競技団体の決定を知った日から6ヵ月経過前でも，競技団体が決定を公表した日又は当該決定の申立人に対する通知を発信した日から1年を経過した場合には，仲裁の申立てはできないので注意が必要です（規則13条1の2）。申立料金は税別5万円（スポーツ仲裁料金規程3条，2017年1月現在）、申立書類はJSAAのホームページ（http://www.jsaa.jp/）からダウンロードできます。
　スポーツ仲裁も仲裁合意の存在が不可欠ですが，紛争ごとに競技者等が競技団体に対して仲裁合意を求めていては，迅速かつ適正な紛争解決の場を確保

するというスポーツ仲裁の理念が実現できなくなります。そこで、スポーツ仲裁規則は、競技団体がその規程において、競技団体の決定に不服がある場合はJSAAで行われるスポーツ仲裁によって解決される旨の定め（スポーツ仲裁自動応諾条項）を予め設けておくことで、この条項に従って申立てがなされた場合には、仲裁合意が成立したものとみなしています（規則2条3項）。したがって、申立ての際には、相手方となる競技団体の規程中に、スポーツ仲裁自動応諾条項が設けられているか否かを確認したほうが良いです。

仲裁申立てが受理されると、原則としてスポーツ仲裁人候補者リストから仲裁人が選定され、スポーツ仲裁パネルが構成されます。仲裁人は、原則として3名です（規則21条）。スポーツ仲裁パネルが構成されると、審問が開かれ（規則28条）、仲裁判断に熟すると認められると、審理が終結され、仲裁判断がなされます。

もっとも、スポーツ仲裁の対象となる紛争には、数日後に開催される競技大会の代表選手選考のように迅速な解決が求められるケースが少なくありません。このような紛争に対応するために、スポーツ仲裁規則では、「緊急仲裁手続」という特別の手続を設けています（規則50条）。

また、1事案1当事者につき税別30万円（手続費用の支援に関する規則4条、2017年1月現在）を上限に当事者が手続費用の支援を受けられるという制度が設けられています。この制度の利用には審査が必要ですが、競技者がこの制度を利用することで、スポーツ仲裁に詳しい代理人を付けることが可能になり、ひいては公平かつ円滑な仲裁手続が実現できるような制度設計が図られています。

3 スポーツ仲裁判断について

過去にスポーツ仲裁の対象となった紛争を類型化すると、①代表選手選考に関する争いが最も多く、他は、②懲戒処分等に関する争い（会員資格を巡る争いや監督及びコーチ等の地位に関する争い等も含みます）、③競技大会における成績に関する争い等に分類できます。

JSAAにおける仲裁判断は、JSAAのホームページにおいて公開されます。

〔高松　政裕〕

第1章◇アスリート・コーチ・トレーナーの法律相談
第9節◇スポーツ紛争の解決方法に関する法律相談

 競技団体内部の紛争解決手続①

　私は高校野球部の監督ですが，上級生による下級生に対する暴力行為について報告を受けました。野球部としてはどのように対応すべきですか。また，野球部に対する日本高等学校野球連盟や日本学生野球協会による制裁措置はどのようになされ，その措置に不服がある場合はどうすればよいでしょうか。

　事実関係を調査し，暴力行為が認められるようであれば，所属連盟に対し事実関係等の報告を行う必要があります。また，内部規定に基づき関係者に対し，適切な処分を行うことになるでしょう。当該部員に処分を行う場合や，自主的に部全体の活動自粛等を行う場合には，部員のスポーツ権を侵害しないよう注意する必要があります。
　野球部は，日本高等学校野球連盟（以下「高野連」といいます）から，注意又は厳重注意に加え，これに付随して必要な指導を受けることが考えられます。日本学生野球協会（以下「学生野球協会」といいます）からは，対外試合禁止や登録抹消といった処分のほか，処分に付随した指導を受けることが考えられます。高野連による注意・厳重注意，あるいは，審査室の処分決定について不服がある場合には，学生野球協会に対して不服申立てができ，不服申立てに対する決定にさらに不服があれば，JSAAに仲裁の申立てを行うことができます。

☑ キーワード

日本学生野球憲章，不服申立て，団体内部の紛争解決機関，スポーツ権

解説

1　部（学校）の対応

　暴力行為は，日本学生野球憲章（以下「憲章」といいます）2条4号に違反する行為です。したがって，部（学校）としては，暴力行為の事実の有無，内容について確認を行い，その結果，暴力行為が認められれば，校則等の内部規定に基づき当該部員に懲戒処分を行うことになるでしょう。また，所属する各都道府県の高等学校野球連盟（以下「所属連盟」といいます）に対し，できるだけ速やかに事実関係等の概要を報告する必要があります。その際，報告に併せて弁明書（事情等を説明する文書）を提出することが可能です。

　野球部（学校）の対応として，世間からの非難をかわし，所属連盟からの処分を軽減する目的で，暴力行為を行った部員に過重な懲戒処分を下すことや，部全体として，一定期間の活動停止や対外試合禁止といった活動自粛等を自主的に行うことも考えられます。しかし，こうした対応は，暴力行為を行った部員だけでなく，暴力行為とは無関係の部員，さらには被害者たる部員のスポーツ権を侵害することになりますので，十分な配慮が必要です。

　したがって，暴力行為の内容や程度，加害者以外の部員の対応等の事実関係を前提に，暴力行為を行った部員に対する適切な処分を行うとともに，教育的見地から，個人だけでなく部全体として自主的に活動自粛等を行うべきか，過去の例なども参考にして慎重に検討する必要があります。

2　高野連及び学生野球協会による処分等

(1) 高野連による注意又は厳重注意

　前記のとおり，暴力行為は憲章2条4号に違反する行為ですから，憲章に基づく学生野球の実現に必要と判断されれば，野球部は，高野連から注意・厳重注意を受けるほか，これに付随して必要な指導を受けることが考えられます

(憲章28条1項・4項)。

　高野連には「審議委員会」という機関があり，同機関が，部（学校）あるいは所属連盟からの報告等に基づき，注意・厳重注意を行うことが相当か判断します。審議委員会は，必要があれば当事者や関係者に対して事実関係に関する追加の説明や証拠資料を求め，現地調査を行うことや，対象者や関係者から事実関係の聴取を行うこともあります。判断にあたっては，上記❶で言及した弁明書の内容も考慮されますから，部としては，関係者の弁明書を提出しておくことが必須です。

　審議委員会での審議（非公開）の結果，注意又は厳重注意が相当と判断されると，書面により，注意・厳重注意決定の通知が送付されて告知されることで，その効力が生じます。

(2)　**学生野球協会**（審査室）**による処分**

　次に，学生野球協会からは対外試合禁止，登録抹消といった処分を受けるほか，当該処分に付随して指導を受けることが考えられます（憲章29条2項・4項・30条）。

　具体的には，高野連は，当該野球部に対して処分を行うことが相当と認める場合には，学生野球協会に対して処分の申請を行います。同申請による審査室における審査（判断）の方法は，基本的に前記(1)で示した審議委員会と同じです（詳細は学生野球協会の「処分に関する規則」参照）。

　以上の流れを経て，審査室により処分決定を行い，当該処分が学生野球協会から口頭及び書面により通知されます。

3　処分への不服申立ての方法

　高野連による注意・厳重注意及び，学生野球協会の審査室が行った処分決定に納得がいかない場合には，学生野球協会に対して不服申立てをすることが可能です（憲章32条1項・33条1項）。ただし，注意・厳重注意あるいは審査室の処分決定の通知を受けた日から1ヵ月以内に行う必要があるので，注意が必要です。不服申立てにあたっては，理由を付した上で不服申立書を提出する必要があります（日本学生野球協会「不服申立に関する規則」8条）。

不服申立てがあると，学生野球協会内の不服審査委員会（理事3名からなる）において審査され，不服申立ての却下，棄却，決定の取消し，決定内容の変更といった決定がなされます。

なお，上記のように学生野球協会という同一の組織内で処分及び処分に対する不服申立てについて判断することは，公平性・公正性の点で問題があり，今後，整備が必要と思われます。

不服申立てに対して学生野球協会が下した決定にさらに不服がある場合には，日本スポーツ仲裁機構に仲裁の申立てを行うことができます（憲章32条2項・33条2項）。

4　運用の実際と課題

憲章では，野球部だけでなく不祥事を起こした個人に対する指導・処分が可能ですが，教育的効果が薄いという理由から，野球部に対してのみ指導・処分が行われ，個人に対しては行われていないのが現状です。しかし，個人責任の原則からは，不祥事を起こした個人に対し指導・処分が行われるべきであって憲章が適切に運用されているとは言い難く，こうした現状は見直されるべきです。

〔飯田　研吾〕

●参考文献●

・　第一東京弁護士会総合法律研究所スポーツ法研究部会編著『スポーツ権と不祥事処分をめぐる法実務』200〜206頁〔恒石直和＝渡邉健太郎＝山辺紘太郎＝杉原嘉樹〕（清文社，2013年）。

第1章◇アスリート・コーチ・トレーナーの法律相談
第9節◇スポーツ紛争の解決方法に関する法律相談

 競技団体内部の紛争解決手続②

　私はあるジュニアサッカークラブのコーチですが，所属選手に暴行したという理由で日本サッカー協会の裁定委員会により，1年間の公的職務の停止処分を受けました。しかし，当該選手に暴行したことなどないので，この処分を争いたいのですが，どのような方法があるでしょうか。またその場合の手続を教えてください。

　本件の場合，日本サッカー協会の不服申立委員会に不服申立てを行うことができます。この不服申立てを行うには，原則として，資格停止処分の伝達を受けた日から3日以内（通知を受けた日を含む）に不服申立てを行う意思を示した不服申立書を，同10日以内（通知を受けた日を含む）に不服申立ての理由を記載した理由書をそれぞれ不服申立委員会事務局に提出する必要があります。不服申立委員会の手続は，原則として，書面のみによってなされ，当事者等に対する事情聴取は行われませんが，本件の場合，希望すれば，事情聴取が行われるものと考えられます。
　また，現実的な選択肢とはいえませんが，不服申立委員会の決定に不服がある場合には，当該決定の通知から21日以内に，スイスのローザンヌに本部がある CAS に不服申立てを行うことができます。

☑ キーワード

　日本サッカー協会，裁定委員会，不服申立委員会，CAS

解 説

1 不服申立委員会

　2014年4月までは、裁定委員会に再審査の請求を行うことはできたものの、裁定委員会の再審議を経た理事会の決定に対して不服がある場合、スイスのローザンヌに本部があるCASに不服申立てを行う必要がありました。日本サッカー協会は、2014年4月から、不服申立委員会の制度を導入し、裁定委員会等の決定に関して、不服申立委員会に不服申立てを行うことを可能にしました。

　不服申立委員会は、日本サッカー協会の規律委員会及び裁定委員会において決定された懲罰のみならず、日本サッカー協会の基本規程（2016年3月27日に最終改正されたもの）（以下「基本規程」といいます）に基づいて懲罰権を委任された都道府県サッカー協会の規律委員会等により科された懲罰についても、不服申立てがあれば、これを再審議し、新たに決定を下します（基本規程203条1項及び日本サッカー協会の懲罰規程（2016年3月10日に最終改正されたもの）（以下「懲罰規程」といいます）35条）。

　不服申立委員会への不服申立ては、すべての懲戒に対して行うことができるわけではありません。原懲罰が、3試合以上又は2か月以上の出場停止処分、公的職務の停止・禁止・解任又はサッカー関連活動の停止・禁止等、一定の場合にのみその対象となります（懲罰規程36条）。

　不服申立委員会へ不服申立てを行うには、原則として、資格停止処分の伝達を受けた日から3日以内（通知を受けた日を含む）に不服申立てを行う意思を示した不服申立書を、同10日以内（通知を受けた日を含む）に不服申立ての理由を記載した理由書をそれぞれ不服申立委員会事務局に提出する必要があります（懲罰規程37条）。また、理由書の提出期限までに、不服申立てにかかる手数料として、1万円（税別）を納付する必要があります（懲罰規程41条1項）。これらの期限を過ぎた場合、申立ては認められないことになりますので、注意が必要です。

不服申立てが認められるためには，①原懲罰が懲罰の決定に影響を与え得る重大な事実認定の誤りに基づくものであること，又は，②原懲罰の決定において規程の適用に誤りがあることを主張・立証する必要があります（懲罰規程38条）。

不服申立委員会の手続は，原則として，書面のみによってなされ（映像資料を提出することは許されています），当事者等に対する事情聴取は行われません（懲罰規程40条）。もっとも，不服申立委員会の委員長が必要と判断した場合，又は，6ヵ月以上の出場停止処分，公的職務の停止・禁止・解任若しくはサッカー関連活動の停止・禁止等の一定の制裁が科されたケースにおいて当事者がその実施を希望した場合には，当事者等に対する事情聴取を行うことができるとされています（懲罰規程40条）。

本件の場合，6ヵ月以上の公的職務の停止処分を受けているため，希望すれば，当事者等に対する事情聴取が行われるものと考えられます。

2　CAS

不服申立委員会の決定は最終となります（基本規程203条3項）。もっとも，競技規則の違反等の一定のケースを除き，不服申立委員会の最終決定に不服がある場合，当該決定の通知から21日以内にスイスのローザンヌに本部があるCASに不服申立てを行うことができます（基本規程237条1項）。

本件の場合，不服申立委員会の最終決定に不服があれば，CASに対して不服申立てを行うことができます。

なお，基本規程には，日本サッカー協会の決定に不服がある場合に，JSAAで行われるスポーツ仲裁によって解決される旨の定め（スポーツ仲裁自動応諾条項）は存在しないため，本件の場合，JSAAに処分の不服を申し立てることはできません。CASに対して不服申立てを行うには，その手続に精通した欧州の弁護士に事件を依頼する必要があることが多く，また，資料の英訳を準備しなければならないなど，相当な負担を伴うため，多くの場合，この不服申立ては現実的なものではないといわざるを得ません。

〔生田　圭〕

国際ルールの体系

　私は，ある競技の選手ですが，当該競技の競技団体が国際大会の代表選考において，「過去にドーピング違反がないこと」を条件としています。過去のドーピング違反については既にWADAのルールに従い資格停止処分を受けその期間は満了した場合にも，当該選手が代表になる資格がないとするのは，国際的なルール違反ではないでしょうか。

　過去にドーピング違反を犯した選手が次のオリンピックに出場できないとしたIOCルールやイギリス・韓国のオリンピック代表選考規定について，CASはそのような規定は，選手に同一のドーピング違反に対して二重の制裁を科すことであり，無効であるとの判断を示しています。日本の代表選考においてもこの判断は当てはまると考えられますので，過去のドーピング違反を理由に資格停止期間満了後も代表選手となる資格がないとするのはルール違反になると考えられます。

☑ **キーワード**

ドーピング，二重制裁，代表選考

解　説

1　USOC 事件

　以前，IOC には，ドーピング違反で6ヵ月を超える資格停止処分を受けた選手は，資格停止期間が終了した後，次のオリンピックに出場できないという規定がありました（いわゆる「大阪ルール」）。この規定により，アメリカの選手が，オリンピックに出場できなくなる危険性があったことから，アメリカオリンピック委員会（USOC）が，そのような IOC ルールの有効性を争って，CAS に申立てをしたことがありました（CAS2011/O/2422 USOC v IOC）。この紛争の中で，IOC は，このような規定はあくまでも参加資格に関するルール（'an eligibility rule'）であると主張したのに対して，USOC は，このような規定は，追加制裁にほかならず，選手は1つのドーピング違反により二重に処罰される危険（double jeopardy）を負うことや，WADC（当時の Article23・2・2）が，署名当事者による，WADC の追加変更を禁止していることなどを理由に，大阪ルールの無効確認を求めました。そして CAS は，USOC の主張を全面的に認めました。

2　BOA 事件

　その後，IOC はそのような規定を廃止しましたが，国によっては，オリンピックの代表選考基準に，「過去にドーピング違反を犯したことがないこと」というような基準を定めている国もありました。その1つが，イギリスです。イギリスは，USOC 事件の後も，そのような規定を存続させていました。そこで，今度は，WADA が，USOC 事件後に，イギリスオリンピック委員会（BOA）の規定が，WADC に反しているという内容の報告を公表したところ，BOA は，そのような判断は無効であるとして，CAS に申立てを行いました（CAS 2011/A/2658 BOAvWADA）。BOA の申立ての理由としては，BOA 規定は

追加制裁ではなく，単なる国内の選考基準であること，各国のオリンピック委員会には，自律性が認められており，その国にふさわしい代表選手を選ぶ権限は各国のオリンピック委員会の裁量であることなどを主張しました。最終的に，CAS は，BOA のルールが二重処罰にあたることや，WADC の署名当事者は自律性に一定の制約を受けることなどを指摘して，BOA の規定が WADC に違反しているという WADA の見解を支持しました。

3 KOC 事件

上記2つの事件は，2012年ロンドンオリンピック前に発生した紛争ですが，2016年リオオリンピック前にも，韓国で同様の紛争が発生しました。2008年北京五輪競泳男子400メートル自由形で金メダル，200メートルで銀メダル，2012年のロンドン五輪では400メートルと200メートル自由形で銀メダルをそれぞれ獲得した，韓国の選手が，2014年9月，仁川（インチョン）アジア競技大会を控えた検査で，ドーピング違反となり，国際水泳連盟（FINA）から18ヵ月間（2014年9月3日～2016年3月2日）の選手資格停止処分を受けました。その選手は FINA の処分期間が終わった2016年4月末，韓国代表選抜戦に出場し，自由形100・200・400・1500メートルで優勝したにもかかわらず，リオ五輪出場メンバーからは除外されました。その理由は「禁止薬物服用で制裁を課された者は3年間国家代表になれない」という大韓体育オリンピック委員会（KOC）の規定があるためでした。そのため，選手は CAS に提訴し，そのような規定の存在を理由に自らを代表に選考しなかった KOC と韓国水泳連盟（KSF）の代表選考の無効を訴えました。その結果 CAS は，2016年7月に「当該選手はリオ五輪に国家代表として出場する資格がある」という裁定を下し，その選手は，リオデジャネイロ・オリンピックに出場できることとなりました。

4 本件の結論とその他の検討課題

これら複数の CAS の先例から，資格停止期間を満了した過去のドーピング違反を理由に代表になる資格がないとすることは許されないと考えられます。

第1章◇アスリート・コーチ・トレーナーの法律相談
第9節◇スポーツ紛争の解決方法に関する法律相談

　ただ，ドーピング違反による制裁を受けていないことを代表選考の「前提条件」とするのではなく，例えば，最後の1枠を争う2人の選手の成績が甲乙つけ難いほど拮抗している場合に，その選手の人格や年齢を考慮することと同様に過去のドーピング違反歴を「不利益な事情」として考慮に入れることができるのかについては，上記のCAS判断の射程外とも考えられます。

　このように，スポーツ界では，CASの先例やWADAのルールが国際的な規範として機能しています。各競技の国際競技連盟並びに各国の国内競技連盟及び国内オリンピック委員会は，この規範に従う必要があります。

　なお，直近でも，リオデジャネイロ・オリンピック期間中のCASの臨時仲裁廷（Ad hoc division）では，IOC理事会が「ロシア選手の参加条件の1つとして，「ROC（ロシアオリンピック委員会）は，過去にドーピング違反とされた選手については，制裁期間が終了していたとしてもリオデジャネイロ・オリンピックに参加申請できない。」という条件を加えたことに対し，CASの上記先例を根拠に，同条件を無効とした例があります。

〔八木　由里〕

CASによる紛争解決手続

　私はある競技の選手ですが，ある国際大会での失格処分について不服があるためCASで争いたいと考えています。CASで争う場合の提訴期間，提訴方法，手続の場所，証拠提出の方法等その手続について教えてください。

　CASとは，スポーツ仲裁裁判所（Court of Arbitration for Sport）の略称で，スイスのローザンヌが本部です。CASは仲裁等の紛争解決サービスを提供し，スポーツ界の国際的な最高裁判所を目指しIOCが1984年に設立しました。
　設問の事例は，失格処分に対する不服申立て（上訴，appeal）ですが，競技中の審判の判定に対する上訴は原則できません。その他の理由による上訴であればCAS仲裁の利用可能性があります。
　なお，CASの利用には，選手と競技団体との間に仲裁合意が必要です。仲裁合意は，選手が競技団体に登録時に提出する文書や競技規則などでなされます。
　仲裁は，CAS仲裁規則に従って行われます。詳細は，解説で説明します。

☑ **キーワード**
　スポーツ仲裁，スポーツ仲裁裁判所，CAS

第1章◇アスリート・コーチ・トレーナーの法律相談
第9節◇スポーツ紛争の解決方法に関する法律相談

解　説

1　CASとは

　CASは，スポーツ界の国際的な最高裁判所を目指し，IOCによって1984年に設立されました。

　しかし，設立後しばらくCASの利用は低迷しました。2000年代になり，国際陸上競技連盟や国際サッカー連盟がCASを上訴機関として受け入れたこと，アンチ・ドーピング活動においてもCASが最終審とされたことなどがあり，CASの取扱件数は増加しました。2014年度及び2015年度には，年間約500件程度の仲裁案件を処理しています。

　また，1996年のアトランタオリンピック大会より，大会期間中に生じた紛争を原則として24時間以内に解決することを目標とした臨時仲裁部（Ad hoc division）が設置されています。臨時仲裁部は，その後オリンピック以外の大規模な国際競技大会の際にも設置されています。直近のリオ大会では28件の申立てが処理されました。

　CASはIOCが設立したため，IOCや競技団体との関係で独立性が問題とされ，仲裁判断取消訴訟がスイス連邦最高裁判所に数件提起されています。これまで，CASの独立性が問題となり，仲裁判断が取り消されたことはありません。これらの訴訟を受けて，現在ではIOCとは独立したスポーツ仲裁国際理事会（International Council of Arbitration for Sport）が設立されCASを運営し，CASの独立性は高まりました。

2　CASの手続

　CASには，通常仲裁手続（Ordinary Arbitration Procedure）と上訴仲裁手続（Appeal Arbitration Procedure）があります。前者は後者の紛争に含まれないスポーツ関連紛争を，他方，後者は，競技団体の処分・決定に対する上訴を取り扱

Q46 ◆ CAS による紛争解決手続

います。設問の事例は，上訴仲裁手続の対象のため，これを中心に説明します。

仲裁申立てに先立ち，競技団体内部の上訴手続があれば，それを完了する必要があります（R47（CAS仲裁規則の条文番号。以下同））。仲裁申立て時に，仲裁規則に定められた事項（求める救済，仲裁人の指名に関する事項など）を記載した仲裁申立書その他書類（上訴の対象となる決定の写し，仲裁合意の写し）一式をCASに提出します（R48）。この際申立料金1000スイスフランも支払います。

仲裁は，原則として英語又はフランス語で行われます（R29）。そのため，文書等はこれらの言語で作成しCASに提出します。証拠の翻訳，審問の際の通訳が必要となる場合があります。

仲裁申立期限は，関連する競技団体等の規則に上訴期限の定めがない場合，上訴の対象となる決定が通知された日から21日以内です（R49）。

申立人は，仲裁申立期限より10日以内に，上訴にかかる事実関係及び法的主張を述べる申立趣意書を提出すると同時に申立人が依拠しようとするすべての証拠の提出及び他のすべての証拠の特定をします（R51）。原則として提出した書面・書証等の修正・追加はできません（R56）。

事件の審理は3名又は1名の仲裁人から構成される仲裁廷がします。仲裁廷の面前でそれぞれ当事者による主張立証・証拠調べ・証人尋問などがされる審問は，原則として1回行われます（R44.2）。仲裁地はスイス・ローザンヌですが，審問は，仲裁廷が当事者の意見を聴取した上で決める場所（世界中どこでも，あるいは電話会議システムを利用して）で行われます（R28，R44.2）。

十分に審理が尽くされた後，仲裁廷は仲裁判断を下すことになります。

3 CASの仲裁判断

仲裁判断に対して，その取消しをスイス連邦最高裁判所に対して求められる場合があります。しかし，取消しが認められるのは仲裁手続に問題がある場合など極めて限られた場合です。また，当事者がスイスに住所や常居所や営業所がない場合に競技団体規則や仲裁合意などにより仲裁判断取消訴訟の利用の排除が定められている場合もあります。したがって，仲裁判断に対する不服申立ての手続は事実上ないと考えたほうが良いでしょう。

〔小川　和茂〕

第 2 章

スポーツ団体の法律相談

第1節　団体のガバナンスに関する法律相談

競技団体の法人化

　私はある競技団体の理事長です。私たちの競技団体はまだ法人化されておらず、任意団体として活動しています。最近、上部団体から法人化を検討せよ、との指摘がありました。(1)競技団体が法人化することのメリット・デメリット、(2)どの法人を選択すべきか、について教えてください。

(1) 法人制度は、会社法や一般社団法人及び一般財団法人に関する法律などの法律を根拠とし、法人の機関の役割が法定されるなど法人運営の透明化を図る仕組みが提供されており、任意団体に比して社会的な信用は得られやすいといえます。他方、設立費用や法人維持・運営のためのコストを要すること、及び必要な会議体（総会や評議員会、理事会）の運営を一定のルールのもとで行う必要があることなど事務作業量も増大することになります。

(2) 法人の種類としては、営利法人である株式会社などから、非営利法人である一般社団法人・一般財団法人及び公益社団法人・公益財団法人、特定非営利活動法人（NPO法人）などがあります。ある競技において日本全国を統括する中央競技団体や各都道府県を統括する地方競技団体は、当該競技の普及や強化を担い、一定程度公益を担っていますので、構成員への利益分配を目的とした営利法人ではなく、非営利法人（一般社団法人・一般財団法人）を選択するのが

> 相当と考えます。

☑ キーワード

競技団体の運営の透明化，スポーツ基本法5条，法人

解　説

1　法人化のメリット・デメリット

　ある競技において日本全国を統括する中央競技団体や各都道府県を統括する地方競技団体は，当該競技の普及と強化を独占したり，国や地方自治体から補助金・助成金を受けることなどにより，一定程度公益を担っているといえ，適正な事業運営のために，その運営の透明化が求められています（基本5条参照）。

　任意団体は，講学上，権利能力なき社団といわれ，社団法人に準じた扱いが認められていますが☆1，法人格を有せず，団体独自の財産と代表者の個人財産が混同されるおそれがあるほか，団体の運営の透明化まで念頭に置かれておらず，適正な事業運営の担保が図れません。

　以上のことから，競技団体の法人化が推奨されています。

(1)　法人化のメリット

(a)　社会的信用力が高まること

　法人は，会社法や一般社団法人及び一般財団法人に関する法律などの法律を根拠とします。これらの法律には，法人運営の透明化を図るための制度（機関の分化など）が設けられていますので，法人化することで，任意団体よりも，社会的に信用力が高まるといえます。その結果，助成対象を法人に限定しているtoto助成金の受給の条件を整えることが可能となったり，金融機関からの融資が受けやすくなるなど資金調達も容易になります。また，スタッフも集ま

りやすくなります。

(b) 法人独自の財産管理が可能となること

任意団体においては任意団体名義で資産をもつことができず，代表者の名義に依存することになり，代表者の個人財産と任意団体の財産とが混同されるおそれがあります。法人制度は，法人を1人の人格として扱うことになりますので，法人の財産は，代表者の個人財産とは明確に区別して扱われることになります。

(c) 一部の者による専断を防止しやすいこと

法人の各種機関（社員総会・評議会，理事会，監事）及びその意思決定方法等が法定されており，基本的な監視体制が構築されていることから，1人ないし少数の者の専断で意思決定することを防止することができます。

(2) 法人化のデメリット

(a) 設立費用・維持コストがかかること

最も設立が容易な一般社団法人を設立する場合でも，定款を作成し，公証人の認証を受け，登記する過程で，公証人の認証手数料5万円及び登録免許税6万円と最低でも11万円を要します。一般財団法人にあっては，このほか財団の基礎をなす財産として300万円を要します。なお，特定非営利活動法人（NPO法人）については，設立費用は要しません。

また，法人は，法人税（国税）や法人住民税（地方税）等の税金を負担することになります。基本的に利益が出ていなければ，法人税は発生しませんが，法人住民税については，利益の有無にかかわらず負担しなければならない均等割の負担があり，およそ年額7万円程度の負担が必要となります。

さらに，役員など登記事項に変更がある場合は，その都度，登録免許税を要します。

(b) 法人運営に必要な会議体の運営の負担

法人の会議体は，招集手続や議案の管理などを踏まえて会議体を運営していくことが要求されます。こうした手続を欠いた場合，会議を開催しても法的に無効となるおそれがあります。

また，全国に役員が点在する場合，会議招集のコストもかかることが考えられます。ただし，電話会議や書面決議を行うことで会議招集のコストを抑える

ことが可能です。

(3) デメリットを克服できるほどのメリット

こうした費用や運営の負担はデメリットとはいえ，一定の情報公開をし，ルールに基づいた運営をするからこそ，法人の社会的信用が高まっていくことになります。こうしたデメリットを克服できるほどのメリットがあるからこそ，法人化が推奨されているといえます。

2 法人の選択

法人の種類として，営利法人である株式会社や合同会社，非営利法人である一般社団法人・一般財団法人及び公益社団法人・公益財団法人のほか，同じく非営利法人である特定非営利活動法人（NPO法人）などがあります。

中央競技団体ないし地方競技団体を前提とすると，前述のとおり，一定の公益を担うこととなりますので，構成員への利益分配を目的とする営利法人ではなく，非営利法人を選択するのがよいと考えます。いずれの非営利法人を選択するかについては，設立手続及び設立後の法人の運営を踏まえると，一般社団法人又は一般財団法人を選択するのがよいでしょう。公益社団法人・公益財団法人は，一般社団法人・一般財団法人を前提としますので，公益法人を目指す場合でも，一般社団法人又は一般財団法人を設立することになります。

なお，非営利法人としてNPO法人も選択肢の一つに挙げることができます。NPO法人とするメリットは先に挙げた法人化のメリットがあります。しかしながら，デメリットとして，設立手続が多少煩雑で時間を要することのほか，構成員となる社員に制限を設けることが難しく，競技と関係しない者が構成員となる可能性もあるため，一般社団法人・一般財団法人に比して，法人運営が難しくなる可能性はあります。

ちなみに，JOCの加盟団体（準加盟・承認団体含む）63団体の法人の種類（2016年9月6日現在）は，一般社団法人14.2%（9），一般財団法人3.2%（2），公益社団法人36.5%（23），公益財団法人42.9%（27），NPO法人3.2%（2）です。

公益財団法人日本障がい者スポーツ協会の日本パラリンピック委員会の加盟団体63団体の法人の種類（2016年9月6日現在）は，一般社団法人50.8%（32），

一般財団法人1.6%（1），公益社団法人1.6%（1），NPO法人30.2%（19），任意団体15.9%（10）です。

〔大橋　卓生〕

━━■判　例■━━━━━━━━━━━━━━━━━━━━━━━━━━━━

☆1　最判昭39・10・15民集18巻8号1671頁。

第2章◇スポーツ団体の法律相談
第1節◇団体のガバナンスに関する法律相談

 グッドガバナンスに向けたスポーツ団体の運営・
会議体の運営方法

　私たちの競技団体は，来年度から法人化（一般社団法人）することが決まっています。どのような点を意識して団体運営をしていくべきでしょうか。制定すべき規則としてどのようなものがあるかも教えてください。

　スポーツ団体は，その社会的責任や公的性格を根拠として，グッドガバナンスが求められます。そのため，まずは基本計画（長期・短期）を策定し，団体の方向性を明確にしましょう。そして，法令に基づく定款，倫理規程等ガバナンス強化を意識した諸規程等を制定し，ホームページ等で公開し団体運営の透明化に努めましょう。また，団体の規模に応じて各種委員会を設置して，適正な権限分配を行い，意思決定に偏りが生じないよう，理事等の出身母体等の配分を適正に行う必要もあります。

☑ キーワード

　ガバナンス，スポーツ基本法5条2項，社会的責任，公的性格，「ガバナンスガイドブック」，「NF組織運営におけるフェアプレーガイドライン」，基本計画の策定，定款・諸規程の整備，諸規程の公開

解　説

1　スポーツ団体のガバナンス

Q48◆グッドガバナンスに向けたスポーツ団体の運営・会議体の運営方法

ガバナンスとは、一般的に、組織の意思決定・執行・監督に関わるシステムのことを指します。スポーツ基本法では、スポーツ団体のガバナンスについて、「スポーツ団体は、スポーツの振興のための事業を適正に行うため、その運営の透明性の確保を図るとともに、その事業活動に関し自らが遵守すべき基準を作成するよう努めるものとする。」と定めています（基本5条2項）。ここにいうスポーツ団体とは、スポーツの振興のための事業を行うことを主たる目的とするあらゆる団体を指すのであり（基本2条2項）、団体の規模を問いません。

2 スポーツ団体におけるグッドガバナンス構築の必要性

近年、競技の種類や団体の規模を問わず、スポーツ団体に対して社会の厳しい目が向けられるようになってきています。それは、国民のスポーツへの関心の高まりに加え、スポーツ団体が、競技者や指導者などのスポーツ団体の構成員だけでなく、ファンの存在や、国や地方公共団体、学校、スポンサー企業などの後援者、テレビ、新聞、インターネットなどのメディアといった、多様な利害関係人（ステークホルダー）との関わりが増え、スポーツ団体の社会的責任も大きくなってきているからです。

また、スポーツ団体は、公的施設を優先的に利用できたり、公的な補助金を受けたりする場合もあります。さらに、国内を統括する団体であれば、その団体へ加入しなければ当該スポーツを行うことができないこと、国際大会等への派遣選手の選考権限をもつことなどから、スポーツ団体は独占的な団体であり、公的な性格を有しています。

このようにスポーツ団体には社会的責任や公的な性格があることにより、グッドガバナンス構築が必要とされています。

3 スポーツ団体の運営において実践すべきグッドガバナンスの内容

設問のように、スポーツ団体が一般社団法人の形態をとる場合、一般社団法人及び一般財団法人に関する法律（以下「一般社団法」といいます）に従って、機

第２章◇スポーツ団体の法律相談
第１節◇団体のガバナンスに関する法律相談

関（社員総会，理事（理事会）等）を設置し，定款を定め，団体運営を行う必要があります。

また，JSAAが公開している「ガバナンスガイドブック」（http://www.jsaa.jp/guide/governance/）や，「NF組織運営におけるフェアプレーガイドライン」（http://www.jsaa.jp/ws/governanceindex.html）には，中央競技団体に求められるガバナンスについて解説が加えられています。これらは中央競技団体が念頭に置かれていますが，地方の競技団体であっても団体運営を考える際に参考となります。以下ではスポーツ団体において実践すべきグッドガバナンスについて，団体運営に限って必要な限度で述べておきます。

(1) **団体運営全般で求められるグッドガバナンスの内容**

スポーツ団体運営の大前提として，競技内容や団体の将来性を考えた団体運営の基本計画（長期・短期）を策定することが必要です。具体的な基本計画がなければ，場当たり的な運営しかできず，いつまで経ってもグッドガバナンスを構築することはできません。

また，スポーツ団体も社会的な活動を行う以上，法令遵守（コンプライアンス）が当然に要請されます。そこで，定款や倫理規程，コンプライアンス規程において，理事や事務局員などのスポーツ団体関係者の法令遵守を定めることや，外部専門家で構成するコンプライアンス委員会を組織することが必要です。

(2) **会議体運営で求められるグッドガバナンスの内容**

(a) 会議体の運営に際しては，一部の者による独断的運営を防ぐため，団体に会議体となる各種委員会を設置し，権限を分配すべきです。これにより，責任の所在が明確になり，主体性をもって会議体が運営されることも期待できます。具体的には，権限分配を定めた定款や各種委員会規程を策定し，団体の規模に応じた委員会を設置します。

(b) また，スポーツ団体の社会的影響力に鑑みれば，例えば，団体の構成員が，適材適所という観点からではなく，特定の地域，大学，チーム等の出身派閥という観点から選出されることにより，出身派閥別のグループで対立が起こったり，少数者がモノのいえない独断専行的な運用に陥ったりするなどの状況は好ましくありません。そこで，一般社団法人の社員，理事，委員・スタッフ

等、会議体の構成員の構成に偏りを作ることなく、性別、年齢、経歴、競技・種目や出身母体等を考慮して、広くステークホルダーの多様な意見が反映されるような構成にすべきです。

　また、団体運営は多岐にわたり、かつ専門的な分野も多く存在することからすれば、専門性を有する外部の有識者（会社役員、弁護士、会計士、学識経験者等）を含めることも積極的に検討すべきでしょう。

　(c)　その上で、各会議体の運営手続が法令、定款、各種規程に従って適正に行われる必要があります。定められた定款・諸規程については、ホームページを利用するなどの方法で公開し、透明性を高め、外部から適正な会議体の運営がなされているかをチェックできるようにすべきです。

　一般社団法では、理事会は3ヵ月に1回以上開催されなければならず（同法91条2項参照）、かつ、委任状による出席は認められていません。しかし、理事が全国に散らばっているなどの理由から1箇所に集まっての理事会開催が困難な場合もあります。そこで、電話会議、テレビ会議を活用して理事会を行うことも可能です（一般社団法施行規則15条3項1号括弧書参照）。また機動的に意思決定を行うため、書面決議（一般社団法96条）の方法により理事会を開催せずに決議を行うことも可能です。ただし、電話会議による理事会では相手の顔が見えず活発な議論がしにくいこと、検討を重ねる必要がある審議事項の場合は書面決議には向いていないなど、一定の制約があることを理解した上で実施すべきです。

　そして、会議体の議事録を必ず作成し（同法95条参照）、ホームページで公開することによって、「運営の透明性」（基本5条2項）を示す必要があります。

〔安藤　尚徳＝宅見　誠〕

第2章◇スポーツ団体の法律相談
第1節◇団体のガバナンスに関する法律相談

 競技団体における経理及び会計処理

私はある競技団体の事務局長に新しく就任しました。これまで民間会社の総務部にて長く勤務してきたのですが，競技団体の経理・会計を引き継ぎ，補助金や助成金の申請や管理といった競技団体特有の処理が求められ戸惑っています。どのような点に気を付けて経理を行っていくべきでしょうか。理想とする形があれば教えてください。

　競技団体の場合は，営利を目的とした企業会計に関する会計基準は適用されませんので，多くの場合は公益法人会計基準に従って経理を行うと良いでしょう。経理処理にあたっては，必要に応じて会計区分を設け，それぞれの区分ごとの損益を適切に把握できるような管理体制を構築する必要があります。また，競技団体が法人化しているか否かにかかわらず，収益事業を行った場合には，それが運営経費を賄う範囲内であったとしても，法人税や消費税が課税される場合がある点にも注意が必要です。

☑ キーワード

公益法人会計基準，区分会計，内部管理体制，収益事業

Q49◆競技団体における経理及び会計処理

解説

1　公益法人会計基準

　内閣府公益認定等委員会が定める公益法人会計基準は，主に公益社団・財団法人を意識して作成されていますが，一般社団・財団法人や任意団体の競技団体が適用しても問題はありません。公益法人会計基準は，その目的が企業会計基準と異なりますので，民間企業の決算書を見慣れた方にとっては見慣れない言葉が多く登場します。しかし，作成する財務諸表は，貸借対照表，損益計算書（正味財産増減計算書という名称になっています）を基本としている点においては同じです。

2　区分会計

　競技団体の会計においては，実施する事業区分ごとの管理が重要になります。収入支出はもちろん，資産・負債についても競技団体が実施する各種の事業ごとに区分して把握することが望ましいでしょう。補助金や助成金を申請する場合に，実施事業単位で申請することがあると思いますが，常日頃から実施事業ごとの区分会計がされていれば，申請もスムーズに行うことができます。逆に区分会計ができていない場合，こうした申請の際に集計作業に苦労するだけでなく，他の事業の経費まで含めて申請してしまうようなミスが生じると，不正受給という扱いになり厳しい処分を課される場合があります。

　適切な区分会計を行うためには，事務局長や経理担当者だけが頑張ればよいというものではありません。職員の方々にも事業区分ごとの管理の重要性を認識してもらい，経費精算の際にどの事業のために支出したものか，ただしく報告してもらえるような管理体制の構築も必要となります。

　公益法人会計基準には，会計区分を設定した場合の貸借対照表と正味財産増減計算書の雛型が例示されていますので，参考にしてもらうと良いでしょう。

第2章◇スポーツ団体の法律相談
第1節◇団体のガバナンスに関する法律相談

3 補助金や助成金の申請

競技団体に関係するような助成金としては，例えば以下のようなものがあります。

① JSC（スポーツ振興助成）
http://www.jpnsport.go.jp/sinko/home/tabid/36/Default.aspx
② JKA（公益事業振興補助事業）
http://www.ringring-keirin.jp/
③ ミズノスポーツ振興財団（助成事業）
https://www.mizuno.co.jp/zaidan.aspx

4 予算に基づく執行

競技団体は公益性の高い組織ですので，新しい事業年度が開始する前に理事会等の機関によって翌年度の事業計画や収支予算が承認され，事務局はその事業計画と予算の範囲内で職務にあたることが求められます。しかし，事務局には常に様々な問い合わせや提案があり，中には緊急性が高いようなものもあるかと思いますが，事務局はあくまでも理事会等の機関によって承認された事業計画と予算の範囲内で職務を遂行することが求められていますので，事業計画にない活動や，予算を大幅に上回る支出などは，再度理事会を開いて補正予算を組むなどの対応が必要となる場合がありますので，注意が必要です。

5 各種規程の整備

最近，競技団体の不正会計などのニュースを目にすることがありますが，競技団体は少数の事務局員で運営している場合が多く，特に多額の資金を扱う場合でも経理を担当者1名に任せきりになることがあります。
職員に経理を任せる場合でも，現金の取扱規程や印鑑の管理規程を整備することでミスや不正を防げることもあります。このような内部管理体制は団体そ

のものを守るだけでなく，結果として職員を守ることにもつながります。設問のように，事務局長が経理も担当している場合には，何かトラブルが発生するとすべて事務局長の責任となってしまいますので，そのようなことにならないためにも規程類を整備し，役員の方々と共有することで，透明性を高めることも大切です。

6　補助金や助成金の不正受給

　競技団体が受ける補助金や助成金の多くは，競技団体側で一定の支出があるものについて，その支出の一部を補うことを目的としています。しかし，どうしても「補助金・助成金がもらえる」という発想が先にきてしまうと，架空の経費によって申請をしてしまうケースがあるようです。また意図的なケースでなくても，経理処理誤りなどによって補助・助成の対象となる経費を結果的に水増しして申請してしまうようなケースも散見されます。これらはすべて，補助金・助成金の不正受給となる可能性がありますので，意図的な不正申請はもちろん，意図せざる経理処理誤りなどが発生しないよう，要項を事前にしっかりと理解した上で申請することが大事です。

7　税制上の留意点

　競技団体の場合，講師に謝礼や交通費を支払う場合がありますが，この支払に対して所得税の源泉徴収義務が生じる場合があります。源泉徴収義務は，その競技団体が法人化しているか否かにかかわらず生じる可能性がありますので，留意が必要です。
　また，競技団体の運営経費を賄うため，会員から徴収する年会費のほかに，物品販売やイベントなどの収益事業を行って資金を確保している場合があるかと思います。このような場合，競技団体に消費税や法人税の納税義務が生じる場合があります。なお法人税は，競技団体が法人化しているか否かにかかわらず生じる可能性がありますので，こちらにも留意が必要です。

〔阿部　慎史〕

第2章◇スポーツ団体の法律相談
第1節◇団体のガバナンスに関する法律相談

 選手会の意義・役割

　私はある競技のアスリートですが，代表の選考について不透明な部分が多く，個人的に不満を感じています。他にもそのように考えるチームメイトがいるのですが，一方的に物事を決定する競技団体に対して，選手がまとまって，意見を言うにはどのようにすればよいですか。

　選手らの意見を集約するため選手が集まって選手会を作り，競技団体へ選手の要望を伝えることが考えられます。今日のスポーツにおいては公共性，あるいは民主主義の観点からもアスリート自身が競技の在り方について議論や意思決定に参加することは，大変重要といえます。またリーグやチームとの関係でアスリートが労働者と認められる場合には，労働組合法の保護を受ける形でリーグやチームに交渉を求めることができます。

☑ キーワード

選手会，民主的な意思決定，スポーツ団体の公共性

解　説

1　スポーツ組織における意思決定

　欧州のスポーツ組織では，その会員の直接選挙によって会長が選任されるこ

とが一般的です。そして会長はしばしば強いリーダーシップをもって制度の改革や改善を図ります。会長がこうした強いリーダーシップを発揮することができるのは、会員によって民主的に選任されたことに1つの理由があります。

他方、日本のスポーツ組織では、欧州との比較において民主的でない構造になっていることが多く見受けられます。それは、日本では地域ではなく学校を中心にスポーツが発展してきたこと、競技ごとに縦社会が形成され、これが重視されてきたこと、そして教員や元競技者が手弁当で当該スポーツを支えてきたという歴史的経緯にも深くかかわっているといえます。これらのスポーツ団体では競技実績や組織運営に貢献した、いわば功労者が先代のリーダーからの信任を受けて、その職を引き継いでいくという形が一般的でした。こうしたガバナンスは、組織への忠誠と結束、そして伝統保持の観点からは優れた制度といえますが、一方で人事や意思決定が硬直化し、結果的に組織が閉鎖的になる傾向があります。

2　重要なルール（代表選考の基準など）作りと選手の声

2016年のリオ五輪の女子マラソン代表選考方法をめぐって議論となりました。福士加代子選手が五輪選考レースである大阪国際女子マラソンで、2時間22分17秒という結果で優勝しました。これは、日本陸上連盟が設定したタイムを上回るタイムでしたが、この時点では名古屋ウィメンズマラソンで福士選手のタイムを上回る選手が2名以上出てきた場合に、福士選手は代表選考から落選する可能性があったため、代表確定が見送られたのでした。そこで、福士選手が不満をあらわにし、これに同調する報道も見られました。バルセロナ五輪での有森裕子選手、アテネ五輪での野口みずき選手の選考に際しても議論が紛糾するなど、このような光景はオリンピックのたびに繰り返されてきました。

以前、水泳においても同様に代表選考をめぐる問題が発生しました。シドニー五輪で水泳の代表選考から外れた千葉すず選手が日本水泳連盟（以下「日水連」といいます）の選考基準が不透明であり、落選の理由がわからないと主張し、自らの代表入りを求めてCASに申立てをしたことがありました。結果的に、CASは千葉選手の申立てを退けましたが、日水連が代表選考基準を事前

に公表していれば紛争は避けられたと指摘したのでした。その後，日水連は選考方法を大幅に変更し，現在では，一発勝負で代表を決定するというルールになっています。

　ここではどのようなルールが適切かではなく，どのようにルールを決めるのが適切かについて考えてみたいと思います。仮に，当該競技にかかわるアスリートがその意思決定に参加をし，民主的に決定された選考基準であったとしたら，こうした不満や批判は生まれなかったのではないでしょうか。組織を構成する当事者の声が適切に反映された形でルールが策定されれば，当事者の納得を得ることができ，かつ，対外的にも説明がつきます。

　スポーツ団体が公共性を謳い，社会一般の支持を求めていくということは，同時に多様な価値や意見を受け入れていくことをも意味します。こうした多様性を前提として，より納得のいく，そして説明のつく意思決定が今後重要となっていくのです。

　近年，スポーツは以前にも増して社会に支持され，多額の公的資金が投入されています。同時に，社会に説明のつく組織運営が求められるようになってきたといえます。その意味では，アスリートだけではなく，社会一般の意見も反映させていくことも重要なポイントとなります。

3　スポーツのビジネス化と選手会の意義

　民主的な手続の中で生まれたルールは納得と説得力を生みます。そして制度疲労が生じた場合には公にその指摘をして皆を説得し，同様の手続を通じて制度を改めるということになります。その際に，個々の選手の声を適切に反映させることは簡単ではありません。そこで，選手会という存在が重要になるのです。スポーツはビジネス化とともに多様なステークホルダーを生んできました。そして競技団体の決定は選手自身のキャリアやライフワークに直結するようになってきたのです。こうした趨勢の中で共通の利害を有する選手が連携して声を上げることは当然の流れといえますし，また競技団体においても，選手との対話を図ることは，先ほど述べたとおり，当事者の納得，そして社会への説明の観点から極めて重要になっています。ただし，この選手会が一部の選手

の声ではなく，その競技にかかわるすべての選手の声を適切に反映していることが重要となります。その意味でスポーツ運営にかかわる意思決定の適切な在り方について検討していく必要があります。

なお，選手が労働者とみなされる場合は，労働組合法の観点から選手会をとらえることになります。労働者には憲法で保障される労働三権が付与されています（詳しくは **Q39** を参照）。つまり，労働組合を組織し，使用者に団体交渉を求め，時にはストライキを行使することができるのです。このようなプラットホームの下で，労働者が使用者との間に対等な交渉力をもち，そこで得た結果については当事者の納得があるものとして法的な拘束力が認められることになるのです。

〔川井　圭司〕

第2章◇スポーツ団体の法律相談
第1節◇団体のガバナンスに関する法律相談

 51　不利益処分の手続・紛争解決制度

　私たちの競技団体は，会員の懲戒処分についての規律がなく慣例に従って理事会決議で決めています。今後，社会的な信頼を確保するために適正な不利益処分手続を構築したいと考えているのですが，どのようにすれば良いのでしょうか。

　適正な手続を実施するため，倫理規程や懲罰規程を制定し，ホームページなどで公表し，周知を図りましょう。これら規程の制定に際しては，当事者に手続保障を与えること（聴聞や弁明の機会の付与），懲罰機関や紛争解決機関が独立性・中立性・専門性を有するように整備しましょう。また，競技団体内において終局的解決が得られなかった場合に備え，不服申立てに関する規程や，JSAA の仲裁制度を利用できる旨の規定を入れておきましょう。

☑ キーワード

適正手続の保障，倫理規程・懲罰規程の整備，聴聞や弁明の機会の付与，JSAA，自動応諾条項

解　説

1　不利益処分の種類

競技団体が会員に対して行う不利益処分には、競技内の行為に対する不利益処分と、競技外の行為に対する不利益処分があります。このうち、競技内の行為に対する不利益処分とは、例えば、競技中に競技ルールに違反した競技者等に対し、審判が行う退場処分などがあります。この場合、当たり前ですが、予め競技ルールが定められ、周知された上で競技が行われます。

他方、競技外の行為に対する不利益処分とは、例えば、未成年の競技者が飲酒をしたことに対し、競技団体が行う競技者資格停止処分などがあります。この場合、上記競技内の行為に対する不利益処分と同様、予めルールが定められ、周知されているかといえば、必ずしもそうではありません。特に地方の競技団体には、設問のように慣例によって懲戒処分がなされているということも珍しくありません。

2 適正手続の保障の重要性

競技外の行為に対する不利益処分は、一種の懲戒処分であり、場合によっては会員の競技生命や今後のキャリアに大きな影響を与えかねません。また、特定のスポーツにおける懲戒処分を独占している中央競技団体がなす処分については、公権力の行使に類似する性質を有しているといえます。これらのことから、競技団体が会員に対して行う懲戒処分については、適正手続を要請する憲法31条や、行政手続における不利益処分について定めた行政手続法の趣旨をできる限り及ぼす必要があります。

また、不祥事処分に対する競技団体の対応として、ステークホルダーに対する説明責任を果たすとともに、これらの関係者の理解や競技団体が社会的な信頼を得るためにも、適正手続の保障は不可欠です。

3 適正手続の具体的内容

(1) 手続規程の制定と周知

適正手続を保障するためには、違反行為や処分の種類、懲戒手続を規定した、倫理規程や懲戒規程を制定しなければなりません。制定された規程に基づ

き処分を下すことによって処分者の恣意を排除することができます。具体的な策定に際しては、文部科学省のホームページで公開されている「スポーツを行う者を暴力等から守るための第三者相談・調査制度の構築に関する実践調査研究協力者会議」におけるスポーツ団体処分手続モデル規程（試案）等を参考にしながら、スポーツ法専門の弁護士等の専門家のアドバイスを受けましょう。

規程制定後は、ウェブサイトなどで外部に公表し、会員に周知し、処分の予測可能性を与えることも必要です。

(2) **懲罰機関の独立性・中立性・専門性**

懲罰の判断を行う懲罰機関は、恣意的な判断が行われることを防ぐため、当事者から独立した、中立的な判断を行える機関にする必要があります。偏った判断を防ぐため原則として合議制をとった上で、合議体の構成員には外部委員や法律の専門家を含めるべきです。また、利害関係を有する者が懲罰の意思決定に加われない旨の規程も設けましょう。さらに処分結果を先取りした事実認定が行われることを避け、より公正な判断を担保するため、懲罰機関を、事実を調査する「事実調査委員会」と処分を検討する「処分審査委員会」とに分けて、独立性・中立性・専門性を徹底させることも検討すべきです。

(3) **当事者に対する手続保障**（聴聞や弁明の機会の付与、迅速な判断）

懲戒処分を実施するには、当事者に対する手続保障の観点から、懲戒処分を受ける者に対し、処分に先立つ聴聞や弁明の機会を与えなければなりません。なお、聴聞や弁明の機会の付与に際して十分な時間や機会が与えられなかった結果、審理不十分となり、処分に対する信頼性が失われることがないように気を付けましょう。

また、いつまでも処分がなされないことは、当事者を不利益な状態に置くものであり、可能なかぎり、迅速に処分を行い、懲戒処分者に対し、不服申立ての機会を与えるべきです。

(4) **不服申立制度の整備**

懲戒処分を受けた者に不服がある場合、不服申立ての制度を整備していなければ、解決までに時間を要したり、適切な解決を図ることが困難になったりすることもあります。このような場合に備え、予め不服申立ての制度を整備しておかなければなりません。

また、スポーツ基本法15条は、「国は、……スポーツを行う者の権利利益の保護が図られるよう、スポーツに関する紛争の仲裁又は調停を行う機関への支援……その他のスポーツに関する紛争の迅速かつ適正な解決に資するために必要な施策を講ずるものとする。」と規定しています。この点、日本においては、JSAAがスポーツ仲裁制度を設けています。この仲裁手続を利用するためには、当事者間で仲裁手続を利用することについての合意が必要になります（自動応諾条項、JSAAにつき**Q42**参照）。競技団体の規程に自動応諾条項を盛り込むことにより、競技団体は自身が行った処分について、スポーツ仲裁に申し立てられる可能性を負うわけですが、このことが、ひいては競技団体に慎重な判断をなさしめ、適正な処分を担保することにつながるため、積極的に自動応諾条項を規程に入れるべきです。

なお、競技中の行為に対する不利益処分に対し、競技者や監督が納得できない場合に、不服申立てを行えるかということも問題になり得ます。この点、無制限に審判に対する不服申立てを認めてしまえば、審判の判断が尊重されなくなること、また、競技が終了したのにいつまでも競技結果が確定しなかったりするなどの不都合が生じます。そのため、競技団体によっては、競技規則で審判に対する不服申立てを一切認めていなかったり、不服申立てを認める場合であっても一定回数に制限したり、競技中又は競技終了後間もない時間内に限定している例があります。JSAAにおいても、競技中の審判に対する不服申立ては、仲裁の対象から外されています（スポーツ仲裁規則2条1項）。

〔安藤　尚徳＝萩原　崇宏〕

―●参考文献●―

- 懲罰手続に関するガバナンス　公益財団法人日本スポーツ仲裁機構　スポーツ団体のガバナンスに関する協力者会議「中央競技団体のガバナンスの確立、強化に関する調査研究 NF組織運営におけるフェアプレーガイドライン――NFのガバナンス強化に向けて」（2015年3月3日）「5　NFの懲罰、紛争解決に関するフェアプレーガイドライン」（http://www.jsaa.jp/ws/goverreport2014_02_08.pdf）。
- 不祥事処分全般について　第一東京弁護士会総合法律研究所スポーツ法研究部会編著『スポーツ権と不祥事処分をめぐる法実務』（清文社、2013年）。

第2章◇スポーツ団体の法律相談
第2節◇事故防止に関する法律相談

第2節　事故防止に関する法律相談

 52　大会運営者が注意・配慮すべき事項

　スポーツの大会を運営するにあたって，事故の予防・事後対応，騒音や照明等による周辺地域への配慮，多数来場者の移動手段等，注意すべきことについて教えてください。

　スポーツ大会を運営するにあたっては，大会の盛況を期するという観点のみにとらわれず，大会参加者（競技者やその支援者）・観覧者等に生じ得る様々な危険から安全を確保するために，予め発生し得る危険を予測することが重要であり，その際に，近隣の消防署・医療機関，警察署・公共交通機関等の関係機関とも連携しながら，周到に安全管理体制を整備しておく必要があります。
　仮に，不慮の事故が発生した場合には，速やかに事故対応にあたるとともに，事後的に検証を行い，同種事故の再発防止を図る必要があります。
　また，騒音や照明使用によって近隣住民の日常生活への影響が予想される場合には，利用施設の管理規定を遵守するとともに，近隣住民に対し受忍限度を超えた生活妨害を生じさせないよう配慮する必要があります。
　多数の来場者が見込まれる場合については，警察や公共交通機関等とも事前協議を行い，会場周辺の交通安全を確保するために必要な措置を

講じておく必要があります。

☑ **キーワード**

安全管理体制，安全配慮義務，周辺環境，受忍限度，雑踏警備

解　説

1　スポーツ大会運営のための安全管理体制

　スポーツ大会の開催は，競技者に日頃の鍛錬の結果を発揮する機会を与えるものであるのみならず，観覧者に日常生活では体験し難い感動と興奮を付加するものであり，スポーツ活動を広く盛り上げる上では非常に有益です。

　このようなスポーツ大会が企画されるに際しては，盛況を期するという観点から，来場者へのアピール等に重点が置かれがちです。

　しかし，非日常的なイベントや競技会においては，競技者や観覧者など多数の来場者が参集することになるため，日頃は予期しない様々な危険が生じ得ます。競技活動に伴って生じる負傷や病気等のみならず，自然環境の変化によって生じる危険（風雨，落雷，地震，高低温）や，施設の利用状況や利用環境に起因して生じる危険（火災，観戦に伴う危険）への対応，会場内や会場周辺における治安確保の措置（ビン・カン制限などを含む）や犯罪行為への対応（テロ対策を含む）も考えておかなければなりません。

　そのためには，まずは入念な運営計画に基づき多種多様な危険を具体的に予測しておくことが不可欠です。その上で，予測される危険に対して，具体的な対応方針を定め準備を行っておくことが重要です。例えば，いかなる気象条件となった場合には大会を中止・中断するのか，仮に病人や負傷者が発生した場合には，誰が，どのようにして応急措置を行い，いかにして医療機関へ搬送するか等を予測し，対応方針を事前に定めておく必要があります。

また，スポーツ大会を運営しようとする場合には，大会運営本部内での計画にどどまらず，大会規模や内容に応じて，近隣の消防署や医療機関との間で救護や防災について，近隣の警察署や警備会社との間で，警護・交通安全について事前協議を行う必要もあります。

さらに，多数の現場スタッフが，それぞれに与えられた役割を十分に果たせるよう事前に安全教育を行う必要もあります。さらに，万一事故が発生した場合には，迅速に事故対応にあたり得る危機管理体制を定めておく必要があります。

このように，多岐にわたる安全管理を行うためには，大会運営本部の組織内で危機管理ないしリスク管理の責任者を明確に定め，安全管理の指針と具体的方法をマニュアルとして作成しておくなど，安全管理を徹底できる体制を整える必要があります。

他方，予測や準備を怠ったことによって何らかの事故やトラブルが発生してしまうと，予期し得た具体的危険の発生を回避する義務を怠ったものとして，被害者に対して安全配慮義務違反の責任を負うことにもなりかねません（**Q8〜Q13** 等参照）。

安全配慮義務の程度に関しては，営利目的の大会を主催する場合には，非営利目的の大会に比べて，高いレベルで安全管理が求められることになると考えられますので，より一層慎重かつ入念な危機管理が必要です。また，公共性ある大会を主催する場合には，私的な大会に比べて，高度な安全管理が求められるとする考え方もあります。

なお，大会主催者としては，賠償リスクを事前に回避・軽減するため，参加者に免責同意書等の書面を求めることも考えられます。もっとも，免責同意書は，大会主催者から参加者へと全面的に危険を転嫁する方法として用いられるべきではありません。全面的な免責の効果が認められる場合は限られていることを理解しつつ，参加者自身の側でも事前準備を行うことが危険防止のために重要であることを告知する手段として用いられるべきでしょう。

2　騒音や照明等の近隣住民への影響について

スポーツ大会の会場に集う観覧者が一喜一憂して発する歓声や応援は，競技に華を添え，感動を倍加しますが，近隣住民にとっては，平穏な生活を妨害する騒音ともなります。照明設備の点灯も，大会運営側にとっては夜間も競技の続行を可能とする便利な施設ですが，近隣住民にとっては夜間も煌々とした照明によって平穏な生活を妨害する迷惑な設備となりかねません。実際に受忍限度を超えた生活妨害が生じているという主張に基づき訴訟が提起されるにいたった事例もあります[1]。大会を運営する者としては，会場施設に設けられた利用規則に従って，しかもできる限り周辺の生活環境に負担の少ない日程で開催の計画を調整すべきでしょう。いずれにせよ，特に多数の来場が見込まれるような場合や，照明利用が見込まれる場合には，周辺住民の自治会等を通じて事前説明を行うなど，近隣住民の理解を得るための努力と配慮も必要です。

3 多数来場者の移動手段や会場周辺の交通安全

多数の観覧者が来場する場合には，会場周辺の交通は一時的に混乱し，危険を生じさせることになります。会場までの不明確な誘導は周辺交通の著しい混乱と危険の増大を助長することになります。また，施設や交通設備の容量を超えるような多数の観覧者が来場した場合には雑踏それ自体が脅威となり，多数の死傷者が出るような大惨事につながることも想起すべきです[2]。スポーツ大会を運営する場合には，会場周辺の交通安全を確保するため，近隣の警察署や公共交通機関とも事前協議を行うとともに，競技者の安全な来場手段を確保し，観覧者には来場者数の見込みに応じて会場までのアクセス方法や入退場方法を具体的に案内し，交通機関の利用を促すことが必要です。

〔岡村　英祐〕

───■判　例■───

☆1　さいたま地熊谷支判平24・2・20判時2153号73頁。
☆2　神戸地判平17・6・28判時1906号73頁。

第2章◇スポーツ団体の法律相談
第2節◇事故防止に関する法律相談

●参考文献●

- 東京都福祉保健局「東京都が主催する大規模イベントにおける医療・救護計画ガイドライン」（2009年4月），消防庁予防課長・消防庁危険物保安室長平成25年8月19日通知「多数の観客等が参加する行事に対する火災予防指導等の徹底について」，日外アソシエーツ編『世界災害史事典1945−2009』188頁（ブラッドフォード・サッカー場火災）（2009年），兵庫県警察「雑踏警備の手引き」（2002年），公益財団法人スポーツ安全協会「イベント・大会主催者のためのワンポイントアドバイス」『安全・安心スポーツガイドブック（シリーズ3）』（2010年）。

53 落雷等の自然災害による事故の防止

　明日，大会を開催しますが，天気予報では，不安定な大気の状況になり，積乱雲の発生が予測されています。雷等が心配されますが，大会の開催の判断はどのようにすればよいでしょうか。また開催後に，どのような状況になれば中止の判断をすべきでしょうか。

　高槻市落雷事故訴訟では，裁判所は，大会主催者は落雷事故を防ぐ義務に違反したと判断しました。
　このような事故を二度と起こさないためにも，落雷の危険性を正しく把握し，落雷の危険がある場合には試合を中断・中止するべきです。このとき，大会の進行を優先して，中断・中止の判断が遅れることのないようにする必要があります。また，観客も含めた大会関係者を安全かつ迅速に避難させる必要があるため，事前に充分準備をしておくことが求められます。

☑ キーワード

高槻市落雷事故訴訟，落雷事故防止対策

解　説

1　大会主催者が負う注意義務

第2章◇スポーツ団体の法律相談
第2節◇事故防止に関する法律相談

　大会主催者が落雷事故を防止する義務に違反したと判断された事例として、高槻市落雷事故訴訟☆1☆2があります（**Q9**参照）。この事件で裁判所は、引率の先生や大会主催者が負う義務として、①落雷事故の発生を予見する義務、②予見した上で選手らを安全な場所に避難させる義務を挙げています。

　そして、こうした義務を適切に果たすには、落雷事故の防止について正しい知識をもっておかなければなりません。既に、文部科学省やいくつもの競技団体が落雷事故防止についての指針等を定めており、その内容を把握しておくことは必須となっています。

2　落雷事故防止のための対策

(1)　落雷の危険性の把握

　まず、落雷の危険性がどの程度あるか、正確な情報を収集する必要があります。

　具体的には、天気予報や気象庁が発表している「レーダー・ナウキャスト」（http://www.jma.go.jp/jp/radnowc/）、市販の携帯型雷検知器などを利用するとよいでしょう。さらに、現実に雷鳴があるか、黒い雲があるかなどを確認する必要があります。

(2)　中断、中止の判断

　落雷の危険性があると判断した場合には、試合を中断ないし中止させることになります。大会の担当者が現場で判断に迷うことのないよう、中断、中止にするべき条件を事前に明確にしておくとよいでしょう。

　ところで、スポーツ大会は、勝者を決めることを目的としているものが多く、そのため、予定されている全試合を終了させなければ大会が完了しない面があります。一方で、大会会場をいつまでも使用できるわけではありませんし、選手ら大会関係者にもほかの都合があるでしょうから、順延ばかり繰り返すことはできません。

　こうした事情から、大会主催者には、当初の予定どおり大会を進行させたいという意向が働きがちで、そのために落雷の可能性があることによる試合の中断、中止に消極的になってしまうことがあります。この点は、練習の中断、中

止の判断とは大きく異なるところです。

しかし、観客を含めた大会関係者全員の安全を確保することが第一であるべきであって、これを犠牲にして大会の進行を優先させることはできません。

大会主催者は、このようなジレンマに陥ることのないよう、充分余裕のある大会日程を作成しておくことが求められます。当然、その分費用はかかりますし、事前の調整の手間も増加しますが、大会の真の成功のためには必要なことといえます。

(3) 安全な場所への避難

大会開催時には、大会会場には、選手やコーチ・監督のほかに観客がいます。大規模な大会になると、万単位の観客がいる場合もあります。大会主催者は、将棋倒しなどの事故が発生しないよう、多数の観客を安全かつ迅速に避難させる必要があります。

具体的には、事前に避難場所の確保や避難ルートの確認、誘導する人員の配置、誘導の方法の確認、満員の観客が全員避難を完了するのに要する時間の把握などを行い、マニュアル化しておくべきです。

また、観客の避難に相当の時間を要する場合、その時間を考慮して、中断、中止の判断を早める必要がありますし、落雷の危険が去った場合の再開の判断にも慎重さが求められます。

〔岡本　大典〕

■判　例■

☆1　最判平18・3・13判時1929号41頁。
☆2　高松高判平20・9・17判時2029号42頁。

●参考文献●

(1) 日本大気電気学会編『雷から身を守るには――安全対策Q&A〔改訂版〕』7頁、8頁、11頁、17～20頁、29頁。
(2) 文部科学省「落雷事故の防止について（依頼）」（平成28年7月15日）。
(3) 中央労働災害防止協会「ゴルフ場の事業における労働災害防止のためのガイドライ

第２章◇スポーツ団体の法律相談
第２節◇事故防止に関する法律相談

　　　ンのポイント」。
　⑷　公益財団法人日本サッカー協会「サッカー活動中の落雷事故の防止対策についての指針」。
　⑸　公益財団法人日本ラグビーフットボール協会「雷に関する注意（通達）」。
　⑹　公益財団法人日本陸上競技連盟「安全対策ガイドライン」。
　⑺　公益財団法人日本高等学校野球連盟「落雷事故防止対策について」。

熱中症による事故の防止

　明日，大会を開催しますが，天気予報では，気温31度，湿度65パーセントが予測されています。熱中症が心配されますが，大会の開催の判断はどのようにすればよいでしょうか。また，開催後に，どのような状況になれば中止の判断をすべきか，熱中症が疑われる選手に対する処置についても教えてください。

　熱中症予防運動指針で「原則中止」になる時間帯があれば，大会の中止を検討すべきでしょう。
　また，開催後の中止については，事前に判断基準と判断責任者を決めておき，各競技地点で大会終了まで暑さ指数（WBGT。以下「WBGT」といいます）を測定し，熱中症を引き起こす条件（「環境」，「からだ」，「行動」）も考慮して判断責任者が，事前に定めた判断基準に基づき中止するかどうかを決定すべきです。
　熱中症が疑われる選手に対する処置についても，事前に医療体制等のマニュアルを作成して，責任者や対応の手順を定め，運営スタッフ全員が共通認識を持って対応することが求められます。

☑ **キーワード**
　暑さ指数（WBGT），熱中症予防運動指針，主催者の責任，安全配慮義務

解　説

第2章◇スポーツ団体の法律相談
第2節◇事故防止に関する法律相談

1 熱中症発生リスクへの対応等

(1) 熱中症とは

　高温環境下で，体内の水分や塩分のバランスが崩れたり，体内の調整機能が破綻するなどして発症する障害の総称です。熱失神（立ちくらみ），熱けいれん（筋肉のこむらがえり），熱疲労（全身の倦怠感，頭痛，吐き気，下痢など），熱射病など4つのタイプがあり後者になるほど重症度は高くなります。ただし，実際には明確に4つのタイプに分かれて症状がでるというよりは，複数の症状が組み合わさってでることが少なくありません。

　熱中症の発症リスクがあるスポーツの大会を主催する者は，熱中症が死にいたる可能性のある病態であること，他方，予防法を知っていれば防ぐことができ，速やかに応急処理をすれば救命できることを認識する必要があります。

(2) 暑さ指数（湿球黒球温度，WBGT：Wet Bull Globe Temperature）とは

　熱中症を予防することを目的とし，人体と外気との熱のやりとり（熱収支）に与える影響の大きい湿度，日射・輻射（ふくしゃ）などの周辺の熱環境，気温の3つを取り入れた指標です。

(3) 熱中症予防運動指針とは

　公益財団法人日本体育協会が，熱中症を予防するため，WBGTに基づき環境温度に応じてどのように運動したらよいかについて定めた目安です。

　例えば，WBGT31℃以上では「運動は原則中止」，WBGT28〜31℃では「厳重警戒」とされます。

　ただし，熱中症の発症には，「環境」，「からだ」，「行動」といった条件が複雑に関係するとされており，WBGTは，「環境」に関する1つの指標ですが，暑熱順化の程度・体格・体調などの「からだ」や運動強度・持続時間などの「行動」も考慮する必要があります。

(4) 対処法は

　熱中症では，熱失神，熱けいれん，熱疲労，熱射病などの複数の症状が組み合わさってでるため，症状ではなく，重症度・緊急度の観点から分類されたⅠ度（軽症）・Ⅱ度（中等症）・Ⅲ度（重症）に応じて対処します。

例えば，めまい（熱失神）や筋肉痛（熱けいれん）などのⅠ度では，涼しいところに移動させ，スポーツドリンクを飲んでもらったりして応急処置をします。頭痛，吐き気など（熱疲労）Ⅱ度では，さらに，衣類をゆるめ，からだを冷やします。

救護に関わる運営スタッフは，症状を見守り，改善がなければ病院に搬送することが必要です。Ⅱ度に加えて，意識障害，けいれん，高体温など（熱射病）Ⅲ度になると，入院しての集中治療が必要です。

熱中症を引き起こす条件によっては，短時間でⅡ度からⅢ度に進行することがあり，Ⅲ度になると救急救命処置を行っても救命できなかったり，救命できたとしても重篤な後遺障害が残る可能性があります。Ⅱ度からⅢ度に悪化させないように，適切な応急処置が求められます。

2 主催者の責任

(1) 大会を中止する安全配慮義務

熱中症の発症リスクが高いスポーツを実施する大会の主催者には，熱中症につき環境の安全性が確保できなければ大会を中止する安全配慮義務があり，同義務に違反があれば損害賠償責任が発生します☆1。

まず，環境省熱中症予防情報サイト（http://www.wbgt.env.go.jp/）で公表されているWBGT（2日先までの予測や過去5年間の実測値データが閲覧可能）を確認し，熱中症予防運動指針に基づき開催するかどうかを判断をします。本件では，天気予報で気温31度，湿度65パーセントということですから，WBGT28～31℃で「厳重警戒」と予測されます。

そして，個々の大会における熱中症を引き起こす条件（「環境」，「からだ」，「行動」）を検討し，大会を中止するかどうかについて判断することになるでしょう。

例えば，室内での競技の場合，風がない「環境」下となり発汗しにくく熱放散ができにくい状況となりますし，大会開催時期が，梅雨明けで蒸し暑い時期（6月・7月）では，「からだ」の暑熱順化が不十分であるため，体温調節反応が十分ではなく，熱中症の発症リスクは高くなります。

第2章◇スポーツ団体の法律相談
第2節◇事故防止に関する法律相談

　さらに，ランニングやダッシュを繰り返すような「行動」が行われる競技では，体内で発生した熱が，体温調節機能を超えてしまうリスクがあります（マラソンなどでは，WBGT28℃以上でも「危険性が極めて高い」とされています）。

　そして，大会開催後においても，WBGT計で定期的に測定することが求められます。裁判例では，大会当日に，気温，相対湿度及びWBGT等を計測していなかった点について，「熱中症の危険の指標となる環境条件の測定を怠ったといわざるを得ない。」☆1と判断されています。

　熱中症の発症リスクが高い条件が重なると，多くの選手や観戦者が熱中症で治療が必要な状態になり，救護体制が不足する場合もあります。このような事態を避けるために，早めに水分摂取などを案内し，競技の中断や臨時の休憩を設けるなどの対応をすることになりますが，場合によっては大会自体の中止も視野に入れた対応が求められます。

(2)　**救護体制の構築・適切な救護搬送を行わなければならない安全配慮義務**

　主催者には，熱中症に対し適切な予防策を講じ，緊急時に対処する救護体制を構築し，適切な救護搬送を行わなければならない安全配慮義務があり，同義務の違反があれば損害賠償責任が発生します☆1。

　熱中症は，放置すれば死に直結し，しかも短時間で重症化する危険がある緊急事態であり，速やかに現場で応急措置をとることが必要です。

〔加藤　智子〕

──■判　例■──

☆1　大阪地判平27・4・17（平23(ワ)4873号）裁判所ホームページ。

──●参考文献●──

・　環境省「イベント主催者・施設管理者のための──夏季のイベントにおける熱中症対策ガイドライン2016〔暫定版〕」10，17，20，26，41頁，環境省「熱中症環境保健マニュアル2014」2，4，14，19，41，45頁（2014年），公益財団法人日本体育協会「スポーツ活動中の熱中症ガイドブック」16頁（2013年）。

第3節　スポーツのインテグリティをめぐる法律相談

　ドーピング違反の類型

アスリートがドーピング違反に問われるのはどのような場合ですか。ドーピング違反の類型と制裁について教えてください。コーチやトレーナーもドーピング違反に問われる場合があるのでしょうか。

(1)　ドーピングについては，WADAが世界的な統一規則（WADC）を定めています。例えば，アスリートの体内から禁止物質が発見された場合など，WADCに定めるドーピング違反の類型にあたる行為をしたアスリートは，ドーピング違反に問われます。

(2)　ドーピング違反は，薬物の使用だけに限りません。ドーピング検査を回避したり，検体を取り替えたり，薬物を不正に取引する行為等も，WADCにより，ドーピング違反の類型として禁止されています。そして，違反者には，成績の失効，資格停止の制裁が課されます。資格停止中は競技会への参加が禁止されるため，選手生命に重大な影響が及びます。

(3)　コーチやトレーナーも，アスリートに対し，意図的に，ドーピング違反の支援や隠蔽を行うと，ドーピング違反に問われます。近年，組織ぐるみのドーピング問題に対応するために，ドーピング違反の類型が強化されました。

第2章◇スポーツ団体の法律相談
第3節◇スポーツのインテグリティをめぐる法律相談

☑ キーワード

WADA，WADC（世界アンチ・ドーピング規程），JADA，JADC（日本アンチ・ドーピング規程）

解　説

1　ドーピングとは

「ドーピング」という言葉は，一般に，「スポーツ選手が競技能力を向上させる目的で薬物を使用すること。」という意味で使われています。そして，ドーピングが禁止される主な理由は，①スポーツ精神（フェアプレイ精神）に反する，②スポーツ固有の価値を損なう，③選手の健康を害する，④社会に悪影響が及ぶ，点にあると考えられています。

歴史的に見ると，アンチ・ドーピング活動は，オリンピックの開催とともに，年々高まりを見せました。また，禁止物質が含まれているとは知らずに大会前に風邪薬やサプリメントを服用してしまい，ドーピング違反に問われるケース（いわゆる「うっかりドーピング」）が増え，アスリートに対する啓発活動の重要性が指摘されてきました。このような背景を受けて，1999年，WADAの設立にいたりました。その後，WADAとの連携のもと，各国において，国内レベルでの組織作りが進み，日本では，2001年，JADAが設立されました（JADAのホームページにおいて，規程集等のドーピングに関する様々な情報が提供されています）。

2　ドーピング違反の類型

WADAは，2003年，スポーツ界初の世界統一規則となる世界アンチ・ドーピング規程（WADC）を制定しました。その中の2条で，ドーピング違反の類型，すなわち，ドーピングにあたる行為が規定されています。ドーピング検査

を回避してドーピング違反を免れようとする選手がいるため，それらの選手をも適切に取り締まる必要があります。そのため，ドーピング違反の類型は，薬物を使用する行為だけにとどまらず，検査を回避したり，検体を取り替えたり，居場所情報提供義務に違反したり，薬物を不正に取引する行為等についても，禁止されています。

ドーピング違反の類型は，2015年のWADCの改正で2個追加され，■表のとおり，現在10個の類型が存在します。

3 ドーピング違反に対する制裁

ドーピング違反に対する制裁については，WADCの10条に規定されています。違反した競技者は，当該競技大会の個人成績が失効するほか，違反の内容に応じて，4年間又は2年間，最も重い場合は永久の資格停止の制裁を受けます。資格停止中の競技者は，競技会への参加はもちろん，自己の所属する国内競技連盟が主催するトレーニングキャンプ等の練習への参加も禁止されます。

■表　ドーピング違反の類型

	違反類型	内容
①	禁止物質の存在	競技者の検体に，禁止物質又はその代謝物若しくはマーカーが存在すること
②	禁止物質の使用	競技者が禁止物質若しくは禁止方法を使用すること又はその使用を企てること
③	回避・拒否・不履行	検体の採取の回避，拒否又は不履行
④	居場所情報	居場所情報提供義務違反
⑤	不当な改変	ドーピング手続の一部に不当な改変を施し，又は不当な改変を企てること
⑥	禁止物質の保有	禁止物質又は禁止方法を保有すること
⑦	不正取引の実行	禁止物質若しくは禁止方法の不正取引を実行し，又は，不正取引を企てること
⑧	禁止物質の投与	禁止物質若しくは禁止方法を投与すること又はその投与を企てること
⑨	違反関与	他の人によるドーピング違反への意図的な関与
⑩	連携の禁止	特定の対象者（制裁を受けたコーチやスタッフ）との関わりの禁止

第2章◇スポーツ団体の法律相談
第3節◇スポーツのインテグリティをめぐる法律相談

2015年のWADCの改正で，意図的又は重大なドーピング違反について，その制裁がより厳格化され，4年間の資格停止が標準とされました。その一方で，例外事情や特別なケースに対しより柔軟に対応するために，意図的又は重大な過誤がないことを証明した場合の資格停止の短縮又は取消しができる旨の規定が整理し直され，より柔軟化されました。

4 ドーピングに関する近年の動向

近年，ドーピングの実態は，一個人の問題にとどまらず，チーム・組織ぐるみの問題に発展しています。その背景には，ドーピング検査をうまくすり抜ける方法として，チームドクターやチームサポーターの関与が指摘されています。

このような近年の動向を受けて，2015年に改正されたWADCでは，ドーピング違反を支援，隠蔽等の方法により意図的に関与した者に対しても，ドーピング違反を問えるようにドーピング違反の類型が広がりました。競技団体としては，競技者だけではなく，コーチやスタッフ等に対しても日頃から積極的な啓発活動を行っておく必要があります。

〔中川　義宏〕

アンチ・ドーピング（主要な責任軽減事由）

私はある個人競技の日本代表の監督です。先日，競技会で行われたドーピング検査で選手の1人が陽性になりましたが，その禁止薬物はその選手が普段使っている肌荒れ用塗り薬の成分（後述する「特定物質」に該当する成分）であったことが判明しました。しかし，私も選手もまさか普段使用している塗り薬に禁止薬物が含まれているとは思いもよりませんでした。このように全く主観的認識がない場合にもドーピング違反になるのでしょうか。責任を軽減する方法はないのでしょうか。

　ドーピング検査で陽性になった場合，競技者の主観的認識にかかわらず原則としてドーピング違反が成立しますが，禁止物質が体内に入ったことについて競技者に過誤・過失がなかったと言える等の一定の事情があると認められる場合には，その責任（制裁措置）の一部が軽減される余地があります。

☑ キーワード

ドーピング，禁止物質，制裁措置

解　説

1 ドーピング違反に関する基本的な考え方

アンチ・ドーピングに関する現行の一般的なルールによれば，ドーピング検査の結果として，競技者が提出した尿検体から禁止物質が検出された場合には，競技の公正性の確保等の観点から，原則としてドーピング違反が成立します。

2　ドーピング違反の結果と責任軽減・免除

ドーピング違反が個人スポーツにおける競技会の際の検査に関連して生じた場合，通常は，①原則として違反を行った競技者個人の成績（順位等）が自動的に失効し，競技会において獲得されたメダル等も剥奪されることになるほか，②競技大会への参加等が一定期間禁じられる「資格停止処分」が課されることになりますが，このうち，「資格停止処分」については，①競技者の認識や過誤の程度等に応じて責任（制裁措置）が軽減・免除される場合があるほか，②ドーピング違反の発覚前に自ら違反を認めたり，他の競技者等の違反をアンチ・ドーピング機関が発見するための実質的な支援を提供したなどの事情によって，同様に責任が軽減される可能性もあります。

なお，ドーピング検査で陽性になった場合の資格停止処分の期間の決定方法は，検査によって検出された「禁止物質」の内容に応じて若干異なります。

禁止物質の一覧は，毎年更新される「禁止表」と呼ばれるリストに掲載されていますが，そのうち「特定物質*1」として指定されている物質に関連してドーピング違反が発生した場合には，アンチ・ドーピング機関が当該違反が「意図的」であったということを立証できたときは，競技者の資格停止期間は原則として4年間となり，立証できなかった場合には原則2年間となります。

他方で，ドーピング違反が「特定物質」に関連しない場合には，資格停止期間は原則として4年間となりますが，競技者において，当該違反が「意図的」でなかったことを立証できたときは，原則2年間となります。

3　具体的な責任軽減事由

競技者による違反行為につき「（重大な）過誤又は過失がないこと」を立証

Q56◆アンチ・ドーピング（主要な責任軽減事由）

した場合には，責任が軽減される余地があります（競技者が18歳以上である場合には，禁止物質の体内侵入経路についても立証が求められます）。

このうち，「過誤又は過失がないこと」が認められるための立証のハードルは極めて高く，例えば，サプリメントの成分の誤表記や，競技者の主治医・トレーナーによる禁止物質の投与，競技者の配偶者・コーチによる飲食物への禁止物質混入があったことは，「過誤又は過失がないこと」を基礎付ける事情としては認められていません。

他方で，「重大な過誤又は過失がないこと」という事情については，上記同様に立証は必ずしも容易ではないものの，意図しないドーピング違反があった場合には検討に値する軽減事由となり得ます。競技者が単独で，又は（アンチ・ドーピングの）専門家ではない者の助言等に基づき禁止物質を摂取した場合には，基本的には「重大な過誤又は過失がない」とは認められませんが，禁止物質の摂取のタイミングや量，目的，摂取前に専門家（例えばアンチ・ドーピング規制に精通したチームドクター）に確認を行った経緯の有無等の様々な要因を考慮した結果として，例外的に「（重大な）過誤又は過失がない」と認められる可能性もあります。

この「重大な過誤又は過失がないこと」に関する責任軽減は，①アンチ・ドーピング規則違反が「特定物質」として指定された物質に関連する場合や②検出された禁止物質が「汚染製品」に由来する場合，又は③「その他の場合」に認められます。

上記のうち，「特定物質」と「汚染製品」に関連して責任軽減が認められる場合には，資格停止期間は（競技者の過誤の程度により）最短で資格停止期間を伴わない譴責，最長で2年間の資格停止期間となり，「その他の場合」には最短で1年まで資格停止期間が短縮される可能性があります（いずれも初回の違反の場合）。なお，「汚染製品」は，「製品ラベル及び合理的なインターネット上の検索により入手可能な情報において開示されていない禁止物質を含む製品」であると定義されていますが，この定義は曖昧であり，実務上も運用が定まっていません。

第2章◇スポーツ団体の法律相談
第3節◇スポーツのインテグリティをめぐる法律相談

4　本件の検討

　本件においては，競技者が使用した肌荒れ用塗り薬の成分が「特定物質」に該当することから，これは「特定物質」に該当し，アンチ・ドーピング機関が当該違反が「意図的」であったということを立証できなかった場合には，競技者の資格停止期間は原則2年間となります。

　そして，本件で（例えば医師の診断書が存在することなどにより）競技者の塗り薬の使用が「意図的」でなかったとされた場合において，さらに，競技者に「重大な過誤又は過失がない」と認められたときは，過誤の程度によって，競技者に課される資格停止期間が減じられる余地があります。前述したように「重大な過誤又は過失がない」ことの立証は容易ではありませんが，例えば，競技者が塗り薬の塗布に先立ち，日本代表チームの指定する（アンチ・ドーピング規制に精通した）医師に対して相談をし，かつ定められた用法等を守って使用していたというような事情がある場合には，他の状況と総合考慮した結果として「重大な過誤又は過失がない」と判断され，最終的に責任が軽減される可能性もあると思われますが，例えば，監督やコーチから勧められた薬を（成分等について何ら確認せずに）そのまま使ってしまったという場合には，その事情だけを見ると競技者に「重大な過誤又は過失がない」ということはなかなか難しいように思われます。「過誤」の判断は個別具体的な事情によるところが大きいため上記の説明がすべての事例にあてはまるわけではありませんが，競技者としては薬やサプリメント等を服用する際には，禁止物質が含まれている可能性に常に留意し，専門家の助言を得るよう努めることが肝要であると考えられます。

〔宍戸　一樹〕

■注　記■

＊1　「特定物質」には，蛋白同化薬及びホルモンの各分類，並びに「禁止表」に明示された興奮薬，ホルモン拮抗剤及び調節薬を除いたすべての禁止物質が該当するものとされています。

禁止物質・方法と TUE（治療使用特例）

　所属するアスリートの1人は元々持病があり，治療のために定期的に薬を服用しています。ドーピング違反の対象となる禁止薬物及び方法の内容を教えてください。

　また治療目的で禁止薬物・方法を使用することは一切認められていないのですか。もし認められているとすれば，どのようにすれば良いのでしょうか。

　ドーピング違反の対象となる禁止薬物及び方法については，定期的に更新される禁止表（禁止表国際基準）により確認することができます。禁止表は，毎年最低1回更新されるので注意が必要です。
　また，治療目的で禁止薬物・方法を使用することも認められますが，そのためには治療使用特例（TUE）の手続を踏む必要があります。

☑ キーワード

禁止表（禁止表国際基準），TUE（治療使用特例）

解　説

1　禁止表について

(1) 禁止表とは

アンチ・ドーピング規則違反の対象となる禁止物質及び禁止方法について，WADA が策定・公表し，毎年最低 1 回更新されるものです。

そのため，日本アンチ・ドーピング規程（JADC）自体に，競技者及びその他の人全員は，最新版の禁止表及びそのすべての改定事項を認識しておくことについて責任を負うと定められています（JADC 4.2.1）。

(2) 禁止表の内容

禁止表は，「常に禁止される物質と方法（競技会（時）および競技会外）」「競技会（時）に禁止される物質と方法」「特定競技において禁止される物質」に分類され，JADA のサイトで確認することができます。

2 TUE 申請

(1) TUE とは

TUE とは，「Therapeutic Use Exemption」の略で，治療使用特例といわれ，禁止物質・禁止方法を治療目的で使用したい競技者が事前に申請して，認められれば，その禁止物質・禁止方法が使用できることとなる手続です（JADC 4.4）。

ドーピング検査においては，A 検体について違反が疑われた場合，TUE の有無が問題となり，当該物質の TUE が有効であれば，ドーピングがないものとして，検査は終了となります。

(2) TUE 事前申請の対象者

一定のレベルにある競技者は TUE の事前申請が必要となります。

また，これに加えて，一定の高いレベルの競技会に出場する競技者についても TUE の事前申請が必要となります。詳しくは，JADA が発行している「医師のための TUE 申請ガイドブック2016」（http://www.realchampion.jp/assets/uploads/2016/04/tueguidebook2016.pdf）をご参照ください。

(3) TUE 承認条件

TUE が認められるためには，以下の条件を満たしている必要があります（JADA アスリートサイトより）。

・ 治療をする上で，使用しないと健康に重大な影響を及ぼすことが予想さ

れる
- 他に代えられる合理的な治療方法がない
- 使用しても，健康を取り戻す以上に競技力を向上させる効果を生まない
- ドーピングの副作用に対する治療ではない

(4) **TUE 申請の方法**

国際競技連盟から指定されているアスリートの場合は，同連盟に TUE 申請をし，それ以外は原則として JADA の TUE 委員会に直接申請します。

申請にあたっては担当医師等の協力を得て申請書を作成し，また診断根拠を客観的に証明する書類等の提出が必要です。

(5) **TUE が認められない場合**

TUE 申請をしても，基準（治療使用特例に関する国際基準4.1を参照）に合致しなければ付与されません。

例えば，許可されている物質（薬品）をもって，代替治療ができる場合や，診断の根拠を客観的に証明する書類が不足しているなどの場合には，付与されません。

(6) **遡及的 TUE 申請**

救急治療や急性病状の治療で禁止物質や禁止方法を使用した場合には，事後であっても速やかに TUE 申請をしなければなりません。遡及的 TUE 申請が却下されると直ちにドーピングとなります。

(7) **不服審査**

TUE 申請が却下された場合には，競技者は，TUE 決定をした機関に応じて，JSAA 又は CAS に対して不服申立てを提起することができます（JADC 4.4.6）。

3 障がい者スポーツとドーピング

障がい者スポーツでは，健常者によるスポーツと比べて，選手自身が抱える障がいの治療やその悪化を防ぐために日常的に薬を使用しなければならず，選手の身近に薬が存在しているという特殊性があります。

他方で，アンチ・ドーピングの規制を受けるのは健常者と同様であり，また

第２章◇スポーツ団体の法律相談
第３節◇スポーツのインテグリティをめぐる法律相談

近時はその競技性がますます高まっています。

したがって，障がい者スポーツの選手及び指導者は，アンチ・ドーピングに関する情報を積極的に取得して知識を身につけ，手続等を理解することが求められます。

4　最　後　に

競技団体としては，禁止表の内容を正確に把握しておくこと，また TUE 申請の手続についても正確に理解しておくことが必要です。

のみならず，所属選手が勘違いなどにより意図せずドーピング違反を犯さないために，選手や指導者らに対する情報提供や，制度の周知徹底が重要となります。

〔齋　雄一郎〕

Q58 ドーピング違反が疑われた場合の不服申立方法

　所属するアスリートが参加したある競技会でのドーピング検査の結果，採取された尿検体から陽性反応が出て暫定的資格停止処分を受けたようです。しかし，その選手は，検出された禁止薬物について身に覚えがないと主張しています。当該選手はどのような手続をとることができるでしょうか。

　尿検体は，AとBの容器に分けられて採取されていますので，陽性と判断されたA検体とは別の，B検体の分析を行うことができます。B検体も陽性の場合，又はB検体の分析を放棄した場合，日本アンチ・ドーピング規律パネルによる聴聞会が開催されます。日本アンチ・ドーピング規律パネルで違反の決定がされた場合，決定の受領の日から21日以内に，国際競技団体の検査対象者リストへ登録された競技者，国際競技大会への参加により発生した事案又は国際レベルのアスリートは，CASに，その他の国内のアスリート及びJADAの検査対象者リストへ登録された競技者はJSAAに，不服申立てをすることができます。

☑キーワード

JADA，日本アンチ・ドーピング規程（JADC），日本アンチ・ドーピング規律パネル，JSAA

第2章◇スポーツ団体の法律相談
第3節◇スポーツのインテグリティをめぐる法律相談

解説

1 再分析

　尿検体は，AとBの容器に分けられて採取されます。分析されたAの尿検体が陽性であった場合，Bの尿検体の分析を要求することができます。Bの尿検体の分析には，当該アスリート又はその代理人が立ち会うことができます。もし，B検体の分析の結果，陰性であれば，JADAから，陰性の通知が送られ，暫定的資格停止処分の取消しの通知がなされます（JADC 7.9.4）。
　したがって，身に覚えのない禁止薬物が検出された場合は，まずはBの尿検体の分析を要求することができます。

2 日本アンチ・ドーピング規律パネルによる聴聞会

　Bの尿検体も陽性であった場合，及び**1**のBの尿検体の分析を放棄した場合は，JADAから規則違反の主張の通知があった日（以下「通知日」といいます）から，原則として，14営業日以内に，日本アンチ・ドーピング規律パネルによる聴聞会が開催されます（JADC 8.3.7.1）。この聴聞会では，日本アンチ・ドーピング規律パネルの委員長が任命した，3名の委員が，アスリートとJADAの双方の主張・意見を聞き，JADCに従い，違反があったか否か，違反があった場合は，成績・記録の抹消，資格停止などの措置が決定されます。この聴聞会は，原則として，非公開で実施されます（JADC 8.4.2）。
　各当事者は，聴聞会に代理人をたてることができます。また，証人を召喚し尋問する権利も含め，証拠を提示する権利も認められています。
　原則として，規律パネルの結論は，通知日から20営業日以内に，理由は，通知日から30営業日以内に書面によりそれぞれ発表されることになっています（JADC 8.3.7）。
　日本アンチ・ドーピング規律パネルによる終局的な決定又はこれにより課さ

れる措置は、誤審によるものでない限り、JSAA、CAS以外の機関によって変更又は無効等とされることはありません（JADC 8.2.4）。

もし通知受領後に、当事者であるアスリート又はその代理人が聴聞会に参加しなかった場合は、原則として、意見を述べる機会のないままで決定がされてしまいます。

なお、「国際レベルの競技者」又は「国内レベルの競技者」としてJADCに定義されるアスリートに対してアンチ・ドーピング規則違反が主張される事案は、一定の手続を経て直接CASにおいて聴聞の対象とすることができ、その場合にはこれに先立つ聴聞会を要する旨の要件は賦課されません（JADC 8.6）。

3 JSAA又はCASに対する不服申立て

アンチ・ドーピング規律パネルの決定に不服がある場合、例えば検出された禁止薬物について身に覚えがないにもかかわらず違反と判断された場合や、重大な過誤又は過失がないのに制裁措置が短縮されなかった場合等には、以下のとおり不服を申し立てることが認められています。

(1) 国際レベルの競技者又は国際競技大会に関連する不服申立て

国際レベルの競技者が関係した事案又は国際競技大会への参加により発生した事案の場合には、当該決定は、CASにのみ不服申立てを行うことができます。CASの決定については、仲裁判断の取消し又は執行について適用のある法令により審査が義務付けられる場合を除き、終局的なものであり、拘束力を有します（JADC 13.2.1）。

(2) 上記以外のアスリート及び大会に関連する不服申立て

上記以外のアスリートは、JSAAに不服申立てを行うことができます（JADC 13.2.2）。JSAAの決定については、アスリートは、不服を申し立てることができません。これに対し、WADA、IOC、国際パラリンピック委員会及び関係する国際競技連盟は、CASにも不服申立てを行う権利を有するものとされています（JADC 13.2.3）。

〔西脇　威夫〕

第2章◇スポーツ団体の法律相談
第3節◇スポーツのインテグリティをめぐる法律相談

Column 3　リオデジャネイロ大会を通してアンチ・ドーピング活動の意義を考える

　2016年8月，9月にわたり，リオデジャネイロにおいてオリンピック，パラリンピックが開催されました。同大会の開催にあたっては，ドイツのテレビ局が報道したロシアの陸上競技におけるドーピング問題に端を発した国家ぐるみのドーピング問題を受けて，ロシア選手団の受入れの可否について，文字どおり全世界を巻き込んだ論争が繰り広げられました。

　まず，ロシアにおけるドーピング問題について，簡単に時系列を整理しておきましょう。

　2014年12月，翌年8月にドイツのテレビ局がロシア陸上競技におけるドーピング問題を摘発。これを受け，2015年11月，翌年1月にWADAが設置した同独立調査委員会が調査報告書を公表しました。また7月にはWADAからの委託を受けた独立調査人から調査結果が公表され，国家ぐるみによる広範囲かつ長期間に及ぶドーピング違反を指摘しました。この発表を受け，WADAは緊急の常任理事会を招集し，「国際オリンピック委員会（IOC）と国際パラリンピック委員会（IPC）に対し，ロシア選手団の受入拒否を勧告」しました。

　IOCはロシア選手団の受入判断を各種目の統括組織に委ねる決定をし，他方でIPCは全面的な受入拒否を決定しました。

　ロシア選手団の受入れに道を開いたIOCの判断を支持する声があります。しかし，大規模かつ長期にわたりクリーンなアスリートの人権侵害を行ってきたロシアから派遣される選手団への人権的配慮が，多くのクリーンなアスリートが被ったであろう人権侵害への配慮より優先されたと見る視点は行き過ぎでしょうか？

　今回の問題について，多くのアスリートが発する違和感の根源は「現在の違反の有無」が論点ではなく，「過去にドーピング行為をしてきた無法者」が公正かつ神聖な場であるべき競技場に足を踏み入れることへの拒否反応なのだと考えます。ロシア選手団参加の是非論は，オリンピック・パラリンピックという舞台が，どのような観点を優先して設定されるべきか，大会主催者の価値観が問われるといっても過言ではないと考えます。

　2020年には世界から集まるクリーンなアスリートが安心して競技に臨めるよう，アスリートの視点に立った準備を徹底することが望まれます。

◆浅川　伸◆

59 八百長と法規制

　日本国内では，八百長に対してどのような法規制がなされているでしょうか。また，所属する選手が八百長を行っていたことが発覚した場合，競技団体としてどのような対応をとるべきでしょうか。

　日本国内では，公営競技（競馬・競艇・競輪・オートレース）やスポーツ振興投票の対象となるＪリーグ等のサッカーの試合（以下「公営競技等」といいます）については，個別法により八百長等の不正行為が禁止され，刑事罰も定められています。他方，それ以外のスポーツでは，八百長に対する直接的な法規制はありません。

　選手が八百長を行っていることが判明した場合，競技団体としては，速やかに事実関係を調査し，適正手続（当事者への聴聞の機会の付与等）のもとで，八百長への関与の程度に応じた処分を下す必要があります。また，八百長が賭博行為と関連して行われた場合は，警察の協力を仰ぐことも必要です。そして，関係者に与える影響を踏まえ，事実関係，処分内容，再発防止策などを公表することが重要です。

☑ **キーワード**
　八百長，法規制，刑事罰，競技団体の対応，八百長防止策

第2章◇スポーツ団体の法律相談
第3節◇スポーツのインテグリティをめぐる法律相談

解　説

1　八百長について

　八百長とは，意図的に全力を尽くさず勝負を決めることをいいます。当事者に合意がある場合に限らず，敗者にのみその意図がある場合も含みます（片八百長）。

　選手がこうした八百長を行う動機は，選手間（チーム間）での地位の安定や金銭目的（賭博と関連して行われる場合もある）が考えられます。

2　八百長に対する国内法規制

(1)　公営競技等に対する法規制

　公営競技等は，結果の予想に対して配当金が支払われることから，結果に影響を及ぼす八百長等の不正行為に対しては，個別法により刑事罰が定められています（なお，法文に「八百長」という文言は使用されていません）。具体的には，競馬法（31条～32条の6），モーターボート競走法（72条～77条），小型自動車競走法（65条～70条），自転車競技法（60条～65条），及びスポーツ振興投票の実施等に関する法律（37条～42条）にその定めがあります。

(2)　公営競技等以外のスポーツに対する法規制

　公営競技等以外のスポーツにおける八百長については，これを直接規制する法律はありません。しかしながら，八百長が賭博と関連して行われた場合は，関与の仕方によって刑法上の賭博罪の共犯や詐欺罪等に問われる可能性があり，過去には八百長に関与した選手に刑事罰が科された例があります。

3　八百長を防ぐには

　競技団体は，常に八百長に対する危機意識をもち，八百長のリスクを最小化

するための対策を講じることが必要です。具体的には，選手等の競技関係者（以下「選手等」といいます）が八百長に関与しようとする動機を排除するよう努力し，研修等を通じて八百長の問題点や八百長を行うことにより自身が受ける不利益等を認識させることが必要です。この点，World Rugby は，八百長等の不正行為に関する情報提供を行うホームページを立ち上げており，参考になります。

さらに，競技団体や主催大会の規則等において，八百長を禁止し，違反に対する処分内容を明確に定めておくことが必要です。日本では，プロ野球（日本プロフェッショナル野球協約）やＪリーグ（Ｊリーグ規約）等において，こうした規則等が整備されており，参考になります。

そして，教育だけでなく，八百長が行われていないか継続して監視をすることも必要です。監視の方法としては，試合中に疑わしい行為が判明した場合は，調査を行う必要があります。また，内部通報制度を設けることや，相談窓口を設けることは，情報収集や抑止に役立ちます。

4　八百長が判明した場合の競技団体がなすべき対応

(1) 八百長が競技団体や関係者に与える影響

スポーツにおける公正性は重要な要素であり，これが八百長により害されるとその競技に対する信頼が失われ，ひいては競技の衰退を招くことになりかねません。また，八百長に関与した選手等も選手生命が奪われる等の重大な不利益を受けることになります。よって，公営競技等のような法規制がなされているか否かにかかわらず，スポーツの価値を貶め，衰退させる八百長は禁止される必要があります。

(2) 競技団体の対応

八百長が行われている疑いが生じた場合，競技団体は事実関係を正確に把握する必要があります。事実関係の調査は，予め定められた競技団体の担当が行いますが，場合によっては，公正・中立を確保するために，有識者による第三者委員会を設置し，第三者委員会に調査を委ねることも考えられます。調査に際しては，八百長に関与した者に対し，十分に弁明の機会を与えることが必要

第2章◆スポーツ団体の法律相談
第3節◆スポーツのインテグリティをめぐる法律相談

です。その上で，八百長が行われたことが明らかになれば，競技団体や大会の規則等に基づき，八百長に関与した者に対し，関与の程度に応じた処分を行う必要があります。そして，できるだけ速やかに，事実関係，処分内容，再発防止策を公表し，団体としての謝罪の表明をすることが必要です。なお，公表する際は，競技者本人のプライバシーに配慮する必要もあります。

〔関口　公雄〕

●参考文献●

- 日本スポーツ法学会監修『標準テキスト　スポーツ法学』208頁以下（エイデル研究所，2016年），山崎卓也「Integrity問題の法的な論点整理と国際的傾向――Sports Bettingに関連する八百長問題，無気力試合・故意的敗退行為，その他」日本スポーツ法学会年報20号42頁以下，スポーツにおけるグッドガバナンス研究会編『スポーツガバナンス実践ガイドブック』213頁以下（民事法研究会，2014年），安藤悠太「世界に広がる八百長の現状と対策」現代スポーツ評論32巻132頁以下，森本陽美「八百長試合と刑事罰について」社会理論研究16巻68頁以下。

賭博法制とスポーツ賭博

　私の競技団体に所属するアスリートが，あるスポーツに関して日常的に賭博行為を行っていたことが発覚しました。どのような場合に刑事罰が科されますか。日本で合法化されているスポーツ賭博にはどのようなものがあるのでしょうか。制度の概要について教えてください。また，アスリートがスポーツ賭博を行うことには，どのような問題があるでしょうか。

　　法律で特に許された場合を除き，賭博罪（刑185条）に該当し，50万円以下の罰金又は科料に処せられます。常習的に賭博行為を行っていた場合には，常習賭博罪（刑186条1項）として3年以下の懲役に処せられる可能性があります。
　　日本で合法化されているスポーツ賭博としては，競馬，競輪，オートレース，ボートレースの他，主にＪリーグの試合結果を予想するスポーツ振興くじがあります。
　　アスリートがスポーツ賭博を行うことは，違法な賭博であれば①人々と感動を共有するというスポーツの価値が損なわれる，②暴力団など反社会的勢力との接触につながる，③支援してくれる人々の期待を裏切ることになるといった問題があります。また，②などは合法化されているスポーツ賭博であっても当てはまり，違法な賭博との線引きを正しく理解できず違法な賭博に身を染めてしまうおそれもあることから，アスリートは合法な賭博を行うことも慎んだ方がよいです。

☑ キーワード

賭博罪，スポーツ賭博

第2章◇スポーツ団体の法律相談
第3節◇スポーツのインテグリティをめぐる法律相談

解 説

1 スポーツ賭博の刑事責任

(1) 賭博罪

我が国の法律上，賭博行為は賭博罪（刑185条）として禁止されています。

賭博罪で規定する「賭博」とは，偶然の勝敗により財物又は財産上の利益の得喪を争うことをいいます。野球や相撲などのスポーツの勝敗は，たとえ両者に実力差があったとしても偶然性に依拠する部分がありますので，スポーツに関して賭博を行った場合も「賭博」に該当します。

ただし，賭けた物が「一時の娯楽に供する物」であったとき，例えばお菓子や食事などを賭けた場合には犯罪になりません（刑185条但書）。もっとも，判例上，金銭を賭けた場合には，それが少額であったとしても賭博罪が成立するものとされています。

(2) 刑事罰

賭博罪が成立する場合には，50万円以下の罰金又は科料の刑事罰が科せられます。賭博行為に常習性が認められる場合には，常習賭博罪（刑186条1項）が成立する可能性があり，その法定刑は通常の賭博罪より重く，3年以下の懲役とされています。

(3) 法律上特に許されているもの

スポーツ賭博は，そのすべてが賭博罪として禁止されているわけではなく，競馬，競輪，オートレース，ボートレースの4つのスポーツ（いわゆる公営競技）及びスポーツ振興くじについては合法化されています。その概要は以下のとおりです。

2 合法化されているスポーツ賭博の概要

(1) 公営競技

公営競技は，地方公共団体などが主催し，賭博をすることが法律上認められているスポーツであり，いずれも戦後財政難に陥った地方財政の改善を図ることを主な目的として開始されたものです。

競馬，競輪，オートレース，ボートレースがあり，それぞれ競馬法，自転車競技法，小型自動車競走法，モーターボート競走法に基づいて実施されています。

(2) スポーツ振興くじ

スポーツ振興くじとは，サッカーのクラブ同士の指定された各試合の結果あるいはチーム得点数を予想し，的中すれば払戻金が得られるという公営のくじです（各試合の結果をコンピュータがランダムに選択する非予想型のくじもあります）。一般的にはサッカーくじと呼ばれ，「toto」の愛称で知られています。

スポーツ振興くじは，新たなスポーツ振興政策を実施するための財源確保の手段として導入されたものであり，スポーツ振興投票の実施等に関する法律に基づき，平成13年から実施されています。

3 アスリートがスポーツ賭博を行うことの問題点

(1) 特別の法規制が設けられている例

まず，アスリートが，自己が関与する競技に関してスポーツ賭博を行う場合，それだけで違法と評価されることがあります。例えば，競馬法では，自己が中央競馬の騎手である場合，中央競馬に関する勝馬投票券を購入することが禁じられています（競馬法29条7号）。

(2) アスリートによる違法賭博の問題点

また，そもそもアスリートが違法なスポーツ賭博を行うことは，アスリートでない一国民が行う場合と比較して，以下の3つの点で問題とされています。

① スポーツの価値が損なわれること　まず，人々と感動を共有するというスポーツの価値が損なわれてしまいます。アスリートが違法行為を行った場合，人々はそのようなアスリートを応援したくありませんし，プレーを見ても感動することができなくなってしまいます。

② 暴力団など反社会的勢力との接触につながること　違法賭博の多くは

暴力団などの反社会的勢力が関係しています。それゆえ，アスリートが違法な賭博を行うことは，反社会的勢力との接触につながるおそれが高く，違法薬物の使用等その他の違法行為に勧誘されてしまうおそれもあります。

③　支援してくれる人々の期待を裏切ることになること　多くのアスリートは，指導者やトレーナーなどのスタッフに支えられており，また，国や地方自治体，スポーツ団体，企業などからの支援を受けています。皆アスリートに成功を収めてほしいと期待して支援をしているわけですが，そこではアスリートがクリーンであることが当然の前提となっています。アスリートが違法行為を行ってしまうと，このような人々の期待を裏切ることにもなるのです。

(3) アスリートとスポーツ賭博

このように，アスリートが違法なスポーツ賭博に関与していることが発覚すると，スポーツに対する信頼が失われる事態に陥りかねません。また，合法なスポーツ賭博であっても，上記②などは同様に当てはまりますし，アスリートが違法な賭博との線引きを正しく理解できず，気づかないうちに違法な賭博に身を染めてしまうおそれがあることから，合法なスポーツ賭博を行うことも慎んだ方がよいです。競技団体としては，日頃から所属する選手や指導者に対して指導・啓発活動を行っておくことが求められているといえます。

〔髙澤　和也〕

海外でスポーツ賭博に選手が参加した場合の問題点

　所属する選手が海外で行われているスポーツ賭博に参加していたことが発覚した場合，競技団体としてどのような対応をとるべきでしょうか。
　また，海外では，ブックメーカーがプロリーグのクラブのスポンサーとなっていたり，オンラインでスポーツ賭博に参加できる状況にあると聞きました。スポーツ賭博に関する欧米の法制度や問題となっていることについて教えてください。

(1) 日本以外の国で合法なスポーツ賭博に選手が参加した場合でも，その行為はスポーツ選手に求められるインテグリティに反するおそれがありますから，何らかの処分の対象とされるべきです。その前提として，競技団体は，スポーツ賭博に参加することを禁止する規程を創設する他，選手に対する啓発を普段から行っていく必要があります。

(2) スポーツ賭博についてはプロスポーツ団体を中心に巨額の資金源と考え，チーム経営者を中心にスポーツ賭博を推進する動きや，ブックメーカーがプロスポーツチームのスポンサーとなっている事例があります。
　しかし，スポーツ賭博は八百長を誘発し，スポーツの公正な価値を毀損することから，政府として選手に対してスポーツ賭博の危険性を啓発するプログラムを提供する場合や，国際団体全体として八百長が生じないか検証するプログラムを実行している場合も増えてきています。
　なお，オンラインのスポーツ賭博について，ブックメーカーに免許を与えて合法化しているのはイギリス，オーストラリア，ニュージーランドなど，限られた国しかありません。理由としては，単純

な賭博規制，国内業者保護のためのオンライン賭博規制，スポーツを賭博から守るためのスポーツ賭博規制の3種の規制が絡むからです。

☑ キーワード

スポーツ賭博，インテグリティ，八百長

解説

1 スポーツ賭博の問題点

(1) スポーツ賭博の問題点

スポーツは人々に親しまれているがために，古くから世界各国で賭けの対象となり，その胴元の多くは反社会的勢力が担ってきました。それは現在においても変わらない部分があり，スポーツ賭博で得られた収益が反社会的勢力の資金源となっていることが1つの問題です。

それとともに，胴元や参加者が収益を上げるために結果を操作する，いわゆる八百長のおそれがあり，その競技の公正性に疑いを抱かせるという問題があります。

(2) スポーツ賭博に選手が参加することの問題点

それを踏まえると，スポーツ賭博に選手が参加することの問題は，1つは選手がプレーする側であるからこそ，反社会的勢力への関与や，八百長への荷担に繋がりやすい点です。

もう1つの重要な問題は，仮にその選手が参加したのは選手自身の競技に関するスポーツ賭博ではなかったとしても，スポーツ選手が本来備えるべきインテグリティを害し，スポーツ選手を「お手本」として憧れるファンを裏切るという点です。

Q61 ◆ 海外でスポーツ賭博に選手が参加した場合の問題点

2 所属選手がスポーツ賭博をしていた場合の対応

(1) 国内法の規制

(a) 賭けに参加する行為は，単純賭博罪（刑185条）にあたります。しかし，単純賭博罪には国外犯処罰規定がないため（刑3条），選手が，賭博が合法な海外で賭けに参加した場合には，国内において法的な問題は生じません。

(b) 選手が国内の（店舗に設置されているものではなく）個人のインターネット端末から，オンライン・スポーツ賭博が合法である国で免許を得たブックメーカーのサイトにアクセスして賭けに参加した場合は，従前は摘発例がなかったものの，2016年3月に，英国のオンラインカジノに個人のインターネット端末から参加した者が初めて単純賭博罪で逮捕されたことから，今後は国内で賭博行為を行ったとして摘発の対象となる可能性が高いといえます。

(2) 競技団体規程の規制

(a) それでは，国内法で違法ではない場合，選手に対する処分はどのように考えるべきでしょうか（違法な場合は **Q60** 参照）。

まずは，理想としては団体の規程の中に，合法・違法を問わずスポーツ賭博への参加を禁止し，参加した場合には処分を科すという条項があるべきであり，その場合，その条項によって処分することができます。

(b) 問題はそのような条項がない場合です。

このような場合に1つ考えられるのは，規程中の「団体の信用を害した場合には処分する」といった内容の一般規程を用い，スポーツ賭博に参加することが団体の信用を害したとして処分を科す方法です。

しかし，団体内で普段から合法なスポーツ賭博に参加することに何らの問題提起もしていなかった場合で，また，選手が参加した態様が必ずしも悪質でなかった場合（例えば，選手自身のスポーツかそうでないか，1回のみか数回に渡るのか，反社会的勢力が関与し得るものか否か，などを考慮します）団体の信用を害したと判断できるかは難しいですし，選手も納得しない場合があるでしょう。

ですので，普段から団体内で選手に対して「スポーツ賭博への参加はスポーツ選手のインテグリティを害する」という内容の啓発活動を行うことが強く求

められます（このような啓発活動は，同じく薬物などについても行うべきです）。

(c) 以上のとおり，重要なのは，スポーツ選手が賭博に参加することは，インテグリティを害するという視点です。まず，当該競技団体内で，インテグリティを重視する行動指針を選手に対して啓発し，一定のコンセンサスを得た上で例え合法であっても賭博に関わらないという団体の宣言を定めた上で，最終的には合法的な賭博であっても処分の対象とするような規程をつくるべきです。

3 海外のスポーツ賭博

(1) 海外のスポーツ賭博法制

(a) 店舗型のスポーツ賭博は，賭博が合法である国・地域では合法であることが多いです。例えば，中国のマカオなど当該国内で許可を得た限られた地域や，国として賭博が合法であるイギリスでは，カジノの中にスポーツ賭博のコーナーがあります。

しかし，アメリカのように（限られた地域を除き）スポーツを賭けの対象とすることを禁じている国もあります（PASPA（Professional and Amateur Sports Protection Act）による）。

(b) オンライン・スポーツ賭博については，オンライン賭博が国内業者の権益を害することから，賭博が合法である国・地域ですべて認められているわけではありません。イギリスでは合法ですが，オーストラリアはより限定的な条件で合法となっています。その他の国ではオンライン賭博に特化した法律を作っている国は少なく，既存の賭博法制で対処しているのが現状です。

(2) 海外のスポーツ賭博に対する対応

(a) スポーツ賭博は多額の金銭が投じられることから，従前スポーツ賭博を禁止していた国においても，スポーツ賭博に前向きな動きがあります。また，賭博自体に寛容な文化的背景をもつイギリスでは，有名サッカーチームのユニフォームスポンサーにブックメーカーが名を連ねています。

(b) しかし，スポーツ賭博と八百長の関連性に着目し，八百長防止のためにFIFAが監視システムEWS，IOCがISMを運用するなど，国際的に八百長を

Q61◆海外でスポーツ賭博に選手が参加した場合の問題点

防止するシステムがとられていたり,オーストラリアのように政府が選手に対して腐敗防止のための啓発活動を行ったり,ドイツサッカー協会が選手だけでなくコーチ,クラブ職員,審判も含め意識向上のプログラムを行うなど,海外においても政府や競技団体が広く啓発活動を行っている例も多くみられます。

これからは日本でも同様の活動がより広く行われるようになるでしょう。

〔堀口　雅則〕

● 参考文献 ●

- 谷岡一郎「スポーツを対象とする違法賭博——ブッキングビジネスの現状および合法化への問題点」法学研究84巻9号宮澤浩一先生追悼論文集517頁。

4 インテグリティ

　2015年，巨人の現役選手が野球賭博に関与していたことが発覚し，刑事処分を受けました。2016年には，リオ五輪のバドミントンの代表候補選手が違法カジノ（賭博場）に出入りしていたことが発覚し，選手登録の無期限抹消，競技会出場停止処分を受けています。
　スポーツの歴史をひもとくと，スポーツと賭博は親和的な関係にあることがわかります。19世紀後半のイギリスにおいて，サッカー，ラグビー，テニス，ボクシングなどの多くの競技スポーツが組織化され，ルールが成立しています。競技スポーツが，賭事の対象であることにより，大衆の関心を集め，普及していったのです。賭事を公正に行うためには，試合方法や勝敗の判定を公平に行う必要があり，厳格なルールをつくる必要があったのです。
　一方，賭事は，人びとの射幸心をあおり，勤労の美風を損ない，健全な経済活動を阻害するとして，国家権力は禁止・抑制を図ろうとした歴史もあります。
　国によって，法律上の規制が異なるのは，その国の文化と歴史の違いによるものです。グローバル化したとされる現在でも，規制の仕方が異なっています。
　日本の刑法は，「賭博をした者は，50万円以下の罰金又は科料に処する。ただし，一時の娯楽に供する物を賭けたにとどまるときは，この限りでない。」（刑185条）と定めています。裁判例は「金銭は一時の娯楽に供するものではない」としており，小額でも金銭を賭ける行為は違法とされています。
　イギリスでは，ブックメーカー（賭け屋）の営業は免許制で認められており，シンガポールやカナダは公営のブックメーカーのみが認められています。
　日本では，競馬・競輪・競艇などの公営競技，Ｊリーグや特定の海外のサッカーのリーグの試合を対象とした toto（スポーツ振興くじ）がありますが，法律で定められた胴元以外から投票権等を購入することは違法とされています。
　海外にも，日本にも，違法な賭博組織が存在し，様々なスポーツの試合を対象として，賭事が行われています。衛星放送，インターネットの普及とともに，多くのスポーツ競技を対象とする違法な賭博が盛んになっています。Ｊリーグの試合も海外の違法賭博の対象となっています。賭事の対象も，試合の勝敗だけではなく，得失点の差，スローインの時間などと，選手のあらゆるプレーが対象とされています。

column 4　インテグリティ

　日本においても，野球賭博や違法カジノの収益は，反社会的勢力の資金源となっています。ときおり，氷山の一角の事件が報道されることはありますが，犯罪組織の全容が解明されたことはないというのが実態です。

　海外の違法賭博も同様です。2007年，FIFAは，賭博，八百長問題を監視するEWS（Early Warning System）を確立し，全世界の試合に異常な賭け率変動がないかを監視し，Ｊリーグの試合も2011年以降，監視体制下に置かれています。異常な掛け率の変動があると，直ちに，八百長が仕掛けられていないか，警告・調査をしようとするシステムです。

　違法賭博組織は，巧妙な手段で，選手，審判，役員に近づき，八百長に加担させようとします。

　スポーツの試合においては，選手が全力で戦うことが求められています。それ故に，スポーツは，多くのファンに支持・応援されているのです。

　選手のプレーに問題があり，そのプレーが八百長ではないかとの疑いが一度でもかけられる事態が生じると，その後のプレーも八百長ではないかと疑われることになります。

　このような疑いが生じると，試合そのものを観戦する興趣がそがれてしまい，ファンは，そのスポーツの支持・応援をしなくなります。その結果，スポーツそのものが廃れていくことになります。

　賭博がいけないという社会倫理的な理由だけではなく，賭博に関わることがスポーツにとって，有害であるということで，頭書のスポーツ選手たちが，厳しく処分されたのです。　　　　　　　　　　　　　　　　　　◆白井　久明◆

第2章◇スポーツ団体の法律相談
第3節◇スポーツのインテグリティをめぐる法律相談

 スポーツ団体から暴力・パワハラを根絶するために

　所属する選手から，コーチが日常的に暴力的指導を行っているとの相談がありました。競技団体としてどのような対応をとるべきでしょうか。

A
　競技団体は，選手から相談のあった内容について，まず，適正に調査をする必要があります。調査により，①暴力的指導の有無，②暴力的指導の内容を把握し，当該指導の内容が，処分基準に照らし処分相当の事案である場合は，当該競技団体の処分手続に基づいて，当該指導者を処分すべきです。なお，指導の対象者である選手がトップ選手であればJSCの相談室，一般選手ならば日本スポーツ法支援・研究センターの相談室を紹介することも考えられます。
　また，競技団体としては，当該競技団体に所属する指導者に対し，暴力に頼った指導は誤りであり，選手の自主性や考える力を養成する真の指導方法を常に啓発していくことが必要です。

☑ **キーワード**

パワハラ，指導者による暴力，暴力行為根絶宣言，スポーツにおける真の指導

解　説

 スポーツにおける暴力の実態

平成24年に桜宮高校バスケットボールの当時主将だった部員が監督から理不

尽な暴力を受けて自殺した事件や，平成25年にロンドンオリンピック代表を含む女子の国際試合強化選手15名が日本オリンピック委員会に対し指導陣の日常的な暴力行為やパワハラを告発した事件などにより，我が国スポーツ界における指導者の暴力・パワハラが大きな問題となりました。

これを受けて，平成25年2月5日に文部科学大臣メッセージが発出され，スポーツ指導者に対し暴力根絶の指導を徹底することの重要性が訴えられ，同年4月2日，日本体育協会等の5団体は「暴力行為根絶宣言」を採択しました。

しかしながら，その後も，スポーツの指導において暴力が根絶したとはまだ言い難い状況です。

2 スポーツ指導と暴力との関係

スポーツは，他者との競争やチームの勝利を目的とする側面があるため，選手には競技力の向上が求められます。

問題は，選手の競技力向上のためには暴力が有益であると確信している指導者や暴力に頼る以外の指導方法を知らない指導者がいまだ後を絶たないということです。そして，ほかならぬ選手自身や保護者あるいはスポーツを支える市民の中でも，競技力を向上させるためには暴力が必要であるとの認識が根強く残っていることです。

暴力は暴行罪（刑208条），傷害罪（刑204条）等に該当し決して許されるものではないとの認識が一般的に定着しない限り，スポーツの指導において暴力を根絶することは難しいと言わざるを得ません。

3 スポーツにおける真の指導とは何か

スポーツは，本来，親しみ，楽しむ対象となるべきものですが，暴力に頼った指導は，多くのスポーツ嫌いを生む原因となります。

また，他人からの強制によって達成される競技力向上には自ずから限界があります。

競技力向上のためには，選手が現状の競技力を把握し，その向上には何が必

要か，その達成にはどのような練習が必要かを，選手が自主的に考え，取り組むことが極めて重要です。

選手にスポーツの楽しさを実感させるとともに，科学的な根拠に基づく練習方法を選手に提示し，競技力向上のため選手が自主的に考え，練習に取り組むよう指導することが，スポーツにおける真の指導方法です。

4 スポーツの指導において暴力を根絶するために

スポーツ界においては，暴力に頼る指導を許容する環境が根強く残っているのが現状です。

したがって，スポーツ界において暴力を根絶するためには，競技団体が暴力による指導は誤りであるとの立場に明確に転換した上で，競技団体が暴力を決して許さないという強い姿勢を示し，暴力に対して毅然とした対応をとることが必要です。

そのためには，暴力行為が疑われる場合に備えた体制，手続の整備が求められます。こうした体制の構築に際しては，文部科学省が設置した「スポーツを行う者を暴力等から守るための第三者相談・調査制度の構築に関する実践調査研究協力者会議」が，平成25年12月19日に公表した①第三者相談・調査制度の枠組み，②第三者相談・調査業務に関する規則，③処分基準ガイドライン（試案）及び④処分手続モデル（試案）が参考になります。

また，指導者資格の整備や研修の実施等により，スポーツの指導者に対し，暴力に頼った指導は誤りであることを認識させ，選手の自主性や考える力を養成する真の指導方法を啓発することも必要です。

〔渡辺　久〕

● 参考文献 ●

- 菅原哲朗＝望月浩一郎編集代表『スポーツにおける真の勝利』（エイデル研究所，2013年），菅原哲朗＝望月浩一郎編集代表『スポーツにおける真の指導力』（エイデル研究所，2014年）。

Q63 LGBTと大会運営

所属する選手から「性同一性障害のため身体的には男性だが心は女性である。女性として生きているので次の日本選手権大会には女性として出場したい。」という相談がありました。競技団体としてはどのような大会運営をなすべきでしょうか。

まず、参加資格については、IOCが公表しているガイドライン（**Q21**）がありますので、これを参照の上、参加資格の有無について検討すべきです。参加資格を認めた場合には、当該アスリートが競技に集中できるよう、このアスリートを希望する呼称で登録するとともに、性別を問わず利用できるトイレや更衣室を用意すべきです。

☑ キーワード

性同一性障害，スポーツ権，競技会における公平性，参加資格，参加有資格者への対応

解説

1 性同一性障害とは

性同一性障害とは、生物学的な性と性別に関する自己意識が一致しないため、社会生活に支障がある状態をいう医学的な疾患名です。なお、性同一性障

害者は，LGBT における T（トランスジェンダー）に含まれます。

2 スポーツ権と競技会における公平性

(1) スポーツ権

スポーツを通じて幸福で豊かな生活を営むことは，すべての人々の権利（基本前文及び2条1項）です（このスポーツ権は，オリンピック憲章やユネスコの体育およびスポーツに関する国際憲章にも明記されています）。そのため，スポーツへの参加の機会は，何人にも公平に保障されなければなりません。したがって，競技団体は，競技会を運営するに際して，スポーツを行う者を差別的に取り扱うことはできません（基本2条8項及びオリンピック憲章参照）。

(2) 競技会における公平性

しかし，他方で，スポーツは競技能力などに鑑み公平に行われることが求められます。競技団体は競技の公平性を保つという目的達成に必要かつ相当な範囲で参加資格を制限することができると解されます。

3 競技団体の大会運営

(1) 参加資格について

(a) IOC 及び国際競技連盟等の競技団体は，過去，競技の公平性を保つために，男性と女性を区別した上，種々の性別確認検査を導入してきました。しかし，生物学的性別を単純に男性と女性とに分類できない場合もあることが科学的に明らかになったため，現在では，医学面や倫理面などで多くの問題を抱える性別確認検査は廃止されています。

(b) IOC は，現在，多くのアスリートの参加の機会を保障しつつ競技の公平性を保つために，**Q21** 記載のとおり，テストステロンレベルに基づく参加資格の制限を行っています。そのため，各競技団体は，日本選手権大会の参加資格の有無を判断するにあたって，**Q21** 記載のガイドラインを参照して判断する必要があります。

(c) なお，本問では大会（競技会）を日本選手権大会に限っていますが，各

Q63 ◆ LGBTと大会運営

競技団体が運営する大会には，日本選手権大会のようなトップアスリートが勝利や新記録を目指して出場する全国規模のものから，地域住民などが健康の保持増進等を目的に出場するものや心身の成長過程にある青少年が健全な心身を培うために出場するものまで幅広く含まれます。そのため，各競技団体が各大会の参加資格の有無を判断するにあたっては，IOCの前記ガイドラインを一律にあてはめるのではなく，各大会の規模や性質も考慮すべきものと思われます。

しかし，他方で，現時点では，どの程度の規模（市区町村レベルか，都道府県レベルか，全国レベルかなど）や性質（競技スポーツか，生涯スポーツか，学校スポーツかなど）であればどの程度参加資格を広く認めるべきという明確な回答を示すことはできません。そこで，個別具体的な対応（参加資格をIOCの前記ガイドラインにより判断するのか，専門医の診断書のみで判断するのかなど）については，今後も継続的に検討していく必要があります。

(2) 参加有資格者への対応について

当該アスリートの参加資格を認めたとしても，呼称，トイレ及び更衣室などに無配慮であれば，アスリートは，競技に集中することができません。そこで，各競技団体は，大会を運営するにあたって，当該アスリートの呼称，並びに同アスリートが利用するトイレ及び更衣室などにつき十分な手当てを施す必要があります。

呼称については，当該アスリートの希望する呼称（通称）で登録してください。トイレ及び更衣室については，他の参加有資格者の同意のもと自認する性に即した利用を認めることができる場合は良いですが，そうでない場合には，当該アスリートが気兼ねなく利用できるトイレ及び更衣室，すなわち性別を問わず利用できるトイレ及び更衣室をご用意ください。具体的には既存の個室トイレ及び部屋の一部を，性別を問わず利用できるトイレ及び更衣室として指定する，多目的トイレが設置されている場合には同トイレで更衣することを認めるなどの方法が考えられます。

〔斎藤　真弘〕

第2章◇スポーツ団体の法律相談
第3節◇スポーツのインテグリティをめぐる法律相談

●参考文献●

- 「性同一性障害に関する診断と治療のガイドライン〔第4版〕」精神神経学雑誌114巻11号1250頁,「性同一性障害の現状と治療」医学のあゆみ256巻4号267頁,「LGBTと弁護士業務」自由と正義67巻8号8頁, 日本スポーツ法学会編『詳解スポーツ基本法』(成文堂, 2011年), 日本スポーツとジェンダー学会編『データでみるスポーツとジェンダー』(八千代出版, 2016年), 飯田貴子「身体能力における性差再考」木村涼子＝伊田久美子＝熊安貴美江編著『よくわかるジェンダー・スタディーズ』(ミネルヴァ書房, 2013年), 來田享子「スポーツと『性別』の境界」スポーツ社会学研究18巻2号23頁, 大阪府立母子保健総合医療センター編『性分化疾患 ケースカンファレンス』(診断と治療社, 2014年)。

その他スポーツの価値を毀損する行為

私たちの競技団体が主催する日本選手権の予選リーグの最後の試合において，決勝トーナメントで有利な相手と対戦することを目的として，対戦当事者双方がいずれも故意に敗戦を狙うという無気力試合が繰り広げられました。競技団体として，再発防止のためにはどのような対応をとるべきでしょうか。

再発防止の観点からは，まず，無気力試合が発生した原因がどこにあるのかを究明する必要があります。その上で，無気力試合の発生を排除するために，予選リーグのあり方やトーナメントでのシードの方式等の仕組み自体を見直すことが必要です。

また，選手や指導者に対して，無気力試合の意義，競技に及ぼす負のインパクト，科されるペナルティの種類・内容等につき，研修会等で定期的に情報提供するなどの啓発活動が必要です。

無気力試合に関与した選手や指導者に対する処分については，競技団体の規則に基づく形で適正に行う必要があります。

☑ **キーワード**

無気力試合，インテグリティ

第2章◇スポーツ団体の法律相談
第3節◇スポーツのインテグリティをめぐる法律相談

解 説

1 無気力試合とインテグリティ

　故意に敗戦しようとして，真剣に勝利を目指さない，いわば無気力試合は，例えば，予選がリーグ戦で，リーグ戦上位の選手やチームが，決勝トーナメントに進出する，という仕組みがとられている場合などに起こり得ます。つまり，既に予選リーグ突破を決めている選手やチームが，決勝トーナメントにおいて，より有利な条件で戦えるように，予選リーグ戦の最終試合で故意に敗戦を狙おうとする場合が例に挙げられます。

　2012年のロンドンオリンピックでは，バドミントンの女子ダブルスで，中国及びインドネシアの各1チーム並びに韓国の2チームの合計4チームが，いずれも故意に敗戦しようとして無気力な試合を行い，失格となったケースがありました。失格となった中国チームは，決勝トーナメントで別の中国チームと決勝戦まで対戦しないようにするためには予選リーグの最終戦で敗退する必要があり，同じく失格となった韓国やインドネシアのチームは，決勝トーナメントの早い段階で強豪の中国チームとの対戦を避けるという目的がありました。また，韓国チームにはベスト8で同国ペア同士の対戦を避けるという目的もありました。

　このように故意に敗戦しようとして無気力な試合を行うことは，正々堂々と勝利を目指して行われることに本来的価値があるとされるスポーツの価値を毀損する行為であり，スポーツのインテグリティ（高潔性）を害する行為といえますので，排除されるべきです。

2 無気力試合と八百長との違い

　無気力試合のようなスポーツの結果に影響を及ぼす不正行為としてよく論じられる行為に八百長があります。しかし，正確に言えば，前述した無気力試合

のようなインテグリティ違反と，一般に論じられる八百長とは異なります。前者は，後々の決勝トーナメントにおいてコンディション上又は対戦相手上，有利に戦いを進めるために行われるわけで，選手やチームが当該競技会においてできる限りベストな結果を出すことを目指す上での戦略の1つとして行われます。他方，一般に論じられる八百長は，賭博などが絡み，自己又は他者の利益を図るために行われます。そこでは，当該競技会上，ベストな結果を出すという目的がありません。無気力試合は，当該競技会の決勝トーナメントの選手の振り分けや会場の場所等の予め決められた仕組みから，発生する可能性を予想できるものです。したがって，競技団体が競技会の仕組みを工夫することで発生を防ぐことができるものといえます。

引き分け狙いの試合の場合はどうでしょう。引き分け狙いの場合，敗戦を避けるために真剣に戦っている面があるため，一概にインテグリティ違反とは言い難いです。もっとも，引き分け狙いの試合が蔓延するようでは，そのスポーツの魅力が失われ，ファンは離れていってしまいます。競技を統括する競技団体としては，このような試合が発生しないように，事前に必要な施策を講ずる必要があるといえます。

3 再発防止策

再発防止の観点からは，まず，無気力試合の動機を与えるような予選リーグのあり方やトーナメントでのシードの方式等の仕組み自体を見直すことが必要です。

無気力試合は，八百長と異なり，後々のトーナメントにおいてコンディション上又は対戦相手上，有利に戦いを進めるために行われるものなので，競技会の仕組み上，無気力試合の発生要因を排除すれば，再発を防げます。

ロンドンオリンピックのバドミントンの女子ダブルスのケースでは，予選リーグ4組から上位2チームが決勝トーナメントに進出することができることになっていたところ，予め，決勝トーナメントの1回戦のどのブロックにどのチームが当たるかが，各予選リーグの順位ごとに決められていたことが，無気力試合発生の原因でした。そこで，BWF（Badminton World Federation）は，無気

第2章◇スポーツ団体の法律相談
第3節◇スポーツのインテグリティをめぐる法律相談

力試合発生後に仕組みを変更し，予選リーグ終了後に，各組上位2チームの一部を抽選して決勝トーナメントの組合せを決めることとすることで，無気力試合の発生要因を排除しました。

　なお，無気力試合に関与した選手や指導者に対する処分については，競技団体の規則に基づく形で適正に行う必要があります。競技団体の規則に，処分の根拠となる規定が存在しないにもかかわらず，事後法的に処分しようとすることは罪刑法定主義の原則から許されません。無気力試合というのはその内容が曖昧なので，処分の根拠となる規定を予め設け，選手や指導者に対し，処分の対象となる無気力試合の意義及びその趣旨について研修会等で定期的に情報提供するなどの啓発活動が競技団体には求められるといえます。

〔高松　政裕〕

●参考文献●

・　山崎卓也「Integrity 問題の法的な論点整理と国際的傾向――Sports Betting に関連する八百長問題，無気力試合・故意的敗退行為，その他」日本スポーツ法学会年報20号42頁。

5 アスリートの遵法意識を育むには

　リオ・オリンピック，パラリンピックでは，たくさんの国民がアスリートから感動と勇気をもらいました。しかし，いかに優秀なアスリートであっても，いったん不祥事を引き起こせば，社会から非難を浴び，せっかくの努力や成果も色褪せてしまいます。アスリートとして優秀であっても，スポーツばかりに集中し過ぎて，世間一般の常識には疎いということも時折あります。アスリートが陥りがちな不祥事には，ドーピングや暴力，八百長といったスポーツに伴うものもありますが，普段の生活において発生するものも多数あります。例えば，未成年者の喫煙・飲酒，飲酒運転や交通事故，キセル乗車などです。より重いものとしては，違法賭博，大麻・覚醒剤等の薬物事犯，性犯罪などがありますが，これらは犯罪行為であり，選手生命をも脅かします。

　アスリートの不祥事が強い非難を浴びるのは，それだけスポーツやアスリートが社会から注目されているからです。また，トップアスリートになれば，その育成には公金が注ぎ込まれているため，さらに見る目は厳しくなり，それにふさわしい振る舞いが求められます。

　不祥事を防ぐには，アスリートに自覚を促すというのが最も大切です。まず，スポーツ団体や指導者は，アスリートとよくコミュニケーションをとり言動や振る舞いを日頃から注意すべきでしょう。独りよがりな振る舞いや派手な生活は，往々にして不祥事につながりがちです。

　また，アスリートの遵法意識を高めるには，アスリートに対する教育や研修が極めて重要になってきます。その際，スポーツ団体は，まず，してはいけないことを明確にすべきでしょう。スポーツ団体には通常「倫理規程」が置かれていますが，その倫理規程に禁止事項をできるだけ具体的に明記しておく必要があります。

　これに加えて，ボランティア体験や子どもたちとの交流などを通じて，アスリートが社会からどう見られていて，どんな振る舞いが求められているかをアスリート自身が肌で感じることも重要です。スポーツ団体や指導者には，アスリートにそのような機会を与える配慮が求められます。　　　　　　　　◆伊東　　卓◆

第2章◇スポーツ団体の法律相談
第4節◇スポーツビジネスに関する法律相談

第4節　スポーツビジネスに関する法律相談

 興行に関する契約の留意点

競技団体がスポーツイベントを開催する際に，興行上，どのような点に気をつければよいでしょうか。

　スポーツ興行は，スポーツそれ自体を商品とすることから，興行としてのスポーツを開催するため，チームや選手，審判，スタジアム，資金を用意する必要があり，そのために必要な契約を締結し，許可や同意を得る必要があります。スポーツイベントを開催する競技団体は，スポーツ興行の特色を理解し，適切な権利処理を心がけるべきでしょう。

☑ キーワード

興行内容，興行場所，興行資金の調達，興行収入

解 説

1 スポーツ興行に関する契約の種類

スポーツ興行とは，スポーツイベントや試合を商品として，入場料などの収入を得るものです。そして，スポーツ興行を開催するにあたっては，参加チームや選手，審判（興行内容），スタジアム（興行場所）を用意し，開催するための資金（興行資金）を調達しなければなりません。

したがって，スポーツ興行を開催する競技団体としては，興行内容，興行場所，興行資金の調達，興行収入に関する各契約について，留意すべきポイントを正確に理解し，契約条項を入念に検討する必要があります。

なお，商業的スポーツイベントには，観客から収入を得る観戦型スポーツイベントと，参加者から収入を得る体験型スポーツイベントがありますが，本問のスポーツ興行は主に前者を想定しています。体験型スポーツイベントにおける問題点については**Q71**を参照してください。

2 興行内容に関する契約

(1) チーム，選手との参加に関する契約

競技団体が参加チームや選手と試合参加に関する契約を結ぶ場合，試合参加義務のほか，規約遵守義務，報酬・日当・費用の取決め，関係団体の同意取得等役割分担や事故等リスク負担の取決め，契約解除の場合の処理，紛争解決手続等が契約条項として重要となるほか，試合の広告宣伝や放送，グッズの商品化を予定している場合には，選手の肖像権等の知的財産権に関する取決めをしておく必要もあるでしょう。

特に，競技団体としては，招聘するチームや選手らの参加が，それらチームや選手らが所属する団体との間の既存の契約等に抵触しないかにつき十分留意し，必要に応じ所属団体の同意を取得しなければなりません[1]。

(2) 主催権限を有する団体からの公認

オリンピック大会については IOC がその主催を委ねる権限を有するように（オリンピック憲章33条1項），一定の権威ある競技大会については，内部規約等により，主催権限の所在が定められています。

したがって，競技団体がスポーツ興行を開催する場合には，主催権限の所在を確認し，主催権限者との間で必要な権利処理を行う必要があります。

3 興行場所に関する契約

競技団体が興行場所となる施設をもっていない場合，興行場所となる施設の賃貸借契約を結ぶことになります。スポーツ興行を行うための賃貸借契約においては，広告・看板の取扱いや備品利用等施設利用に関する取決め，関係法令等遵守義務，興行収入の取扱いを含む施設使用料に関する取決め，事故等リスク負担の取決め，契約解除・契約終了後の処理，紛争解決手続等が契約条項として重要となります。

4 興行資金の調達に関する契約

スポーツ興行を開催するための資金調達の方式としては，興行に関する権利の全部又は一部を代理店等に販売する方式と複数団体共同で主催を行う方式（組合契約）があります。

スポーツ興行では，出場チーム・選手の数，特定チーム・選手の出場が興行収入に大きな影響を及ぼすことが少なくなく，競技団体が代理店あるいは共催団体との間で資金調達に関する契約を結ぶ場合には，それぞれの契約類型における一般的な留意点のほか，特定選手の出場等の条件や不出場の場合の対価・出資割合の取決めにあたって細心の注意を払う必要があります。

5 興行収入に関する契約

スポーツ興行によって得られる収入としては，入場料収入，スポンサー収

入（**Q66**），マーチャンダイジング収入（**Q67**），放映権収入（**Q68**）などがあります。

　このうち，入場料収入は，スポーツ興行を観客に直接見せることの対価であり，試合観戦に関する契約を結ぶことにより得られるものです。試合観戦に関する契約については，通常，契約書等の書面ではなく，約款を公表することにより規律されます。競技団体自身が約款を策定する場合，円滑な試合進行，安全な試合観戦を確保し，ひいては入場料収入を最大化するためにも，入場拒否事由や禁止行為の定めなど☆2，約款の内容を吟味することが重要です。

　また，チケット販売を第三者に委託する場合には，その第三者と業務委託契約を結ぶことになります。スポーツ興行では，悪天候等による開催中止のリスクがあるため，競技団体がチケット販売に関する業務委託契約を結ぶ場合には，一般的な業務委託契約の留意点に加え，興行中止の際の払戻処理に関する条項は必須となるでしょう。

〔冨田　英司〕

■判　例■

☆1　東京地判平10・10・30判タ1004号197頁。
☆2　名古屋高判平23・2・17判時2116号75頁。

第2章◇スポーツ団体の法律相談
第4節◇スポーツビジネスに関する法律相談

 スポンサー契約とは,その対象と留意点

　ある企業に私たちの競技団体のスポンサーとなってもらうことを考えているのですが,スポーツにおいて,スポンサーになるということはどのようなメリットがあるのでしょうか。また,競技団体がスポンサー契約を締結するにあたって,気をつけなければならない点を教えてください。

　スポンサーになることのメリットとしては,選手のユニフォームやスタジアムなどで企業名や商品名を露出するというメリット,大会や選手を応援しているということを通じて販売促進活動に利用できるというメリットがあるとされています。さらに近時では,スポンサーとして優遇を受けることを営業活動に利用するというホスピタリティ・メリットもスポンサーのメリットとされています。スポンサー契約をするにあたっては,このようなメリットのうち,企業が求めるメリットを実現できる契約になっているかについて,費用対効果の観点も踏まえて検討する必要があります。

☑ キーワード

　スポンサー契約,サプライヤー契約,ネーミングライツ,冠スポンサー

解　説

1 スポンサー契約とは

Q66◆スポンサー契約とは、その対象と留意点

スポンサー契約とは、企業がプロスポーツチーム、選手又はスポーツイベントなどに協賛し、そのために金銭や物品等を提供する契約です。このうち物品を提供する契約についてはサプライヤー契約といわれることもあります。

企業は、協賛する対価として、ユニフォームへの企業名や商品名を掲出できる権利や、スポーツイベントなどの名称に企業名を表示できる権利、その他様々な見返りを得ることができるような内容となっている場合が多く、企業もそのためにスポンサーとなることが一般的です。

2 スポンサー契約の種類

スポンサー契約にはいろいろな形態があります。スポンサー契約を行う主体については、選手個人と契約するケース、チームないし競技団体等と契約するケース、又は選手やチームをマネジメントする会社などと契約するケースもあります。

次に、スポンサー契約の内容として、最も代表的な金銭を拠出する方法、用具や備品など物品やサービスを提供する方法などがあります。

また、スポンサー契約に基づいて広告を行う対象として、大会それ自体の冠スポンサーとなるなどスポーツイベント自体のスポンサーとなるケース、球場やスタジアムへ広告を掲出するケース、ユニフォームなどへ企業名等を表示するケースなどがあります。

このように、スポンサー契約にはその対象や契約主体などにより様々な形態がありますが、スポンサーをする目的に応じて契約形態を選択し、又はいくつかの契約形態を組み合わせて契約を行うことになります。

3 スポンサーとなることのメリット

企業がスポンサーとなることについては、単なる寄付や相撲のタニマチのように見返りを求めない場合もありますが、多くの場合スポンサーメリットを考えて行うことになります。

スポンサーメリットとして、まずは、選手のユニフォームやスタジアムなど

に企業名や商品名を表示させることで，企業名や商品名を露出させるという広告としてのメリットがあります。選手のユニフォームに企業名などが表示されているのは代表的なものですし，球場やスタジアムの看板広告もこれにあたります。球場やスタジアムの名前自体に企業名などを入れるネーミングライツも広告効果としては同様です。また，大会などのいわゆる冠スポンサーとして大会名自体に企業名を入れるケースもあります。ここでのメリットは，まさに企業名や商品名について，注目度や認知度が高いスポーツ選手やスポーツイベントを利用して広告宣伝するという点にあります。

　次に，企業がスポーツイベントや選手ないしチームを応援しているということを通じて販売促進活動に利用するということがあります。企業がテレビCMなどで，「私たちは○○大会を応援しています。」というようなものや，企業CMなどに選手たちを出演させるような場合がこれにあたります。企業は，スポーツ選手などを応援しているということで，そのスポーツやスポーツ選手がもつイメージを利用し，企業のイメージ戦略などに利用することができますし，選手のもつ顧客吸引力を企業や商品宣伝に利用できるというメリットがあります。この形態でのスポンサー契約の代表的なものとして，オリンピックにおけるスポンサーがありますが，オリンピックにおいては，最上位のワールドワイドオリンピックパートナー，大会ごとのゴールドパートナー，オフィシャルパートナーなどにランク分けがされており，それぞれオリンピックのオフィシャルスポンサーであることを表示できる地域的な範囲や期間などが異なっています。

　さらに，企業がスポンサーとなることによって，そのチームが主催する大会のチケットやスタジアムにおけるVIP席などの特別な座席の確保，選手と交流できる権利などを得ることができるというホスピタリティ・メリットというものもスポンサーのメリットとされています。企業は，これらのメリットを企業の営業活動などに利用したり，従業員の福利厚生に利用したりすることができます。

4　スポンサー契約締結上の注意点

では，スポンサー契約をする上でどのような点に気をつければよいのでしょうか。企業としては，スポンサーメリットを期待してスポンサーとなる場合，当然そこから得られるスポンサーメリットと，支払うスポンサー料がそれに見合うかという判断をすることになります。そこで，スポンサー契約をする上では，スポンサー料はもちろん，そこで得られるスポンサーメリットの範囲や条件などを予め定めておき，企業にとってどのようなメリットがあるのかをきちんと企業に提示をすることが大切です。

ユニフォームやスタジアムなどの広告表示であれば，広告が表示される場所や範囲，期間などの条件をどのように設定するかが重要です。試合や大会の種類ごとにスポンサーが設定されている場合，スタジアムに広告が掲出されたからずっと掲出されていると思ったら重要な大会では広告が掲出されなかったということでスポンサーから苦情が来る場合もあります。

また，大会やチームの呼称などを利用できる場合や，選手の肖像などを利用できるような場合でも，チームのロゴなどの著作権や選手の肖像権などをどの範囲で利用させることができるのかなどについて，詳細に確認しておくことが大切です。

さらに，スポンサーについて，同業他社との差別化やスポンサーメリットの独占を図るために，1業種1企業という限定がなされる場合がありますが，この場合もどのような業種を1業種と捉えるのかによってスポンサーを募集できる範囲が大きく異なってきます。また近時問題となっているいわゆるアンブッシュ・マーケティングといわれる便乗広告（詳細は**Q69**）との関係での対策をどうするのかなどにも留意する必要があります。

〔堀田　裕二〕

● 参考文献 ●

- エンターテインメント・ローヤーズ・ネットワーク編『スポーツ法務の最前線』（民事法研究会，2015年），金井重彦＝龍村全編著『エンターテインメント法』（学陽書房，2011年）第7章プロスポーツ〔山崎卓也〕。

ロゴマークやキャラクターの商品化における
留意点

私が所属する競技団体のロゴマークやキャラクターをオフィシャル・グッズとして商品化したいのですが，留意点を教えてください。

　　ロゴマークやキャラクターを保護する権利としては，著作権，商標権，意匠権等があります。競技団体としては，これらの権利を適切に確保できているか，逆に第三者の権利を侵害していないかを確認するとともに，商品化を許諾する業者との間では，商品化許諾契約書により契約関係を明確にしておくべきです。

☑ キーワード

ロゴマーク，キャラクター，オフィシャル・グッズ，商品化許諾契約，商品化権，著作権，商標権

解　説

1　商品化と「商品化権」

　昨今，多くの競技団体が，ロゴマーク，キャラクター等を，マグカップ，タオル，ぬいぐるみ等の商品とし，「オフィシャル・グッズ」として販売しています。オフィシャル・グッズの販売により利益が得られれば，競技団体の活動資金として活用もできますし，オフィシャル・グッズが広く使われることによ

る宣伝効果も期待できるでしょう。

　競技団体は，外部の業者にオフィシャル・グッズの製造や，時には販売や企画まで委託する例が多いようです。その際に締結される契約は，「商品化許諾契約」と呼ばれ，商品化を行う権限は「商品化権」と呼ばれることがあります。もっとも，「商品化権」という用語は実務上慣用されている言葉であって正式な法令用語ではなく，以下に述べる，商品化に関係する法令上の権利の総体であると考えられます。

(1) 著作権

　著作権とは，著作物に関する独占的な権利であり，著作物とは，「思想又は感情を創作的に表現したものであつて，文芸，学術，美術又は音楽の範囲に属するもの」と定義されています（著作2条1項1号）。オリジナリティのあるロゴマークやキャラクターは，著作権により保護される例が多いと思われます。

(2) 商標権

　ロゴマークやキャラクターについて，それを用いる商品やサービス（「指定商品・役務」）を定めて特許庁に出願し，登録要件を満たすとの判断（登録査定）を受け，登録料を支払うと，商標権を取得することができます。商標権者は，登録商標と同一又は類似の商標を，その指定商品・役務と同一又は類似の商品・役務に関して無断で用いる者に対し，使用の差止め，商品の廃棄，損害賠償等を求めることができるので，商標権は，模倣品対策の極めて有用なツールといえます。

(3) 意匠権

　商品のデザインを保護する権利としては，意匠権も考えられます。意匠権も，商標権と同様に，特許庁への登録が必要ですが，その保護範囲は狭いので，実務的な重要性はそれほど高くはありません。

2　権利の確保・第三者の権利との関係

　競技団体としては，商品化許諾の前提として，以上の権利をきちんと確保できていることが重要です。Jリーグでは，クラブの名称，ロゴ，エンブレムについて商標登録済みか出願中であることが加盟の条件とされています（Jリー

グ準加盟規定2条)。権利が確保できていないのに商品化許諾をしてしまうと，競技団体・業者ともども，真の権利者から権利侵害の主張を受けかねません。

著作権については，著作権を最初に取得するのはそのロゴマークやキャラクターをデザインした人ですから，競技団体としては，キャラクターのデザイナーなどからきちんと著作権の譲渡を受けていることを確認すべきです。特に，商品化の際には，平面のキャラクターを立体物に変更するなど，オリジナルの著作物を変更すること（「翻案」といいます）が必要になりますが，翻案権は，それを譲渡すると明記（「特掲」）しなければ譲渡されません（著作61条2項）。そこで，デザイナー等との合意は，きちんとした著作権譲渡契約書にしておくのが安全です。

商標権については，法人化している競技団体は，団体の名義でその登録を受けることができます。任意団体の場合は代表者等個人の名義で登録することになりますが，後日のトラブルを避けるため，代表を退いたときは後任の代表者に名義を変更する等の合意をしておいたほうが安全です。

他方で，第三者が，競技団体のロゴマークやキャラクターと同一又は類似の標章を商標登録している場合は，競技団体が商標権侵害とされる可能性があります。その場合，その第三者から許諾を受けるか，第三者の登録商標に無効理由がある場合は無効審判を提起するかを検討することになります。実際に無効とされた例として，「阪神優勝」なる登録商標について，阪神タイガース又は関係者の業務に係る商品であるかのように，商品の出所について混同を生じさせるおそれがあることを理由に，無効と判断された例があります（無効審判2003-035360号）。

3　商品化許諾契約のポイント

業者と締結する商品化許諾契約においては，①許諾する商品の種類，②許諾の範囲（製造のみか販売も許諾するのかなど），③許諾する商品の数量，製造・販売地域，輸出の可否，④独占か非独占か，⑤ライセンス料の計算方法等の事項を定めることは必須と思われます。また，ロゴマークやキャラクターを競技団体にとって好ましくない態様で使われることを防ぐために，商品の製造・販売の

Q67◆ロゴマークやキャラクターの商品化における留意点

前に事前承認を受けるよう定めることも重要です。さらに、許諾の期間、延長の可否、契約終了後の扱い（在庫を販売しても良いかどうかなど）についても、規定しておくことが望ましいでしょう。

〔山内　貴博〕

●参考文献●

- パテント67巻5号特集「スポーツと知財」掲載の各論文。特に、水戸重之「スポーツと知的財産──オリンピック・マーケティングを中心に」同4頁。

第2章◇スポーツ団体の法律相談
第4節◇スポーツビジネスに関する法律相談

 放映権の法的根拠，放映権契約の留意点

　スポーツをテレビやインターネットで中継放送する場合，どのような権利が働くのでしょうか。また，興行主催者が放映権の契約を締結する場合の留意点を教えてください。

　スポーツをテレビやインターネットで放送（配信）するためには，放送局などがそのスポーツを放送することができる権利である放映権ないし放送権という権利が必要です。放映権はスポーツにおける重要な収入源であり，興行主催者等が放送局などとどのような契約をするのかが重要です。その場合，放映権の料金，範囲（場所的な範囲，放送可能な手段），期間，二次的利用の可否などの条件をどのように設定するかが特に重要となるでしょう。

☑ キーワード

　放映権，放送権，テレビ放送，インターネット配信，公衆送信権，送信可能化権，ジャパン・コンソーシアム

解　説

1　放映権ないし放送権とは

　スポーツをテレビやインターネットで放送ないし配信するためには，そのス

ポーツを放送したり配信したりできる権利である放映権ないし放送権という権利（法律上は著作権法に「放送権」という用語があるのみですが，以下，これらについて一般的用法に従い「放映権」と記載します）が必要です。

　放映権は，そのスポーツを主催する団体が有するのが通常です。日本のプロスポーツでは，Ｊリーグ（サッカー）やＢリーグ（バスケットボール）については，リーグが放映権を一括管理し，NPB（プロ野球）では，試合のホームとなる球団が放映権を管理しています。大規模な国際大会では，オリンピックについてはIOCが，サッカーワールドカップについては国際サッカー連盟が放映権の管理を行っています。

　スポーツ団体にとって，放映権は重要な収入源です（詳細は後述**2**参照）。他方，放送局にとっても，スポーツは確実に視聴率を獲得することができるキラーコンテンツです。テレビ離れがいわれる中，年間視聴率上位については，ずっとスポーツがその多くを占めていますので，テレビ局はいかに人気のスポーツコンテンツを獲得できるかが重要となってきます。

2　放映権の高騰

　上述したように，スポーツは放送局にとってキラーコンテンツであり，人気のスポーツの放映権を得ることは非常に重要となってきます。特に，世界的にテレビの多チャンネル化，有料チャンネル化が進み，放送局は多額の放映権料を支払ってでも人気のスポーツコンテンツの放映権を獲得する必要が大きくなってきています。近時では，テニスの錦織圭選手が活躍した際に，その大会の放映権を取得していた有料衛星放送会社の会員が急増したことでも話題となりました。

　他方，スポーツ団体にとっても，放映権は重要な収入源となってきており，放送局の意向とも相まって放映権料は年々高騰する傾向にあります。

　オリンピックにおいては，ロサンゼルスオリンピック以降ビジネス化が進み，これに合わせて放映権料も年々高騰してきました。日本においては，アメリカなどと異なりNHKと地上波の無料放送を行う民放が放送の主体であるため，単独の放送局では高額な放映権料を負担できないことや，交渉力が弱いこ

となどから，NHKと民放各社がジャパン・コンソーシアムという機構を作ってIOCとの交渉にあたっています。それでもジャパン・コンソーシアムが支払う放映権料は大会ごとに高騰しており，1964年の東京オリンピックでNHKが支払った放映権料は50万ドル（約1億8000万円）だったものが，1984年のロサンゼルスオリンピックでは1850万ドル（約46億3000万円），2008年の北京オリンピックでは1億8000万ドル（約198億円）となっています。その後は夏季と冬季が一体となり，2010年のバンクーバー及び2012年のロンドンで325億円，2014年のソチ及び2016年のリオデジャネイロで360億円，次に開催される2018年平昌と2020年東京では660億円となっています。

3　放映権の多様化

放送については，かつてはテレビが主流であり，放映権が発生する対象もほぼテレビの放映権についてでした。しかし，メディアが多様化し，テレビからインターネットの時代となってきた現代，放映権についても，テレビの放映権から，インターネットで配信をする権利へと変化してきました。

2016年3月，同年9月から新たに開幕するジャパン・プロフェッショナル・バスケットボールリーグ（B.LEAGUE）について，日本の携帯電話大手が4年間で125億円を支払ってトップパートナーとなり，有料放送とインターネット放送の独占権を得たと報道されました。また，同年7月にはJリーグの放映権（インターネット配信も含む権利）について，イギリスのデジタルコンテンツ会社が10年間2100億円で獲得したという報道もなされました。

このように，スポーツにおいては放映権についても，今後はインターネット放送や様々なメディアを複合させたミックス・メディアへと変わっていく可能性があり，それにより放映権の内容も変化していくでしょう。

4　放映権契約の留意点

それでは，このような放映権契約を締結する場合，どのような点に留意すればよいのでしょうか。

まずは，当然ですが，放映権を提供する側が適切な放映権を有していることが必要です。この点，スポーツや大会などにより，放映権の管理者や管理方法が異なります。先に述べたように，Ｊリーグではリーグが一括管理していますが，プロ野球では球団管理が基本です。スポーツ団体等が適切に放映権を有するか，その範囲はどこまでかなどを確認する必要があるでしょう。

　次に，放映権料が適切か，費用対効果の関係での検討が必要です。近時放映権料が高騰化する傾向にありますが，果たしてその放映権料が適切なのかについては，放映権の内容と合わせてきちんと検討を行う必要があるでしょう。

　そして，放映権の内容や範囲がどこまでかが非常に重要です。そのスポーツの１つの試合だけなのか，年間を通じてすべての試合なのか，その放映権は全国での放送が可能なのか，地方のみなのか，テレビでの放送か，インターネット放送なども含むものか，テレビでの放送であってもDVD化するなどの二次的な利用権を含むものかなど，特に知的財産権の関係などについての検討が必要です。とりわけ，テレビ放送とインターネットでの配信では，著作権法上，テレビ放送は放映権（公衆送信権）という権利が働くのに対し，インターネット放送については送信可能化権という別の権利が関係します。それにより，同意を得る対象の範囲などが異なってきますので弁護士などの専門家によるチェックを適切に受けて契約内容を確認する必要があるでしょう。

〔堀田　裕二〕

●参考文献●

・エンターテインメント・ローヤーズ・ネットワーク編『スポーツ法務の最前線』（民事法研究会，2015年），金井重彦＝龍村全編著『エンターテインメント法』（学陽書房，2011年）第７章プロスポーツ〔山崎卓也〕。

第2章◇スポーツ団体の法律相談
第4節◇スポーツビジネスに関する法律相談

アンブッシュ・マーケティングとは，その実例

　私は競技団体の法務担当です。次の世界選手権の開催地が日本なので我々が準備を進めているのですが，大会の公式スポンサーではない企業による広告に対してはどのような規制ができるのでしょうか。また事前の対策があれば教えてください。

　大会の公式スポンサーではない企業による広告については，商標法，不正競争防止法，著作権法及び民法（不法行為法）の適用を積極的に考えるべきでしょう。
　事前の対策としては，起こり得るアンブッシュ・マーケティングを具体的に想定した上で，上記の法を適用できるよう準備するとともに，自らの措置で予め対処する姿勢も必要です。さらに，他国でオリンピック等のために制定されているアンブッシュ・マーケティング規制法と同様の法制定を働きかけることも考えられます。

☑ キーワード

アンブッシュ・マーケティング，商標法，不正競争防止法，出所表示機能，著作権法，不法行為法

解　説

1　大会の公式スポンサーではない企業による広告に対する規制

本件の「大会の公式スポンサーではない企業による広告」とは，あたかも大会と関連があるかのように誤認を生じさせるおそれのある広告と理解します。これは，いわゆるアンブッシュ・マーケティングと呼ばれる活動のひとつです。

この活動への規制としては，以下の法律の適用が考えられます。

まず，商標法ですが，当該広告がされている商品・役務のカテゴリーで，大会に関する名称，ロゴ・エンブレム，マスコット等（以下「大会名称等」といいます）について登録商標を有している場合，当該広告で大会名称等が広告されている商品・役務が広告主のものと示す態様（以下「出所表示機能を果たす態様」といいます）で使用されているときは，商標権に基づいて使用差止・損害賠償請求をすることが可能です。

大会名称等が商標登録されていなくても，広く認識される状態になっている場合，当該広告で大会名称等が出所表示機能を果たす態様での使用のときは，不正競争防止法に基づき使用差止・損害賠償請求ができる可能性があります。

また，大会のロゴ・エンブレムが図案化され，又は大会マスコットが制作されている場合，それらが当該広告に使用されていれば，著作権法に基づく使用差止・損害賠償請求の対象になります。

さらに，当該広告に大会名称等が使用されていない場合でも，大会の運営に損害を与えると考えられるときは，不法行為として損害賠償請求も検討すべきです。

2　事前の対策

(1) アンブッシュ・マーケティングの想定

アンブッシュ・マーケティングとは，一般に，公式スポンサーがイベント等のプロパティ所有者から付与された権利に基づき享受すべき利益を，対価を支払うことなく獲得し，消費者を混乱させる行為と理解されています。本件の例で考えると，大会名称等を使用されている場合（出所表示機能を果たす態様であるかどうかは問いません）に限らず，大会名称等を使用していない場合も含まれます。

第2章◇スポーツ団体の法律相談
第4節◇スポーツビジネスに関する法律相談

　対策の第一歩は，大会の公式スポンサー以外の広告だけでなく，大会の規模等や興味をもちそうな者を考慮し，どのようなアンブッシュ・マーケティングが行われ得るか想定することです。例えば，出場選手がスポンサーではない企業名等を露出したり，企業が大会会場に向かう観客に対して商品をサンプリングしたり，観客が観客席から特定の企業名等をアピールしたりすることも考えられます。

(2)　大会主催・運営者としての準備
　上記❶で述べたとおり，現行法で対処できる活動もあります。これらに確実に対処できるように，準備できることがあります。
　まず，広告がされそうな商品・役務カテゴリーで大会名称等を商標登録しておくことです。次に，不正競争防止法に基づいて対処ができるように，メディア等を通じて，大会名称等を広く認識されている状態にすることも重要です。また，図案化したロゴ・エンブレム，制作したマスコットについて，著作権を確保しておく必要があります。
　さらに，イベントの運営にはスポンサーが必須であること及び公式スポンサーを積極的に告知するとともに，アンブッシュ・マーケティングは，大会運営に損害を与えることをアピールすることで，不法行為に基づく請求の実現性を広げていくべきです。
　また，出場選手に対して予め禁止行為を明確にし，遵守しない場合には出場を認めない措置をとること，観客に対しても会場内での禁止行為を行った場合退出させる旨をチケット約款に定め，広く周知することも必要です。

(3)　アンブッシュ・マーケティング規制法
　事前に様々な準備活動をしても，法的に根拠となる法が存在しない場合には，現実的な規制ができず，大会運営に損害が生じ，消費者に誤認を生じさせ，さらには大会主催・運営者の要請を遵守している正直者が馬鹿をみる結果になりかねません。
　2000年以降のオリンピック開催国では，民間イベントであるオリンピックのためのアンブッシュ・マーケティング規制法が制定されてきています。実際，オリンピックの開催地となるには，このような法律の制定が条件になっています。本件の大会に間に合うかは不明ですが，これと同様の法制定を働きかけ，

実効性のある規制を実現することも必要と考えます。

〔足立　勝〕

●参考文献●

- 足立勝『アンブッシュ・マーケティング規制法』（創耕舎，2016年），足立勝「2020年東京オリンピックとアンブッシュ・マーケティング規制」知財管理66巻11号1381〜1395頁，足立勝「オリンピック開催とアンブッシュ・マーケティング規制法」日本知財学会誌11巻1号5〜13頁，足立勝「著名商標の保護——アンブッシュ・マーケティング規制の検討を中心に」日本大学知財ジャーナル6号33〜45頁。

第2章◇スポーツ団体の法律相談
第4節◇スポーツビジネスに関する法律相談

 フィットネスクラブにおける広告表示

私の会社がフィットネスクラブの経営を始めました。「結果が出なかったら入会後1か月間は入会金を全額返金する」ことを宣伝文句にしているのですが，何か法律上の問題はないのでしょうか。

実現されるべき「結果」が具体的に明示されていない場合，当該宣伝文句は景品表示法5条2号の有利誤認表示に該当する可能性があります。

実際は，返金を受けるには他にも条件を満たす必要があるにもかかわらず，その条件が広告に表示されていない場合，条件が表示されていても，見えにくい場合もその広告は有利誤認表示と判断されるおそれがあります。

有利誤認表示に該当する場合，消費者庁や都道府県知事から措置命令を受けたり，内閣総理大臣から課徴金の納付を命ぜられたりするおそれがあります。また，適格消費者団体から，当該広告表示について差止等の請求を受けるおそれもあります。

又，上記のうち，返金条件が表示されていない場合，消費者契約法4条の不実告知又は不利益事実の不告知に該当し，フィットネスクラブの利用契約が取り消されるおそれもあります。

☑ キーワード

景品表示法，有利誤認表示，打消し表示

解 説

1 有利誤認表示

(1) 「結果が出なかったら」という文言について

設問の宣伝文句に法律上の問題があるかどうかは、まず、宣伝文句に表示されている「結果が出なかったら」という部分について、「結果」が具体的に明示されているかどうかによって結論は異なります。

例えば、「1か月間で3kg減量できなければ返金します」というように、実現されるべき具体的な結果が明示されている場合は、宣伝文句を見れば、返金条件を明確に理解することができるため、問題はないと思われます。他方、具体的な結果が明示されておらず曖昧な場合は、宣伝文句を見ただけでは返金条件を明確に理解することができないため、問題があります。

不当景品類及び不当表示防止法（以下「景品表示法」といいます）5条2号では、「……役務の価格その他の取引条件について、実際のもの……よりも取引の相手方に著しく有利であると一般消費者に誤認される表示であつて、不当に顧客を誘因し、一般消費者による自主的かつ合理的な選択を阻害するおそれがあると認められるもの」（有利誤認表示）は不当表示として禁止されています。取引条件について曖昧な表示を行うことも、実際よりも有利な条件であるかのように誤認させる可能性があるとして禁止されると解されています。

設問の場合、例えば、会社としては「1か月で3kg減量」という内容を実現すべき結果として意図しているにもかかわらず、それが宣伝文句で明示されていなければ、宣伝文句を見た人は、自分の中で思い描く結果（例えば1か月間で5kg減量できる等）を得られなかった場合は返金してもらえると誤認するおそれがあります。したがって、宣伝文句は有利誤認表示に該当する可能性があるのです。

(2) 他の返金条件について

もし具体的な「結果」が明示されていたとしても、他に返金条件がある場合

は，①その条件が表示されているかどうか，②表示されていたとしても見やすく表示されているかどうか，によって結論が異なってきます。

(a) **返金の条件が表示されていない場合**

例えば実際は，返金を受けるには会社の承諾を必要とする等の条件があるにもかかわらず，その条件が宣伝文句に表示されていない場合を考えてみましょう。

この場合，実際は返金を受けるには条件があるにもかかわらず，宣伝文句だけ見れば結果が出なかった場合は無条件に返金を受けることができるかのように誤認されるおそれがあります。したがって，宣伝文句が有利誤認表示に該当する可能性があります。

実際の事例では，教育施設の募集要項等で「学費返還制度導入」，「ご入学取りやめの方に，納付学費をお返しします」等と表示されていたものの，実際は，学費の3割強の額しか返還されないことになっていたケースで，募集要項等の表示が有利誤認表示に該当するとされたものがあります☆1。

(b) **返金の条件が表示されている場合**

(ア) では，「ただし，返金は当社が承諾した場合に限り行います」等の返金の条件が表示されていれば問題はないでしょうか。見やすい状態で表示されており，実際その記載どおりの取扱いがなされているのであれば，顧客に誤認させるおそれはないといえますので，問題はないと思われます。

(イ) 他方，返金条件が表示されていても，見えにくい位置に表示されていたり，文字が小さかったりする場合は，有利誤認表示に該当する可能性があります。理由は次のとおりです。

事業者は，自己のサービス等について，断定的又は目立つ表現を用いて価格等の取引条件を強調した表示を用いつつ（以下「強調表示」といいます），他方，一般消費者に正確な情報を提供するため，強調表示により惹起される認識を一部打ち消す表示（以下「打消し表示」といいます）を行うことがあります。設問でいえば，「結果が出なかったら……入会金を全額返金する」という文言が強調表示にあたり，返金条件に関する「ただし，……」の文言が打消し表示となります。

強調表示を行う際は，打消し表示を行わずに済むように訴求対象を明確に

し，サービス等の取引条件を的確に表示することが原則とされています。やむを得ず打消し表示が必要となる場合は，打消し表示を明瞭に表示し，強調表示をあわせた表示物全体により取引条件が一般消費者に正確に理解されるようにしなければなりません。その際，打消し表示の配置箇所，強調表示と打消し表示の文字のバランス，打消し表示の文字の大きさ等に留意する必要があります。打消し表示がある場合でも，このような配慮がなされていない場合，有利誤認表示に該当する可能性があります。

したがって，本件でも，打消し表示である「ただし，……」の文言の表示方法に配慮がなされておらず，返金条件があること及びその内容等が一般消費者に正確に理解され難いと思われる場合は，有利誤認表示にあたる可能性があるのです。

(3) 違反行為に対する措置
(a) 行政上の措置
(ア) 措置命令　景品表示法上の不当表示に対し，消費者庁長官又は消費者庁長官から権限委任を受けた都道府県知事は，当該表示行為の差止めや，再発防止のための必要な措置を命じることができる（措置命令）とされています（景表7条・33条11項）。
(イ) 課徴金制度　また，有利誤認表示は，課徴金の対象になっています（景表8条以下）。事業者は内閣総理大臣から，原則，当該表示を行った期間を対象とし（3年間が上限），売上の3％を課徴金として納付するよう命ぜられます。
(b) 民事上の手続
民事上の手続としては，消費者契約法2条4項に定める適格消費者団体が有利誤認表示の差止等を請求することができます（景表30条）。これは，行政上の措置と相まって，適格消費者団体による迅速な排除を図り，被害の拡大を防ぐことを狙いとするものです。

2　消費者契約法の問題

上記のパターンのうち，「結果が出なかったら」という以外に返金条件があるにもかかわらず，その条件が表示されていなかった場合は，消費者契約法も

第2章◇スポーツ団体の法律相談
第4節◇スポーツビジネスに関する法律相談

問題となり得ます。

　消費者契約法では，事業者が消費者を勧誘をするに際し，重要な事項につき，事実と異なることを告げた場合（不実告知，同法4条1項1号），一方で有利なことを告げ，他方で不利益な事実を故意に告げないために消費者が誤認をした場合（不利益事実の不告知，同法4条2項），消費者は，契約を取り消すことができる旨規定されています。

　上記のパターンでは，返金条件を表示しなかったことにより，フィットネスクラブの利用者が，結果が出なかった場合は無条件で返金を受けることができる旨誤認していた場合は，上記の規定に反するとして，フィットネスクラブの利用契約を取り消されるおそれがあります。

　なお，上記の規定の「勧誘をするに際し」とは，消費者の契約締結の意思の形成に影響を与える程度の勧め方をした場合を指すと解されているところ，個別に勧誘をせず不特定多数に向けてチラシを配布する行為も「勧誘」に含まれるか否かということが問題となり得ますが，判例では，このような場合でも，個別の消費者の意思形成に直接影響を与えることもあり得るから，直ちに上記の「勧誘」にあたらないとはいえないと判断されています☆2。したがって，宣伝文句を記載したチラシを配布するだけの場合でも消費者契約法に違反する可能性がありますので，注意が必要です。

〔山田　尚史〕

■排除命令，判例■

☆1　平18・5・24排除命令・排除命令集25巻191頁。
☆2　最判平29・1・24（平28(受)1050号）裁判所ホームページ。

●参考文献●

・　大野志保「価格に関する表示」加藤公司＝伊藤憲二＝内田清人＝石井崇＝藪内俊輔編『景品表示法の法律相談』197頁（青林書院，2015年）。

体験型スポーツイベント会社における法律問題

このたび，スポーツを体験してもらうことを目的とするスポーツイベント会社を設立することになりました。特に，海外での登山を体験するために現地までのツアーを組むのですが，現地での悪天候が理由でツアーを催行できない場合，旅行代金を全額返金しなければなりませんか。

また，このような場合に，ツアーを強行して運悪く事故が起こったとしても，自然災害が原因ですから会社は免責されるのではないかとも思われるのですが，いかがでしょうか。

> 悪天候によりツアーを催行できない場合，あなたが設立しようとするスポーツイベント会社は，旅行開始前の中止であれば参加者に代金を返還するのが原則ですが，旅行開始後であれば，全額返金する義務はないと考えられます。
> また，参加者が悪天候下でも無理に登山を実施しようとした場合は，決してこれを許容してはなりません。悪天候下で登山を決行して事故が生じた場合，スポーツイベント会社も多額の損害賠償義務が生じるおそれがあります。

☑ キーワード

旅行業法，標準旅行業約款，事故発生時のツアー会社の法的責任（安全配慮義務違反）

第2章◇スポーツ団体の法律相談
第4節◇スポーツビジネスに関する法律相談

解　説

1　旅行業法との関係

　まず，あなたが設立するスポーツイベント会社は，報酬を得て，旅行者のために運送・宿泊サービスの取次等を，事業として行うことになりますので，旅行業法上の「旅行業」（同法2条）を行う会社となります。

　そうすると，旅行業法上，海外での募集型企画旅行（予め旅行の目的地及び日程，旅行者が提供を受けることができる運送又は宿泊サービスの内容を定め，旅行会社が参加者を募集するもの）を行うことを予定しているのでしたら，あなたの会社は旅行業約款を定め，観光庁長官の認可を受ける義務を負います（同法12条の2）。

　これに関し，「標準旅行業約款」を用いる場合は，同認可を受けたものとみなされることになりますが，本件との関係では，同約款を用いるとすれば，旅行開始前の旅行業者による解除権（17条）や旅行開始後の旅行業者の解除権と払戻し（18条・19条）等についての規定が重要になります。

　そして，旅行開始後については，天災地変など，「当社の関与し得ない事由」により旅行の安全・円滑な実施・続行が不可能な場合，旅行業者は契約を（一部）解除する（18条1項4号）との規定もありますが，解除は解除時より将来についてのみ効力が及ぶとされています（同条2項）。すなわち，旅行開始後については，あなたの会社は旅行代金を全額返金する必要がないということになります。

　旅行開始後に考えられる「当社の関与し得ない事由」としては，具体的には，ベース地点（現地の宿泊施設など）から目的地の山に向かうまでの間，移動手段となるバスや飛行機が，機体整備不良や悪天候により欠航するといったことが考えられます。

　もっとも，募集時点で悪天候の際にどのようにするのか，標準旅行業約款の内容に加えて，具体的な条項を整備して取り決めておくのが望ましいでしょう。

2 事故発生時のツアー会社の法的責任

　しかし，旅行開始後に旅行会社がツアーを中断しつつ返金を行わないとすれば，旅行者は反発し，せっかく海外まで来たのだからと，多少の悪天候下でも登山の続行を強硬に主張するかもしれません。

　とはいえ，悪天候下での登山は決して実施するべきではありません。

　まず確認しておきたいのは，会社は，参加者との間で結んだ契約に基づき，参加者が安全に登山できるよう配慮すべき義務（安全配慮義務）を負うことになること，そして，ツアー催行時に事故が発生した場合，同義務違反に基づく損害賠償義務が発生し得るという点です。特に，悪天候下で登山を決行したような場合は，安全配慮義務違反が認定される可能性が高いということを常に念頭に置いておく必要があります。

　また，現地の登山ガイドが登山を強行して事故が起こった場合，登山ガイドは事前情報取集義務違反や，登山催行検討義務違反を理由として損害賠償義務を負うことが考えられます☆1（また，登山ガイドについても，過去には刑事責任が認定された事例もあります☆2☆3）が，これにとどまらず，現地の登山ガイドを使用した会社も責任を問われ得ることも肝に銘じるべきです。

　そして，登山の事故は生命にかかわるものが多いことから，仮に事故が発生した場合は，多額の損害賠償を免れません。参加者の過失が認定され，過失相殺により損害賠償額が結果として減額されることもあり得ますが，過失相殺が認定された例は多くありません。

　したがって，多額の損害賠償義務が生じ得るのだということを肝に銘じ，悪天候下での登山の実施を参加者が望もうとも，断固とした態度でこれを禁じるという姿勢が必要でしょう。

3 具体的な登山事故が起きた場合の責任

　実際に登山事故が起こったケースとして記憶に新しいのは，平成21年7月に発生したトムラウシ山の遭難事故でしょう。この事故は国内（北海道）の事故

第2章◇スポーツ団体の法律相談
第4節◇スポーツビジネスに関する法律相談

ですが，真夏の登山にもかかわらず，8名が低体温症で死亡するという大規模なものでした。

　この事故の後，観光庁はツアー会社への立入り検査を含む調査を行い，天候悪化時の判断基準の不設定，通信手段の確保の怠り，営業所と現地の情報連絡・判断の指示等の仕組みの不構築といった不備を指摘し，最終的には同ツアー会社に対して営業停止命令処分を下すにいたりました。

　このように，事故が起こった場合，ツアー会社の安全管理体制が十分であったかどうかが厳密に問われ，万が一，旅行業法違反等の事実が発覚した場合，旅行業者としての登録の取消し等の行政処分を受けるほか，同法違反の刑事罰が科されるおそれもあります。

〔桂　　充弘＝相川　大輔〕

■判　例■

☆1　あくまで国内の裁判例ですが，熊本地判平24・7・20判時2162号111頁。
☆2　札幌地小樽支判平12・3・21判時1727号172頁。
☆3　札幌地判平16・3・17（平14(わ)184号）裁判所ホームページ。

●参考文献●

・　佐々木正人『改正旅行業法・約款の解説』68頁（中央書院，2005年），辻次郎「登山事故の法的責任(上)(下)」判タ997号38頁・998号73頁，中田誠「消費者問題としてのスポーツ——商品スポーツの法的問題」法律時報88巻10号64頁。

第 3 章

スポーツ行政に関する法律相談

第1節　スポーツ振興に関する法律相談

 住民によるスポーツ行政への不服申立て

　2020年開催の東京オリンピック・パラリンピックの開催にあたっては，施設の建設費などが問題になっています。これに関して，住民訴訟や住民監査請求（以下，原則として「監査請求」といいます）の制度があると聞きました。制度内容や該当事例を教えてください。

　現在，地方自治行政に関して，住民からの請求に基づいて，地方自治体の財務の適正を確保し，住民全体の利益を保護することを目的とする制度が設けられています。それは住民監査請求制度（地自242条）と住民訴訟（地自242条の2）です。

☑ キーワード

住民監査請求，住民訴訟，地方自治行政，公費の使途

第3章◇スポーツ行政に関する法律相談
第1節◇スポーツ振興に関する法律相談

解説

1 住民監査請求制度

　地方自治法242条1項は，普通地方自治体の住民がその団体の長，委員会，委員，職員について，違法，不当な公金の支出，財産の取得，管理，処分，契約の締結・履行，債務その他の義務の負担があると認めるときや，違法，不当に公金の賦課，徴収，財産の管理を怠る事実があると認めるときは，監査委員に対して，監査を求め，その行為を防止し，是正し，その怠る事実を改め，その行為や怠る事実によってその団体のこうむった損害を補填するために必要な措置を講ずべきことを請求することができると規定しています。これが住民監査請求制度です。その趣旨は，違法・不当な財務会計行為を，行政内部の判断により迅速に是正しようとするところにあります。当該行為があった日又は終わった日から1年を経過したときは，監査請求は原則として不可となっています（例外：この期間内に監査請求ができなかったことに正当な理由が存在）。

　具体的事例としては，住民監査請求前置主義を採用していますので，下記に掲げる住民訴訟の事例は，ほとんど監査請求の具体的事例にあたります。

2 住民訴訟

　住民が監査請求を行った場合，納得がいかないときは，住民であって，監査請求をした者は，住民訴訟を提起することができます（地自242条の2。住民監査請求前置主義）。すなわち，①監査委員の監査の結果・勧告，勧告に基づいて長等が講じた措置に不服があるとき，又は②監査委員が監査・勧告を60日以内に行わないとき，には訴訟を提起できます（地自242条の2第1項）。違法な（不当だけでは不可）財務会計上の行為などに限定されます。その趣旨は，普通地方自治体における違法な公金の支出や財産管理（違法な財務会計上の行為）又は公金の徴収や財産管理を怠る事実は，究極的に納税者である住民の負担になることか

ら，住民訴訟の裁判によって是正するところにあります。

なお，住民訴訟は住民が同団体に対して提起する訴訟ですが，同種の理由で国に対して国民が提起する国民訴訟というものはありません。

3　該当事例

最近では，サッカー松本山雅FCの練習場の建設をめぐり，市民が松本市を相手に約12億4800万円の支出差止めなどを求める住民訴訟を提起し☆1，今後もスポーツ行政に関して提起される可能性が十分にあります。

これまでにスポーツ行政に関わって提起された住民訴訟のうち，その多くは，住民側の敗訴という結果に終わっています。ここでは，住民側勝訴の場合と敗訴の場合に分けて関連判例を掲げます。

〔住民側勝訴の事例〕
- 全国都道府県議会議員軟式野球大会に参加した徳島県議会議員が県に対し旅費相当額の不当利得返還義務を負うとされた住民訴訟☆2。

〔住民側敗訴の事例〕
- 大阪市が立候補した2008年オリンピック招致活動として市長らの職員をシドニーオリンピックに合わせてシドニーに出張させたことについて提起した住民訴訟☆3。
- 市が高校の甲子園出場後援会へ交付した補助金に関する住民訴訟☆4。

〔吉田　勝光〕

■判　例■

☆1　朝日新聞2014・5・14。
☆2　最二小判平15・1・17（平12(行ツ)369号）裁判所ホームページ。
☆3　大阪地判平18・3・15判例地方自治165号55頁（棄却）。
☆4　盛岡地判平26・12・19（平25(行ウ)4号，平26(行ウ)2号）LLI/DB（不適法却下），仙台高判平27・7・15（平27(行コ)5号）LLI/DB（原判決取消し・原審差戻し）。

第３章◇スポーツ行政に関する法律相談
第１節◇スポーツ振興に関する法律相談

 公立学校教員（地方公務員）の行政処分

運動部活動などの生徒指導で信用失墜行為により懲戒処分や分限処分を受ける教員が増えていますが，どのような基準で処分されるのですか。

　地方公務員である公立学校教員の行政処分は，地方公務員法（以下「地公法」といいます）で，法律・条例で定める事由による場合であることが定められています。地方自治体によっては，条例等でさらに基準（判断）等を設けています。

☑ キーワード

　公立学校教員，信用失墜行為，生徒指導，分限処分，懲戒処分

解　説

1 生徒指導における信用失墜行為

　公立学校教員は，公務員として，信用失墜行為，すなわち「その職の信用を傷つけ，又は職員の職全体の不名誉となるような行為」を禁止する規定の適用を受けます（地公33条）。同条に違反すれば，行政処分の対象となります。例えば，運動部顧問教諭が部の用具購入業者から金銭（バックペイ）を受け取る行為や女子生徒へのセクハラ行為等です。

2 分限又は懲戒の処分の基準——地方公務員法上

　公立学校の教員は，他に特別の法律の規定がない限り地公法の適用を受けます（地方教育行政の組織及び運営に関する法律35条）。
　まず第一に処分は公正性が求められています（地公27条1項）。そして，分限処分については，地公法に定める事由による場合でなければ，その意に反して，降任，免職されませんし，同法又は条例で定める事由による場合でなければ，その意に反して，休職されず，また条例で定める事由による場合でなければ，その意に反して，降給されません（同法27条2項）。
　また，同法では，信用失墜行為に関係して，「その職に必要な適格性を欠く場合」に該当するときは，意に反して降任，免職することができることになっており（28条1項3号），また「刑事事件に関し起訴された場合」には休職させることができます（同条2項2号）。
　懲戒処分については，同法に定める事由による場合でなければ，その処分を受けることはありません（27条3項）。すなわち，同法29条1項で，法律・条例違反（1号），職務上の違反・職務懈怠（2号），全体の奉仕者にふさわしくない非行（3号）が列挙されています。本設問の「信用失墜行為」は，「全体の奉仕者たるにふさわしくない非行」に該当します。

3 地方公務員法が規定する基準（事由）の該当性の判断基準

(1) 分限処分（「その職に必要な適格性を欠く場合」）の判断基準

　分限処分は，公務の能率の確保等の観点から，教員を教職から排除するものです。地公法28条1項3号の「その職に必要な適格性を欠く場合」（本設問の「信用失墜行為」はこれに該当）に該当するか否かの判断は，同条の趣旨に沿う一定の客観的基準に照らして決せられるべきものであり，この客観的基準に合致しない場合は，その処分は違法となります☆1。この適・不適格性は，その職員の簡単に矯正することのできない持続性を有する素質，能力，性格等に基因してその職務の円滑な遂行に支障があり，又は支障を生ずる高度の蓋然性が認

められる場合をいい，この有無は，その職員の外部にあらわれた行動，態度に照らして，これを判断するほかはありません[2]。

そして，この場合，個々の行為，態度につき，その性質等の諸事情に照らして評価すべきことはもちろん，一連の行動，態度について，諸般の要素を総合的に検討した上，その職に要求される一般的な適格性の要件との関連において，判断されなければなりません[3]。地方自治体（例：大阪府）によっては，条例で分限処分の判断基準に関して規定しています。

(2) **懲戒処分**（「**全体の奉仕者たるにふさわしくない非行のあった場合**」）**の判断基準**

懲戒処分は，教員の義務違反や非行等に対する公務秩序維持の観点から行う制裁です。それは懲戒事由に該当する行為の性質，態様等のほか，その公務員の行為の前後の態度，懲戒処分等の処分歴，選択する処分が他の公務員及び社会に与える影響等，広範な事情を総合して判断されるべきです[3]。

懲戒処分の基準については，地方自治体の一部では，懲戒処分全般に関して作成しています。

〔吉田　勝光〕

■判　例■

[1]　最判昭35・7・21民集14巻10号1811頁。
[2]　最判昭48・9・14民集27巻8号925頁。
[3]　最判昭52・12・20民集31巻7号1225頁。

助成金の不正受給とその防止策

JOC や JSC を経由して支援された競技団体に対する国庫補助金や toto 助成金について，様々な不正事案が発生しました。その実態と対策を教えてください。

過去に発覚した競技団体による助成金の不正受給事案には，個人に支給された助成金を団体に還流したという事案や，詐欺にあたるような，支払の裏付けのない強化費用の請求等があります。

多くの場合，不正受給された資金は，競技団体の運営・強化費等に充てられており，「不正」という自覚なくなされていることが多いという問題もあります。

これに対しては，助成金交付要綱・実施要領，競技団体に向けた受給手続の手引き，会計処理の手引き等を作成し交付することよって，そもそも不正受給ができないような手続を定めるという対策のほか，助成を受ける団体の心得を配布するなどして，競技団体のガバナンス強化を促すという対策も講じられています。

☑ キーワード

助成金，不正受給，競技団体のガバナンス

第3章◇スポーツ行政に関する法律相談
第1節◇スポーツ振興に関する法律相談

解 説

1 競技団体に対する助成金等

競技団体に対する助成金には様々なものがあります。JSCのホームページを見ると，平成28年現在，国のスポーツ振興に向けて，国からの交付金による「競技力向上事業助成」，「競技強化支援事業助成」のほか，スポーツ振興基金の運用益等による「スポーツ振興基金助成」，スポーツ振興くじ（toto・BIG）の収益による「スポーツ振興くじ助成」などの助成があります。

なお，競技団体向け選手強化費については，平成27年度から，競技力向上事業としてJSCに資金が一元化されています（JOCが助成事業者）。

2 様々な不正事案

これらの助成金については，過去に様々な不正受給事案が繰り返し発生しています。例えば，次のような事案がありますが，不正に受給された資金について，私的流用がなされたというケースはまれで，多くの場合，資金の少ない団体の運営費・強化費等に充てられており，「不正」という自覚のないまま受給が繰り返されているという問題があります。

(1) 助成金の留保と目的外使用

2012年にJOCが公表した第三者特別調査委員会報告書によると，延べ13団体が，国庫補助による専任コーチ制度とスポーツくじによるJSCの「マネジメント機能強化事業」において，個人に支給された助成金の一部を寄付として所属団体に還流させていたとされています。

2013年に発覚した全日本柔道連盟（以下「全柔連」といいます）の不正受給案件も，全柔連がJSCから指導者に支給された指導者への助成金の一部を徴収し，強化留保金として目的外使用していたというものです。これにより全柔連は，JSCから6055万円もの返還命令を受けました。

(2) 支出の裏付けのない領収書の提出による不正受給

2013年に発覚した日本フェンシング協会の不正受給事案は，実際にかかった金額以上の滞在費の領収証を選手に作成させ，JSC 及び JOC に対する報告書に添付していたという事案であり，第三者調査委員会の報告書では詐欺にあたるとの指摘を受けました（ただし，資金の私的流用はなく強化のために用いられたとされています）。

3 不正受給に対する対策

繰り返される不正受給に対し，JSC は，助成金交付要綱・実施要領などを公表するとともに，競技団体に向けた受給手続の手引き，会計処理の手引きのほか，助成を受ける団体の心得を作成・交付するなどの対策を講じています。

具体的には会計処理に関しては，例えば提出書類として，領収証のほか支払明細書，内訳書の提出を求めるなどして，そもそも不正受給ができないような手続を定めています（ただし，これにより手続がより複雑となり，団体の負担が増すという側面もあります）。

一方で，心得においては，不正受給によるスポーツへの信頼の低下を指摘して団体の自覚を促すとともに，団体内部における会計処理の適正化（会計処理の内容のみならず，監査・チェック体制の整備等）や，関係書類の整理・保管，JSC 職員や会計検査院の立入調査，不正受給・虚偽報告に対する措置についても言及し，競技団体のガバナンス強化を促しています。

〔岸　　郁子〕

第3章◇スポーツ行政に関する法律相談
第1節◇スポーツ振興に関する法律相談

 6　オリンピック終了後のレガシー

　2015年11月18日に「東京五輪・パラリンピック基本方針案」が示され，その中で，次世代に誇れる遺産（レガシー）の創出が1つの柱にされています。IOCによれば，レガシーとは長期にわたるポジティブな影響とされ，スタジアム等の有形なもの以外に，「記憶」，「教育」，「ボランティア」といった無形のレガシーも含まれます。
　ロンドン大会は，土壌汚染などで荒廃したロンドン東部を再開発し，IOCからスポーツに対する長期的で積極的な恩恵をもらし，レガシープランニングに対する新基軸を打ち立てたと評価されています。このロンドン大会が参考にしたのがシドニー大会といわれています。シドニーでは，オリンピック終了後，メインスタジアムを含め関連施設が赤字を生む「負の遺産」としてマスコミ等で批判の的になりました。2001年に Sydney Olympic Park Authority Act 2001が制定され，シドニーオリンピック公園局が設置されました。そして公園局には，建築・開発許可や規則の制定など地方政府と同等の権限が付与されました。公園局は，その後，2002年に基本計画を立て，2005年に20ヵ年計画が発表されました（現在では，「マスタープラン2030」に引き継がれています）。オリンピック終了後も国際的なスポーツイベント，コンサート，会議の招致を積極的に行うなど，年間5400件のイベントが開催され，毎年，来園者も増加傾向にあり，年間1400万人の人々が公園を訪れています。シドニーオリンピック公園は，スポーツ施設だけでなく，商業施設，大学等の教育機関，居住施設，周辺には水辺区域などの広大な自然環境を兼ね備えた，まさに1つの街を形成しています。
　ロンドン大会では，大会組織委員会とは別に，オリンピック会場や交通機関等のインフラ整備を担当する「オリンピック会場建設委員会（Olympic Delivery Authority, ODA）」が創設されるとともに，大会後のオリンピック・パークの管理運営を行うために，ロンドン・オリンピック・レガシー開発公社（London Legacy Development Corporation, LLDC）が設置されました。IOCのアジェンダ2020でもレガシープランが重視されていますが，どのような遺産を遺すかということもさることながら，責任ある主体のもと，将来を見据えた長期的なレガシー・プランを作ることが重要といえます。　　　　　　　　　◆石堂　典秀◆

公共スポーツ施設での瑕疵（老朽化，整備不良等）による事故と責任

公共スポーツ施設（以下「公共施設」といいます）の老朽化対策，耐震補強などは，地方自治体の財政力により対応が遅れているところが多いと聞きます。保有する施設の行政責任者としては施設の瑕疵によって生じる事故に関してどのような責任が生じ，予算不足にどのように対処すればよいでしょうか。

公共施設の瑕疵によって事故が発生した場合，損害賠償責任を主とする民事責任のほかに，刑事責任や行政責任といった法的責任が問題となります。しかし，具体的な責任の所在を判断し難く，公共施設の最高管理責任者である首長が政治的に責任を負うにとどまるケースも少なくありません。

☑ **キーワード**

公共施設の瑕疵，法的責任，政治的責任，予算

解　説

1　公共施設の瑕疵により生じた事故に関する行政責任者の法的責任

最近，公共の体育館でバレーボールの試合中にフライングレシーブをした際や，フットサルのスライディングをした際に床面が剥がれて体に突き刺さる事

故がいくつか発生しています。このような場合，行政責任者（管理担当者や管理監督責任者等）の法的責任を整理しておきましょう。なお，指定管理者制度を利用している場合については，**Q76**，**Q77** を参照してください。

(1) **民事責任**

行政責任者の過失の有無いかんにかかわらず，国家賠償法（以下「国賠法」といいます）2条1項により，公共施設の瑕疵（通常の安全性を欠く状態）によって事故が発生した場合には，施設を設置管理する地方自治体が，被害者に対して損害賠償をする義務が発生します（無過失責任）。行政責任者は個人的に直接損害賠償責任を負うことはありません。ただし，行政責任者に過失がある場合には，地方公共団体は，国賠法1条1項又は安全配慮義務違反の法理（行政責任者の過失＝履行補助者の過失）により，民法415条に基づく損害賠償責任が認められる場合もあります。なお，予算不足は，「過失」の無いことの理由とはなりません。

(2) **刑事責任**

公共施設の管理に過失があれば，行政責任者には，業務上必要な注意を怠っていたことにより，業務上過失致死罪又は業務上過失致傷罪（刑211条）が成立する可能性があります。

(3) **行政責任**

行政責任者が，公務員であれば，地方公務員法上の行政処分（分限処分又は懲戒処分）を受ける可能性があります（詳細は，**Q73** 参照）。

2 政治的責任の所在

地方自治体の中には，スポーツ振興のため，現在存在する老朽化した体育館の安全性を確保できないからということで新しい体育館を建設するところがあります。このような議論が出てから，その体育館の建設をめぐって，10年近くその是非を住民の意見を聞きながら検討しているところもあります。もし，この老朽化した体育館が突然壊れたり，地震があって大きな人的被害が出たら，その地方自治体の行政のトップである首長は施設管理の最高責任者として，仮に法的に損害賠償責任等を問われないとしても，政治的責任を問われます。公

Q75◆公共スポーツ施設での瑕疵（老朽化，整備不良等）による事故と責任

共施設には，多くの予算（経費）が見込まれることから，住民の関心は高く，その対応の仕方いかんによっては，首長の責任を選挙で問うことになります。このように公共施設の瑕疵による事故の発生に関しては，首長の政治的責任に繋がることがあります。

3　事故と予算（財政力）

　予算には限りがあるため，すべての施設事故の発生の危険を避けることはできません。地方公共団体の全体の予算とにらめっこしながら，ある程度長期的に計画的に改善をしていくほかありません。したがって，施設の正確な状況を常に把握し（日常点検），危険な箇所を発見したら，即時，使用中止にするしかありません。しかし，万が一のことを慮って，事前に事故発生時での緊急対応のマニュアルの作成，状況の把握（写真等）に努めておくことは可能でしょう。これによってより少ない出費で済ませることにもなります。

　事故発生時の対応としては，もちろん，被害者の救済が一番ですが，事故の正確な記録（メモ，写真撮影，録音，関係者の事情聴取等）等も事後の予算措置（要求）のためにも重要です。また，公共の施設の性格から，類似事故防止のために類似施設を管理する機関等への情報提供が望まれます。

〔吉田　勝光〕

第3章◇スポーツ行政に関する法律相談
第1節◇スポーツ振興に関する法律相談

 スポーツ施設の指定管理業務における事故対策

市の公共スポーツ施設を管理する指定管理者に，応募を希望している民間事業者ですが，指定管理者になる基本的条件と事故対策について教えてください。

地方自治体（以下「自治体」といいます）の「公の施設」（地自244条1項）の管理運営は，これまで，自治体の出資法人だけに請負（地自234条）させる管理委託方式でした。

それが，2003年に改正された地方自治法244条の2により，「公の施設」の管理者を公募できる「指定管理者制度」が生まれました。指定管理者の選定は，民間事業者，公益法人，NPO法人などの団体が，プロポーザル（企画提案）で競い合うという性能審査方式です。その審査で選考された団体は，議会の承認を得た上で，概ね3年〜5年間，施設の管理者として「指定」（地自244条の2第3項）されます。

また，損害賠償責任は，一般的に，職員の不法行為に対して，指定管理団体が使用者責任（民715条）として損害賠償責任を負うと解するのが相当です。

そのため，高額な損害賠償金に対処するために，自治体と指定管理者はそれぞれに，賠償責任保険に加入しています。

☑ キーワード

指定管理者制度，地方自治法，賠償責任保険

Q76◆スポーツ施設の指定管理業務における事故対策

解　説

1　指定管理者制度の位置づけ

　指定管理者制度は，公共サービスを「官から民へ」「中央から地方へ」移行するという財政再建と構造改革の中から生まれ，「住民サービスの向上」と「行政コストの縮減」を目的に導入されたアウトソーシング手法の1つです。

　手順は，自治体の公募要項に対して，応募団体（コンソーシアムを含む）が事業計画案を提出します。それを選考委員会が得点化して，最高の評価を得た団体を決めます。その後，議会承認を得た上で，団体の指名が決定し「協定書」を結びますが，この協定書は，「行政行為の附款」と解されており，契約と同じ法的効力をもちます。

　なお，指定管理者は利用の許可などの行政処分を行うことができる場合には，行政手続法における「行政庁」の性格をもつと解されています。

　また，指定管理者に課すべき，情報公開，個人情報保護及び行政手続については，「管理の基準」において，それぞれの自治体が，各条例に照らして必要な措置を講じています。特に，個人情報保護については，ほとんどの自治体が，条例の義務規定を適用しています。

2　危機管理と責任分担

　自治体が，提案書の比較において最も重視するのは，指定管理料の総額を除けば，危機管理に関する提案内容です。

　危機管理への対応能力には，「防災管理」「防犯管理」「事故管理」「情報管理」などの項目があり，それぞれの事前対策（リスクマネージメント）と，発生時対応（クライシスマネージメント）について提案を求めるのが定番です。加えて，その実施能力を維持・向上させるために，職員には，必要な資格取得と研修の充実も義務づけています。

さらに，自治体は，指定管理者に「リスク分担表」を示して，双方の認識不足によるトラブルを回避するために責任分担を明確にしています。

　とりわけ，施設・設備の損傷が発生した場合，その原因が，施設の経年劣化による場合は自治体責任とし，日常の点検不備や整備不良等の場合は指定管理者の責任としていますが，瑕疵の原因は両者の認識が分かれることがあります。その際は，自治体の判断が優先され，指定管理者に責任が押し付けられるケースも少なくありません。

　なお，修理費が50万円以下の場合は指定管理者，50万円以上は自治体など，金額により責任を分担する項目を入れていますが，自治体には，年度途中の補正予算を確保できないため，指定管理者が建て替えさせられることもあります。

3　損害賠償責任と保険加入

　全国の自治体は，高額な賠償額を行政予算で賄うことがないように，必ず，自治体保険（「全国市長会」と「全国町村会」が，総合賠償補償保険を制度化している）に加入しています。

　また，指定管理者に対しては，指定管理業務における故意又は重大な過失による損害賠償や自治体からの求償に応じられるように，自治体が保険料を指定管理料に含めて補助した上で，保険加入を義務づけているところが多くなっています。

　なお，中学校の校外学習として行われたカッターとう漕実習において，女生徒が死亡した「浜名湖カッターボート転覆事故」（**Q77**も参照）においては，モーターボートを操船していた指定管理団体の社員1名が，業務上過失致死罪により，禁錮1年6か月，執行猶予3年の判決を受けるとともに，損害賠償額3400万円で和解した判例があります。

〔鈴木　知幸〕

──●参考文献●──

・　成田頼明監修『指定管理者制度のすべて〔改訂版〕』（第一法規，2009年）。

77 指定管理業務におけるスポーツ重大事故

民間事業者が指定管理者として地方自治体から委任を受けている公共スポーツ施設において，業務上の不手際や，施設・設備の不具合等に起因する事故が発生しています。その原因と問題点について教えてください。

　Q76で解説したように，指定管理者は，業務受託者ではなく，行政サービスの代行を許された事業者（企業，公益法人等）です。しかし，残念ながら，指定管理業務に起因する事故はこれまで多数発生しており，死亡事故も数件含まれています。
① 「滑り台付き遊泳プールでの事故」（2007年）　島根県出雲市の健康増進施設「出雲ゆうプラザ」で，小学2年生男子が，滑り台付きの遊泳プールを滑り降りて，着水した後に溺死しました。
　　主因は，指定管理者（NPO法人）が，提案している事業計画書のとおりに監視体制（人員配置）をとっていなかったためです。
② 「バスケットゴールの操作による事故」（2009年）　静岡県草薙体育館で，油圧式の折り畳み式バスケットゴールを操作していた利用者が，ボルト破損で落下したゴールに頭部が挟まり死亡しました。
　　主因は，機器の定期点検で危険度が高いと業者から指摘されていたゴールに対して，使用禁止や係員操作などの対応をせず，漫然と利用者に操作させていたことが問題であると検証されています。
③ 「湖での手漕ぎボート転覆事故」（2010年）　浜名湖での中学校の野外体験学習において，操作していた手漕ぎボートが，天候の悪化により漕げなくなったため，モーターボートで曳航したところ手漕ぎボートが転覆し，女生徒1名が水死しました。
　　主因は，県立青年の家の指定管理者が，水上の野外活動を運営・指導するだけの技能と知識に欠けていたことと，学校も，自主判断

第3章◇スポーツ行政に関する法律相談
第1節◇スポーツ振興に関する法律相談

> をせず，未熟な指定管理者に依存していたことが問題でした。

☑ キーワード

指定管理者，スポーツ死亡事故，施設管理責任

解　説

1　「滑り台付き遊泳プールでの事故」の問題点

　この事故の主因は，指定管理者が事業計画書どおりの監視体制をとっていなかったことです。スタート地点と着水場所に監視員を置き，利用者が着水プールに到着した後に，次の利用者をスタートさせるなど，監視マニュアルに沿った体制を確保していませんでした。その理由として館長は「採算面が厳しく，監視員を計画通り充当することができなかった」と証言しています。
　公募の際，指定管理料の無理なコスト減で提案すると採算が合わず，配置人数の削減や職員の労働強化など，管理体制が不十分となり事故を起こす指定管理者は少なくありません。
　地方自治体は，事故後に財政力の弱いNPOでは安全管理が不十分として指名を解消し直営に戻しました。指定管理料の削減が業務の手抜きになるという悪しき事例を残しました。
　なお，県警は，NPOが以前から着水時の衝突事故を起こしていたとして，理事長と実務責任者の2人を業務上過失致死容疑で送検しました。

2　「バスケットゴールの操作による事故」の問題点

　静岡県草薙体育館において，折り畳み式バスケットゴール（油圧式）を収納していた利用者が，突然落下したゴール支柱に首を挟まれ即死しました。

県体育協会と民間事業者による共同体（コンソーシアム）は，機器点検で，ゴールの部品が摩耗しており危険と指摘されていたにもかかわらず，機器の使用禁止や係員による操作等の対応をせず，利用者にも注意喚起をしないまま操作を任せていました。

この事故は，共同体の事業では，緊密な情報共有が安全管理に重要であるという課題を残しました。

県警は，部品の摩耗を放置したことが事故原因であるとして，業務上過失致死容疑で指定管理団体の幹部4人を送検しましたが，地検は起訴猶予処分にしました。その理由について，指定管理者側が新たに点検マニュアルを作るなど再発防止策を講じたこと，さらに，県と共同体が，遺族と示談（約6700万円）を成立させたことを考慮したとしています。

3 「湖での手漕ぎボート転覆事故」の問題点

浜名湖で手漕ぎボートを操作する中学校の体験学習において，曳航中のボートが転覆し中学女生徒が死亡しました。

この体験学習を指導した「県立青年の家」の指定管理者は，悪天候予報での出航判断，船酔い予測，モーターボート曳航技能，救助対応等に経験や訓練が少なく，学校側は，気象判断や実施判断など主催者として主体的に決断をしなかったことが最悪の結果を招きました。

特に，モーターボートを操作した青年の家所長（小型船舶操縦士の免許取得）は，曳航が初経験のため，危険な急旋回をしたことで手漕ぎボートを転覆させました。

県警は，和解成立を踏まえても刑事責任は看過できないとして，学校長，青年の家所長ら6人を業務上過失致死容疑で送検しています。

この事故は，指定管理の業務体制は，指名後数か月の間に準備しなければならず，熟練かつ専門的な職員の確保が難しいという問題が残りました。

〔鈴木　知幸〕

第3章◇スポーツ行政に関する法律相談
第1節◇スポーツ振興に関する法律相談

 運動部活動での外部指導員の法的位置づけと責任

　我が子の中学校運動部では，外部指導員が技術指導をしていますが，暴力的で生徒と保護者は不満をもっています。一方，顧問教員は，現場に立ち会いません。教員と外部指導員の権限と責任を教えてください。

　部活動は，教科のような教育課程ではなく，教育課程外の課外活動に位置づけられ教員の本務とはなっていません。なお，教育委員会規則によって教員の校務分掌として本務に位置づけている地方自治体はあります。
　また，現場では，教師の指導不足や過重労働，手当て制限（公立の義務教育諸学校等の教育職員の給与等に関する特別措置法）のために顧問確保が難しいことから，学校長が任意で，卒業生やスポーツ指導者に技術指導を依頼してきました。しかし，外部指導員の行き過ぎた指導による事故発生や暴力事案が増えたため，教育委員会が規約や綱領を策定して，外部指導員の位置づけと責任を明確にするようになります。
　教員は，学校教育法11条により体罰は禁止されていますが，外部指導員には懲戒権の法的根拠がないため社会的相当性で判断されています。
　最近の親権者は，学校や教育委員会の対応に不信感をもつ人が増え，教員を暴行罪（刑208条），傷害罪（刑204条）等の刑事罰に訴えるケースが多くなっています。

☑ キーワード

　顧問教員，外部指導員，体罰，暴力，損害賠償，行政処分

Q78 ◆ 運動部活動での外部指導員の法的位置づけと責任

解　説

1　外部指導員制度とは

現在は，地方自治体の教育委員会が定めた規則や要綱，規約によって外部指導員の立場と責任を明確にしています。

内容は，採用資格，任務要件，指導時間，謝金等を定めて，希望する学校に配置を進めようとしています。しかし，経費が県費負担のため，配置人数の需用に予算が追い付かない地方自治体が多く，適任の人材が十分に配置されているとはいえません。

文部科学省は，全国の実態調査をもとに，地方自治体任せでは普及が困難であるとして，中央教育審議会答申（2015年）の中で，部活動等の指導体制を整えることができるよう，教員に加え，部活動等の指導・助言や各部活動の指導，顧問，単独での引率等を行うことを職務とする部活動指導員（仮称）を，法令上に位置づけることを検証すべきと指摘しました。

2　教員と外部指導員の損害賠償責任

教員に対する国家賠償法（以下「国賠法」といいます）1条による損害賠償金の支払義務は，次の考えに基づいて配分されます。

市区町村立の小中学校教員は，採用権が都道府県か政令指定都市にあり，職務監督権は市区町村側にあります。そのため，基本的には5対5の分担ですが，監督責任の重い事例では，4対6などに傾斜する場合もあります。なお，都道府県立高校の教員については，都道府県が全額を賠償します。私立学校教員の場合は，民法715条により学校法人が賠償責任を負うことになります。

また，求償権の行使については，故意犯など悪質な事案でない限り行使することは難しく，公立学校事故で適用した事案は見当たりません。私立学校の求償権行使は，公表していないので不明です。

一方，外部指導員は，任用・監督をする当該教育委員会が全面的に負うことになります。区市町村は，要綱において，国賠法の適用を前提に掛金を自治体が負担し，外部指導員にも賠償責任保険の加入を義務づけています。

〔参考〕

> ○○市中学校部活動外部指導員に関する要綱
> 第○条　外部指導者がその職務を行うについて他人に損害を与えたときは，国家賠償法第1条の規定に基づき，市がこれを賠償する責めに任ずるものとする。
> 2　市は，前項に規定する賠償に応ずるため，外部指導者に委嘱を行うに際しては，市が掛金を負担して当該外部指導者に係る賠償責任保険に加入するものとする。

なお，外部指導員を非常勤職員として報償で任用している地方自治体もありますが，その場合は国賠法の適用は困難であるとの見解があり，公務災害補償については，労働者災害補償保険法の適用を明文化しています。

また，外部指導員自らの傷害補償については，地方自治体が加盟している災害補償保険を適用するとか，スポーツ安全保険等に加入することもできますが，いずれも，加入経費は地方自治体が負担するようになっています。

3　外部指導員による暴力事例

外部指導員による体罰問題が顕在化して批判を浴びたのは，大分県の中学校剣道部において，外部指導員のコーチが生徒に暴行を加えている場面を保護者が映像に収めネットで流したことです。その暴行場面が全国に知られて非難を受けました。また，顧問教員が近くにいたのに，外部指導員の暴行を制御しなかったことも批判を増幅させました。

その上，教育委員会は，外部指導員が教師ではないことを理由に詳しい調査をしないと公表し，学校側は，行き過ぎた指導があったとして外部指導員を解任しただけで謝罪もしなかったことが，行政側と学校にも批判が及びました。

〔鈴木　知幸〕

7 障がい者スポーツに関するスポーツ庁への期待と課題

1 障がい者スポーツというと，まだまだ障がいというハンデを克服した美談的に捉える人が多いのではないでしょうか。しかし，いわゆる「社会モデル」の障がい観や共生社会の理念からすれば，障がいを，克服するものであると捉えること自体が問題といえます。むしろ，障害者権利条約や障害者差別解消法が定める「合理的配慮をしないこと＝差別」であるという考え方からすれば，パラリンピック等は，障がいのある人もない人も平等に競技者として競技するための合理的配慮にすぎず，男女の違いや階級の違い等と同じカテゴリーの違いであり，オリンピックと違うものではありません。つまり，ハンデの克服ではなく，アスリートとして，当該競技を極めようという姿勢，高い技術こそが賞賛されるのです。

2 他方，障がい者スポーツは，障がいの特性に合わせた補助具等を用いることから，昨今，その性能によって競技者間の公平性が損なわれるのではないかということが問題となっています。例えば，義足に関して，オスカー・ピストリウス選手が，2008年の北京五輪に出場する際，国際陸上競技連盟は，同選手の義足が「競技力向上を手助けする人工装置」を禁止する規程に抵触するとして出場を認めなかったところ，CASで，義足を使用することによる有利性は確実ではないとされ無効になりました。また，2016年のリオ五輪においても，同連盟は，走り幅跳びのマルクス・レーム選手に対し，公平性の証明をしなければ，出場を認めないとしました。しかし，その証明には，多大な費用と期間がかかりますので，社会の側に障がいに対する合理的配慮を求める前記障害者権利条約の趣旨からすれば，障がいのある選手側に証明責任を負わせるべきではないでしょう。

3 スポーツ基本法は，障がい者が自主的かつ積極的にスポーツを行うことができるよう，障がいの種類や程度に応じ必要な配慮をしつつ推進されるべきこと（基本2条5項）を定め，障害者権利条約も，障がい者が他の者と平等に，あらゆる水準の一般のスポーツ活動に可能な限り参加することを奨励，促進すること等を定めています（同30条）。

平成27年10月1日から設置されたスポーツ庁は，関係省庁と連携，協同しながら，こうしたスポーツ基本法や障害者権利条約の理念を実現することを期待された組織であり，障がい者スポーツの普及促進に向けた合理的な配慮の在り方を検討することが重要な課題だと考えられます。　　　　　　　　　　◆徳田　　暁◆

第3章◇スポーツ行政に関する法律相談
第2節◇地域スポーツに関する法律相談

第2節　地域スポーツに関する法律相談

 スポーツによる地域活性化

　過去に、スポーツによる地域活性化に成功した例を紹介しつつ、行政、住民、大学・企業、それぞれの役割と連携のあり方について教えてください。

　　スポーツによる地域活性化には経済的効果と社会的効果の2つがあります。経済的効果は地域外からの誘客（観光客・宿泊客の誘引、観光消費の誘発など）、スポーツビジネスや関連産業の活性化、対外的な知名度向上・イメージアップ効果などです。社会的効果には住民の地域への誇り・愛着の醸成、青少年育成・定住促進効果、住民の一体感・コミュニティ意識の高揚、住民の社会参加・社会貢献の促進、ボランティア・ホスピタリティ意識の高揚などがあります。
　このようなスポーツによる地域活性化（振興）には大きくは■図のように4つのタイプがあります。詳しくは解説に譲りますが、いずれにしても基本は地域住民が健康で明るく、豊かな生活を営むこと、さらに地域の豊かな発展に役立つように配慮することが大切です。

Q79 ◆ スポーツによる地域活性化

■図　スポーツによる地域振興の類型化（1999年，森川貞夫）

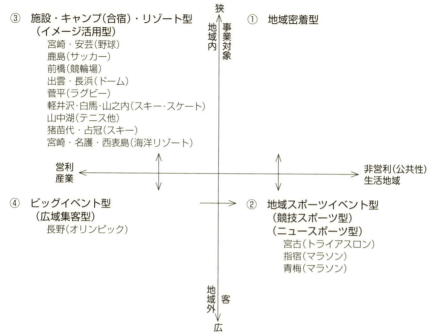

「スポーツを軸とした地域振興政策の展開手法に関する調査報告書」（自治大臣官房地域政策室，1988年3月），山口泰雄『生涯スポーツとイベントの社会学』（創文企画，1996年）を参考に新たに作成した。

☑ キーワード

地域活性化，地域密着型，地域スポーツイベント型，施設・キャンプ（合宿）・リゾート型，ビッグイベント型

解　説

1　地域密着型

「いつでも，どこでも，だれもがスポーツを楽しむ」ことのできる地域づく

り，街づくり，人づくりと結びつく地域スポーツの推進は「地域にねざす」ことが大事です。これは全国多くの市町村で展開されており，一つひとつ事例を挙げるまでもないので省略しますが，要は「スポーツの主人公」は住民自身であり，行政も大学・企業も支援・連携することがあってもあくまでスポーツを楽しむのは住民自身であることを念頭に住民主導で進めることが基本です。

2 地域スポーツイベント型

　この地域スポーツイベント型は，■図④の一過性のビッグイベント型と違ってその地域を拠点にできれば毎年定期的に開催してその地域に定着していくスポーツイベントを指します。例えば市民マラソンを全国に広げていった典型的な事例として青梅マラソンを挙げることができます。このような市民マラソンは現在では全国各地で行われています。最近の特徴は周辺の地域だけでなく全国に発信する形で地域外からより広範な参加者を呼び寄せることによって参加者だけでなく応援する家族・友人・知人などもそのイベントに合わせて駆けつけるという集客効果，経済的効果を期待して行い，ひいては地域活性化につなげていこうというねらいがあります。したがって行政もさることながら商店街や生産農家，観光業者，宿泊施設等の協力・支援も必要です。それになによりも「おもてなし」する住民のボランティア支援が集まってくる参加者・家族・知人・友人の心を打つものであり，また来たいというリピーター効果を生みだすものです。

3 施設・キャンプ（合宿）・リゾート型

　このタイプは**2**の地域スポーツイベント型と似ていますが，違いは特定の施設（野球場，サッカー場，ラグビー・テニスコートなど），リゾート周辺地域を拠点に特定のチームや団体，家族・グループなどが数日・数週間（時に1ヵ月に及ぶ）にわたってスポーツやその他レジャー活動などを行うことです。典型的な例としては夏季期間の菅平のラグビー，プロ野球キャンプ地である宮崎など，またサッカー・Jリーグの拠点として鹿島などが挙げられます。また近年では長期

滞在型のリゾートやスポーツ・ツーリズムとして地方自治体や民間企業・大学などとタイアップしながら開発された地域も登場してきています。
　ここでも周囲の自然環境と住民の生活環境などとの協調や協力・理解が必要でしょう。

4　ビッグイベント型

　オリンピック大会やワールドカップ・サッカーなどいわゆるビッグ・スポーツイベントを招致することによって周辺地域一帯を巻き込んでの大がかりな地域開発を含む総合的な地域活性化です。例としては1998年冬季オリンピック大会を開催した長野が挙げられます。
　大会規模が大きくなればなるほど開催自治体だけでなく開催都市住民の協力・理解，民間企業などの支援・協力が必要となります。

5　ま　と　め

　最後に，今，国（文科省・スポーツ庁）では「スポーツを通じた地域コミュニティ活性化促進事業」を進めています。それは行政（地方自治体）と大学・企業における人材・施設の活用による協力・協働，支援・援助，さらに地域スポーツクラブ，地域住民の参加・協力という関係を通じて地域コミュニティの活性化を促進するというねらいです。これは主に④ビッグイベント型を除いた①地域密着型，②地域スポーツイベント型，③施設・キャンプ（合宿），リゾート型の３つのタイプについての具体的な施策を図式化したものとして参考になります。
〔森川　貞夫〕

●参考文献●

- 本郷満「スポーツによる地域活性化──中国地域経済白書2013より」『エネルギア地域経済レポート』472号１～８頁（中国電力㈱エネルギア総合研究所，2013年），横浜市会議会局政策調査課「スポーツの振興による地域活性化について」（2014年）。

第3章◇スポーツ行政に関する法律相談
第2節◇地域スポーツに関する法律相談

 総合型地域スポーツクラブの運営にあたっての注意点

　地域スポーツを活性化させるために，総合型地域スポーツクラブを活用しようと思っています。総合型地域スポーツクラブを運営する上での，法的側面からの注意点や対策について教えてください。

　総合型地域スポーツクラブ（以下「スポーツクラブ」といいます）及び指導者には，スポーツ指導中やイベント時の事故について責任が生じ得ますので，十分な事前対策・事故対応の準備が必要です。
　暴力行為，セクハラ・パワハラの防止に向けては，倫理規程やガイドラインの活用が有効です。
　スポーツクラブは個人情報取扱事業者に該当しますので，個人情報保護法に従って会員の個人情報を取り扱わなければなりません。
　指導者やスタッフの確保にあたっては，目的や予算に合わせ，実態に即した形式の契約形態を選択しましょう。

☑ キーワード

総合型地域スポーツクラブ，安全配慮義務，ボランティア指導者，個人情報保護法

解　説

1　スポーツ指導・イベントにおける事故予防と対策

　スポーツ指導やイベントを開催する場合には，指導者はもちろん，主催者た

るスポーツクラブも使用者として安全配慮義務を負います。スポーツの種類，イベントの内容によって中身は変わりますが，いずれにしても，綿密な事前の計画（施設や用具といったハード面の点検・整備，参加者数やイベントの規模に合った指導者・スタッフの配備，災害時・緊急時の対策等）と的確な状況判断，事故発生時の適切な対応が求められます（詳細は第1章，第2章参照）。多くのスポーツクラブは，多世代，多志向という点に特徴がありますので，子供から高齢者まで，競技レベルも初級〜上級まで幅広いことを念頭に置く必要があります。

また，AEDの設置，救急対応マニュアルの策定及び周知・徹底，賠償責任保険や傷害保険への加入といった事故発生時への備えが重要です。

なお，無償のボランティア指導者であっても，基本的には有償の指導者と同様の責任を負うことに留意してください☆1☆2。

2 暴力・セクハラ・パワハラの防止

スポーツにおける暴力，セクハラ，パワハラといった暴力行為は，スポーツを行う者の権利・利益の侵害行為であり，人間の尊厳を否定し，ひいてはスポーツの価値を否定する，非常に恥ずべき行為です。暴力には，殴る蹴るといった直接的暴力だけでなく，暴言，脅迫，威圧等も含みます。スポーツクラブで暴力行為が起きないよう，指導者及び参加者に対する教育・指導を徹底する必要があります。その際，倫理規程やガイドライン，教育プログラムを策定し，活用することが有効です。

3 個人情報の取扱い

(1) 個人情報保護法の概要

スポーツクラブは，個人情報取扱事業者にあたりますので，個人情報保護法に従って会員の個人情報（氏名，住所，生年月日等）を取り扱わなければなりません。従来は，個人情報の保有件数が5000件未満の場合には個人情報保護法の適用がありませんでしたが（5000件要件），平成27年9月の法改正により5000件要件は撤廃されました。

(2) 個人情報取得時の注意事項

　個人情報の取得にあたっては、「業務上の連絡のため」や「サービスやイベントのご案内のため」といった形で利用目的を具体的に特定し、通知・公表する必要があります。また、会員の安全・健康を守ることを目的として、病歴を申告させることも多いと思いますが、病歴は、「要配慮個人情報」として、取得にあたって予め本人の同意が必要です。

　最近では、PRのためにホームページやSNS等でスポーツ活動時の写真を公開することも多いと思います。特定の個人を識別できる写真は個人情報にあたりますので、写真撮影にあたっては、広告・宣伝の用に供する旨を明示しておく必要があります。また、肖像権の問題もありますので、撮影及び公開にあたっては、予め同意を得るなど十分に配慮しましょう。

(3) 個人情報管理上の注意事項

　取得した個人情報については、漏洩、滅失又はき損の防止のため、必要かつ適切な措置を講じなければなりません。詳細は、所管庁である文部科学省が公開しているガイドラインをご覧ください。また、取得した個人情報を第三者に提供するにあたっては、原則として事前の本人の同意が必要です。

　個人情報の漏洩は築き上げたスポーツクラブの信頼を大きく揺るがしますので、安全管理を徹底する必要があります。

4　人材の確保

　スポーツクラブの運営には、事務局機能を担うスタッフ、スポーツ指導者の確保が必須ですが、人材確保にあたっては、雇用契約（正社員・パートタイマー）、業務委託契約、又は派遣契約といったいくつかの契約形態が考えられ、目的や予算に合わせ、実態に即した形態を選択し、契約内容・条件を明確に定める必要があります。雇用契約であれば労働関係法令に従うのはもちろん、労災保険や雇用保険等、各種社会保険への加入も忘れてはなりません。

〔飯田　研吾〕

┌─■判　例■─────────────────────────────┐
└─────────────────────────────────────┘

☆1　津地判昭58・4・21判タ494号156頁。
☆2　福岡地小倉支判昭59・2・23判タ519号261頁。

┌─●参考文献●────────────────────────────┐
└─────────────────────────────────────┘

・　（公財）日本体育協会「スポーツ指導者のための倫理ガイドライン」，日置巴美＝板倉陽一郎『平成27年改正個人情報保護法のしくみ』（商事法務，2015年），瓜生和久編著『一問一答 平成27年改正個人情報保護法』（商事法務，2015年）。

第3章◇スポーツ行政に関する法律相談
第2節◇地域スポーツに関する法律相談

 8 地域の震災復興におけるスポーツの役割

　先の「東日本大震災」「熊本震災」の折には多くのボランティアに混じって有名無名のスポーツ選手が被災地に入り，救援活動だけでなくスポーツ・レクリエーション活動を通して被災地の人々に勇気と生きる希望を与えたと報じられていました。また一流スポーツ選手・チームによるスポーツ教室の開催，子どもたちへのスポーツ指導，他にもチャリティマッチの開催などを通じて伝えられるスポーツそのものの喜び・愉快さ・楽しさが，人々を身体的精神的解放へと導き，とかく暗くなりがちな被災者の日々の暮らしの中に明るさを取り戻し，生きて行く希望を与えたともいえるでしょう。またチャリティマッチを通して義捐金の募集や関連グッズの売上げ，バザー等による収益金の寄付によって被災地への経済的支援に大きく貢献しました。

　しかし，このような外からの支援活動だけでなく被災地内やその周辺地域には体育・スポーツの専門家（例えば体育教師，スポーツ推進委員，スポーツ指導者など）やスポーツの団体・組織（例えばスポーツNPO法人，総合型地域スポーツクラブ，さらに民間のスポーツクラブなど）に所属しているメンバーがいるはずです。こうした身近な人々が長く避難生活している被災者に気軽に体操やレクリエーション的な遊びやゲーム，あるいはスポーツなどを指導してくれたらどれだけありがたいことか。例えば車中生活を長く続けている人には「エコノミークラス症候群」が発症し死亡や重篤にいたる人が増えており，体操などの自己啓発をよびかけていますが，先の体育・スポーツの専門家，スポーツ団体関係者・クラブ関係者がすぐに駆けつけて行って大いに貢献するということにはならないでしょうか。

　特に運動不足に陥りやすい子どもやお年寄りたちに気軽にできる体操や運動・遊びなどの機会をもっとつくって欲しいと思います。東日本大震災の後に仙台大学の学生ボランティアたちが大学の地域づくり支援センターの協力・支援を受けて被災地に「運動支援活動」を行って大いに喜ばれたといいます。ここでも「地域にねざすスポーツ活動」をめざす総合型地域スポーツクラブのメンバーにも，「遠くの親戚より，近くの他人」，いざという時に役立つように日頃から自分たちの活動のあり方を見直すこともこの際必要のようです。　　　　◆森川　貞夫◆

第3節　スポーツと環境に関する法律相談

 スポーツイベントの開催と環境保全

大規模なスポーツイベントの開催に伴い発生する環境問題にはどのようなものがあるのでしょうか。その対応策を交えながら，環境問題に対するスポーツ界の取組みについても教えてください。

　スポーツ施設の建設による大規模な開発は，自然環境に大きな影響を及ぼす可能性があります。例えば，スキー場やゴルフ場建設のための森林伐採は，山肌を削り，自然植物や鳥獣の生態系にも悪影響を与えます。また，大規模なイベントの開催は，CO_2の排出や騒音，振動，ゴミ問題から治安，セキュリテイなどの周辺環境の問題まで引き起こします。さらに，環境が悪化した中での競技は，選手の健康に悪影響を生じさせる場合もあるでしょう。その一方で，スポーツ活動を通して環境保全に意識を高めることは，広く環境整備効果も期待できます。世界的課題である環境保全に関して，国際オリンピック委員会をはじめスポーツ界は，持続可能な開発を旗頭に，環境汚染の防止，廃棄物の抑制・リサイクル，さらに再生可能エネルギーの導入や地球温暖化対策などに取り組んできています。

第3章◇スポーツ行政に関する法律相談
第3節◇スポーツと環境に関する法律相談

☑ キーワード

環境保全，持続可能な開発，廃棄物抑制・リサイクル，地球温暖化対策

解 説

1　スポーツによる自然環境の破壊

　冬季オリンピックのアルペン競技コースの設定については，しばしば環境破壊の危険性が指摘されてきました。札幌大会（1972年）の時には恵庭岳の滑降コースの復元が環境団体から要請され，1976年大会の開催地に決定していたデンバーでは，反対運動が起こり，住民投票の結果，開催地を返上しています。さらに，長野大会（1998年）では，滑降コースの設定において，国際スキー連盟の規定と国内の自然保護法との衝突が生じました。このほかにも，スポーツによる環境破壊といえる事例として，ゴルフ場における農薬による土壌・水質汚染，モーターボート等の水上スポーツによる水質汚染などが挙げられます。これらをめぐる紛争では，自然公園法，都市公園法をはじめ森林法，河川法，港湾法，漁業法あるいは環境関係の条例等に基づいて判断されることとなります。

2　スポーツによる周辺環境の悪化

　大規模なスポーツイベントの開催は，競技場等周辺の交通渋滞や公共交通機関への集中移動，各施設からのCO_2の排出や騒音，スタジアムの振動，照明，ゴミ問題そしてセキュリティなどの周辺環境の悪化を引き起こします。一度に数万人が集まるようなイベントにおいては，周辺住民の理解を得るためにも，交通手段の確保や退出時の交通整理，振動の原因となるジャンピング禁止の指示，ゴミの分別収集やリサイクル，清掃そして周辺の警備等にいたるまで，人的配置を含んだ広範で細やかな配慮が必要です。

3 環境の悪化によるスポーツへの悪影響

　自然環境の悪化は，選手の身体に悪影響を及ぼす危険性もあります。とくに，屋外スポーツでは，残念ながらいくつかの心配される問題がこれまでも浮上しました。例えば，オリンピック・北京大会では，マラソン時の大気汚染問題について，また，オリンピック・リオ大会では，セーリングやトライアスロンで使用される海浜の著しい水質汚染が感染症を引き起こすのではないかと話題となりました。大気・水質汚染の問題は，基準値の明確化など今後重要な課題となるでしょう。さらに，高温のもとでの長時間にわたるマラソン等の競技は，アスリート・ファーストの観点から熱中症対策として競技開始時間に配慮することも検討されるべきでしょう。

4 スポーツ界の環境問題に対する取組み

　環境の悪化が懸念される一方で，スポーツ活動を通して，環境保全の意識をもつことで，環境整備効果が期待されています。とくに1990年代以降，この世界的課題に対して，スポーツ界は，持続可能な開発の旗頭のもと，環境汚染の防止，廃棄物の抑制，さらに地球温暖化対策などに取り組んでいます。

(1) IOCの活動

　1990年，IOCはオリンピックムーブメントに環境保全をあげ，「スポーツと文化と環境」を3本の柱として，積極的に環境問題に取り組む姿勢を示しました。バルセロナ大会（1992年）では，全参加NOCが「地球への誓い」に署名し，1996年には，オリンピック憲章に「持続可能な開発」が追加されます。そして，1999年，オリンピックムーブメンツアジェンダ21には，すべての選手，個人及び組織がスポーツを通じた環境保護及び持続可能な開発保護に向けて取り組む方法が示されました。このように，フェアであることを地球にも適用するというスポーツ界の方向性をIOCは進んで打ち出しています。さらに，「IOC Guide to Sport, Environment and Sustainable Development（2006）」では，多方面からの配慮に加え，スポーツ団体，選手，メーカー，メディアの対

応，さらに各陸上，水上，屋外，室内，冬季のすべての種目競技団体の取組みを建物効率，電気，移動，廃棄物の処理，トイレなどの視点からまとめています。

(2) JOCの活動

IOCの方針に沿って，JOCは2003年，すべてのNOCの中で世界最初のISO14001の認証登録を得，「スポーツ環境専門部会」を設置し，環境問題に積極的に取り組んでいます。オリンピック選手やチームを通じたメッセージやポスターなどで環境のための啓発活動を進め，とくにエネルギー，水，移動，ごみの視点から日常の活動とイベント時の活動に分けて，具体的アクションを示しています。

(3) 環境省からの指針

環境省は2014年8月に「2020年オリンピック・パラリンピック東京大会を契機とした環境配慮の推進について」を提出し，中・長期的な視点から「循環共生型社会」の実現のための方向性を示しました。その中で1994年からの取組みを検討し，2020年東京大会を「環境にやさしい五輪」の実現そして「環境都市東京」の実現を目指しています。2020年は，ちょうど世界の温室効果ガスの削減目標年にあたり，世界をリードした試みが求められます。

〔井上　洋一〕

●参考文献●

- 井上洋一「スポーツと環境をめぐるスポーツ権」日本スポーツ法学会監修『標準スポーツ法学テキスト』57～58頁（エイデル出版，2016年），IOC「オリンピック憲章」(2014年)，環境省「2020年オリンピック・パラリンピック東京大会を契機とした環境配慮の推進について」(2014年8月)，IOC "IOC Guide to Sport, Environment and Sustainable Development (2006)".

スポーツ施設のユニバーサルデザイン化・
バリアフリー化

スポーツ施設の"ユニバーサルデザイン化"や"バリアフリー化"がいわれていますが，スポーツをする人，観る人にとって利用しやすいスポーツ施設のあり方について考えるべき視点を教えてください。

　バリアフリーは，障害者にとっての障壁を取り除くものであり，ユニバーサルデザインは，最初からできるだけ多くの人に使いやすい物を作るための設計です。
　ユニバーサルデザインをスポーツの場にあてはめた言葉として「sports for all」があり，これが設問の視点となります。

☑ キーワード

sports for all（スポーツ・フォア・オール）

解　説

1　ユニバーサルデザインとバリアフリー

　ユニバーサルデザインとバリアフリーは，似た印象を与える言葉ですが，厳密には異なる概念です。
　バリアフリーとは，文字どおり，障害者にとっての障壁（バリア）を取り除くということです。例えば段差というバリアをなくすなどです。障害には，肢

体障害，視覚障害，聴覚障害，知的障害，精神障害その他の障害があり，高齢者も対象に含まれます。

障害者基本法では，「全て障害者は，社会を構成する一員として社会，経済，文化その他あらゆる分野の活動に参加する機会が確保されること。」（3条1号）を求めています。

また，スポーツ基本法でも，「スポーツは，障害者が自主的かつ積極的にスポーツを行うことができるよう，障害の種類及び程度に応じ必要な配慮をしつつ推進されなければならない。」（2条5項）と定めているところです。

これに対し，ユニバーサルデザインとは，1980年代に車椅子利用の障害者であったロナルド・メイス氏（ノースカロライナ州立大学教授）が提唱した概念で，障害者に限らず，最初からできるだけ多くの人に使いやすい物を作る設計手法を意味します。すべての人が対象となり，言葉のわからない外国人や，妊婦・子ども連れも含まれ得ます。

このユニバーサルデザインをスポーツの場にあてはめたものとして，「sports for all」という言葉があります。これが設問についての視点となります。

2　観る人にとってのスポーツ施設

(1) 観戦のためのスポーツ施設

「sports for all」の視点からは，テレビ観戦とは異なる，スポーツ施設ならではの観戦の醍醐味を，誰もが味わえることが望ましいです。

静岡エコパスタジアム（静岡県所在）では，臨場感の味わえるゴール裏などにも，車椅子席を設けています。点字表示，音声案内付きの総合案内表示もあります。

また，サイトライン（観客の視線からフィールド等が見えること）の確保も重要です。例えばサッカーでは，車椅子席のサイトラインが確保されていないと，得点した際などに前列の観客が立ち上がると見えなくなり，感動を会場と共有できません。サイトラインを確保している代表例が，ノエビアスタジアム神戸（兵庫県所在）です。

聴覚障害については，補聴器では広い会場での歓声がうまく拾えないため，その機能を補う「磁気誘導ループ」を設けた席なども設計されるべきです。

また，観戦の醍醐味は，友人・家族等の仲間と観ることにもあるので，介助者に限らず，友人等と一緒に観戦できる設計が必要です。

ただし，これらの設計は，机上ではなく，実際に，障害者・高齢者・子供連れなどの方と，設計段階から意見交換などを行う必要があります。設計関係者がスタジアムで実際に車椅子に乗ったり，ベビーカーを押してみるなど，実体験することが必要です。

(2) 施設へのアクセス

「sports for all」の実現には，最寄駅－道路－スポーツ施設までのアクセスを確保することも必要です。

例えば，前述の静岡エコパスタジアムの最寄駅の愛野駅では，車椅子でも使いやすいエレベーターを設置しています。また，上り坂には，障害者のみならずベビーカー利用者など誰でも利用できるよう，階段・エスカレーター・小型モノレールの3種類が併設されています。

3 スポーツをする人にとってのスポーツ施設

日常的にスポーツを楽しめる施設として，総合型地域スポーツクラブ（以下「クラブ」といいます）があります。これは，文部科学省が生涯スポーツの場として実施するスポーツ振興施策であり，設置数は全国で3000を超えています（平成28年10月現在）。

これとは別に，障害者スポーツ施設（障害者スポーツセンター）がありますが，設置数は全国で100を超え，大半の都道府県が2～3施設の設置です。利用には，障害者手帳などが条件とされることもあります。

圧倒的にクラブの方が多いのですが，必ずしもバリアフリー・ユニバーサルデザイン設計が施されているとはいえません。そのため，障害者が，近くのクラブで容易にスポーツに参加できず，遠くの障害者スポーツ施設を利用せざるを得ない場合もあります。

「sports for all」の視点からは，障害者などの区別なく，なるべく多くの人

が同じ施設を利用できる設計が望ましいです。車椅子バスケットのように障害者と健常者が一緒に楽しめるスポーツもあります。

ただし，ケガなどの予防のためには，障害等を理解した指導員の育成・配置も必要です。

4 する人・観る人にとってのスポーツ施設に共通するもの

「sports for all」の視点からは，以上のハード面でのバリアフリー化・ユニバーサルデザイン設計に加え，市民相互の思いやりも大事でしょう（心のバリアフリー）。例えばノンステップバスに乗車する際に介助が必要な場合，車椅子の利用者が笑顔で求めたら，乗客や運転手が応じるなど，足りないところは，お互いの思いやりで補うことが必要です。スポーツを観る・する場合に，みんなで楽しくという心意気で，お互いに手を貸し，「sports for all」を実現していくことが望ましいと思われます。

〔関谷　綾子〕

■資料　仲裁判断一覧　（AP：スポーツ仲裁規則による仲裁手続，DP：ドーピング紛争に関するスポーツ仲裁規則による仲裁手続）

年　度	事件名	仲裁判断
2016年度		
JSAA-AP-2016-006（柔道）	柔道・指導者資格停止事件	棄却
JSAA-AP-2016-002，003，004，005（スケルトン）	スケルトン・国際競技会派遣選手選考事件	和解
JSAA-AP-2016-001（自転車）	自転車・リオ五輪代表除外事件	決定取消し
2015年度		
JSAA-AP-2015-007（水泳）	水泳・競技会出場資格事件	和解
JSAA-AP-2015-006（バレーボール）	バレーボール・役員資格停止事件	棄却・却下
JSAA-AP-2015-004（テコンドー）	テコンドー・正会員資格認定事件	却下
JSAA-AP-2015-003（ボート）	ボート・競技団体裁定取消事件	裁定取消し・委員会決定確認・その余棄却
JSAA-AP-2015-002（ホッケー）	ホッケー・代表監督解任事件②	棄却
JSAA-AP-2015-001（空手）	空手・処分取消等事件	手続終了・その余却下
2014年度		
JSAA-AP-2014-008（ホッケー）	ホッケー・代表監督解任事件①	決定取消し
JSAA-AP-2014-007（自転車）	自転車・アジア選手権代表選考事件	棄却・却下
JSAA-AP-2014-004（卓球）	卓球・大阪府代表選考事件	棄却・却下
JSAA-AP-2014-003（テコンドー）	テコンドー・除名処分決定事件	決定取消し・その余却下
2013年度		
JSAA-AP-2013-022（自転車）	自転車・降格処分決定事件	決定取消し・その余却下
JSAA-AP-2013-024（卓球）	卓球・世界予選会派遣選考事件	棄却・却下
JSAA-AP-2013-023（スキー）	スキー・ワールドカップ代表選考事件	棄却
JSAA-DP-2013-001（ドーピング）	陸上・ドーピング事件	決定取消し・資格停止2年
JSAA-AP-2013-005（ボッチャ）	ボッチャ・アジア選手代表選考事件	決定取消し・選考決定命令・その余却下
JSAA-AP-2013-004（テコンドー）	テコンドー・競技参加無期限停止事件	決定取消し
JSAA-AP-2013-003（水球）	水球・ワールドリーグ代表選考事件	棄却・却下
JSAA-AP-2013-002（ボディビル）※AP-2012-004，AP-2013-001及びAP-2013-002は併合審理	ボディビル・競技団体理事解任事件	決定取消し・その余却下
JSAA-AP-2013-001（ボディビル）※AP-2012-004，AP-2013-001及びAP-2013-002は併合審理	ボディビル・競技団体理事解任事件	決定取消し・その余却下

資料　仲裁判断一覧

2012年度		
JSAA-AP-2012-004（ボディビル） ※AP-2012-004，AP-2013-001及び 　AP-2013-002は併合審理	ボディビル・競技団体理事解任事件	決定取消し・その余却下
JSAA-AP-2012-003（軟式野球）	軟式野球・ブロック副会長候補推薦決定事件	棄却
JSAA-AP-2012-002（軟式野球）	少年野球・チーム代表者等登録事件	和解
JSAA-DP-2012-001（ドーピング）	自転車・2012年ドーピング事件	棄却
2011年度		
JSAA-AP-2011-003（ボート）	ボート・ロンドン五輪予選会代表選考事件	決定取消し・その余棄却
JSAA-AP-2011-002（アーチェリー）	アーチェリー・クラブ除名事件	指導監督命令・その余棄却・却下
JSAA-AP-2011-001（馬術）	馬術・個人成績取消事件	棄却
2010年度		
JSAA-AP-2010-005（障害者バドミントン）	障害者バドミントン・アジアパラ競技会代表選考事件	決定無効・代表選出確認
JSAA-AP-2010-004（ボウリング）	ボウリング・国体代表選手選考事件②	棄却・却下
JSAA-AP-2010-002（ボウリング）	ボウリング・国体代表選手選考事件①	棄却・却下
2009年度		
JSAA-AP-2009-002（綱引）	綱引・公認審判員資格認定事件	決定取消し・審査命令
JSAA-AP-2009-001（軟式野球）	軟式野球・チーム出場不可決定事件	決定取消し
2008年度		
JSAA-DP-2008-002（ドーピング）	自転車・2008年ドーピング事件②	却下
JSAA-DP-2008-001（ドーピング）	自転車・2008年ドーピング事件①	棄却
JSAA-AP-2008-001（カヌー）	カヌー・北京五輪代表選考事件	棄却・却下
2006年度		
JSAA-AP-2006-001（セーリング）	セーリング・懲戒措置確認請求事件	懲戒処置をとらないとする決定確認
2005年度		
JSAA-AP-2005-001（ローラースケート）	ローラースケート・アジア選手権代表選考事件	却下
2004年度		
JSAA-AP-2004-002（身体障害者陸上競技）	障害者陸上・アテネパラリンピック代表選考事件	棄却・却下
JSAA-AP-2004-001（馬術）	馬術・アテネ五輪代表選考事件	棄却
2003年度		
JSAA-AP-2003-003（身体障害者水泳）	障害者水泳・強化指定選手選考事件	棄却・却下
JSAA-AP-2003-002（テコンドー）	テコンドー・ユニバーシアード派遣選手増員請求事件	棄却・却下
JSAA-AP-2003-001（ウエイトリフティング）	ウエイトリフティング・登録除籍処分事件	決定取消し

キーワード索引

あ行

暑さ指数	**Q54**
アマチュア	**Q34**
アメリカ学生選手の組織化	**Q40**
安全管理体制	**Q52**
安全配慮義務	**Q2, Q10, Q13, Q15, Q52, Q54, Q80**
安全配慮義務違反	**Q71**
アンブッシュ・マーケティング	**Q69**
慰謝料請求	**Q41**
移籍金	**Q37**
移籍制限	**Q34**
違法性阻却事由	**Q3, Q19**
インターネット配信	**Q68**
インテグリティ	**Q61, Q64**
打消し表示	**Q70**
営造物責任	**Q12, Q13**
公の営造物	**Q12, Q14**
オフィシャル・グッズ	**Q67**

か行

ガイドライン	**Q8**
外部指導員	**Q78**
課外活動	**Q6**
科学的知見	**Q9**
各大会の目的による違い	**Q22**
ガバナンス	**Q48**
ガバナンスガイドブック	**Q48**
環境保全	**Q81**
関係者の責任	**Q1**
監督義務者の責任	**Q5**
冠スポンサー	**Q66**
危険なスポーツ	**Q10**
危険の支配	**Q4**
危険の引受け	**Q3**
騎馬戦	**Q7**
基本計画の策定	**Q48**
キャラクター	**Q67**
救助義務	**Q15**
競技会	**Q3, Q4**
——における公平性	**Q63**
競技団体の運営の透明化	**Q47**
競技団体のガバナンス	**Q74**
競技団体の対応	**Q59**
競技用車いす	**Q23**
競技力の公平性	**Q21**
競技ルール	**Q3**
行政処分	**Q78**
業務上過失致死傷	**Q2**
業務上の災害	**Q18**
禁止表（禁止表国際基準）	**Q57**
禁止物質	**Q56**
区分会計	**Q49**
組体操	**Q7**
刑事告訴の手続	**Q19**
刑事責任	**Q1**
刑事罰	**Q59**
景品表示法	**Q70**
欠陥	**Q14**
結社の自由	**Q41**
公益法人会計基準	**Q49**

キーワード索引

興行資金の調達	Q65
公共施設の瑕疵	Q75
興行収入	Q65
興行内容	Q65
興行場所	Q65
工作物責任	Q12, 13
公衆送信権	Q68
公序良俗	Q16
公的性格	Q48
公費の使途	Q72
公立学校教員	Q73
合理的配慮	Q23
国籍条項の有無	Q22
国内競技連盟の相談窓口	Q30
個人競技	Q26
個人情報保護法	Q80
国家賠償法	Q6
国家賠償法1条1項	Q2
顧問教員	Q78
ゴルフ	Q4

さ行

災害共済給付制度	Q17
在学関係	Q33
在学契約	Q33
サイクリング	Q11
裁定委員会	Q44
裁判を受ける権利	Q41
債務不履行責任	Q2
裁量	Q25, Q26
雑踏警備	Q52
サプライヤー契約	Q66
参加資格	Q63
参加有資格者への対応	Q63
事故発生時のツアー会社の法的責任	Q71
私生活上の行為	Q28
施設管理責任	Q77
施設・キャンプ（合宿）・リゾート型	

	Q79
持続可能な開発	Q81
指定管理者	Q77
指定管理者制度	Q76
自動応諾条項	Q51
指導者による暴力	Q62
指導者の責任	Q9, Q10, Q11, Q32
指導者の注意義務	Q6
社会的責任	Q48
社会的相当性	Q3
ジャパン・コンソーシアム	Q68
収益事業	Q49
周辺環境	Q52
住民監査請求	Q72
住民訴訟	Q72
主催者の責任	Q10, Q11, Q54
出所表示機能	Q69
受忍限度	Q52
障害者権利条約	Q23
障害者差別解消法	Q23
使用者責任	Q2, Q6
肖像権	Q35, Q36
消費者契約法	Q16
商標権	Q67
商標法	Q69
商品化許諾契約	Q67
商品化権	Q67
条理	Q3
諸規程の公開	Q48
助成金	Q74
処分の違法性	Q41
信教の自由の保障	Q24
信用失墜行為	Q73
スキー	Q4
ストライキ	Q40
スノーボード	Q11
スポーツ安全協会	Q17
スポーツ安全保険	Q17

スポーツ基本法5条……………………**Q47**
スポーツ基本法5条2項………………**Q48**
スポーツ権………………………**Q43**，**Q63**
スポーツ事故……………………………**Q 1**
スポーツ死亡事故………………………**Q77**
スポーツ団体の公共性…………………**Q50**
スポーツ仲裁……………………**Q42**，**Q46**
スポーツ仲裁裁判所……………………**Q46**
スポーツ賭博……………………**Q60**，**Q61**
スポーツにおける真の指導……………**Q62**
スポーツファシリティーズ保険………**Q17**
スポーツ・フォア・オール……………**Q82**
スポーツ用具……………………………**Q14**
スポーツをする権利の制約……………**Q29**
スポンサー契約…………………………**Q66**
制裁措置…………………………………**Q56**
政治的責任………………………………**Q75**
製造物責任法……………………………**Q14**
性同一性障害……………………………**Q63**
生徒指導…………………………………**Q73**
性別による差別…………………………**Q20**
世界アンチ・ドーピング規程…………**Q55**
セカンドインパクト症候群……………**Q 8**
責任能力…………………………………**Q 5**
セクハラ…………………………………**Q32**
設置又は保存の瑕疵……………**Q12**，**Q13**
選考基準…………………………**Q25**，**Q26**
選手会……………………………………**Q50**
先生への相談……………………………**Q30**
総合型地域スポーツクラブ……………**Q80**
送信可能化権……………………………**Q68**
損害の公平な負担………………………**Q 3**
損害賠償…………………………………**Q78**

た行

体育祭における事故……………………**Q 7**
大会参加資格……………………………**Q34**
対外試合禁止……………………………**Q29**

体罰………………………………**Q31**，**Q78**
代表選考…………………**Q25**，**Q26**，**Q45**
高槻市落雷事故訴訟……………………**Q53**
団体競技…………………………………**Q25**
団体交渉権………………………………**Q39**
団体内部の紛争解決機関………………**Q43**
団体の自治権……………………………**Q20**
地域活性化………………………………**Q79**
地域スポーツイベント型………………**Q79**
地域密着型………………………………**Q79**
地球温暖化対策…………………………**Q81**
地方自治行政……………………………**Q72**
地方自治法………………………………**Q76**
注意義務…………………………**Q 2**，**Q15**
注意義務違反……………………………**Q 4**
仲介人……………………………………**Q38**
仲裁自動応諾条項………………………**Q42**
懲戒………………………………………**Q31**
懲戒処分…………………**Q27**，**Q28**，**Q73**
懲罰規程の整備…………………………**Q51**
聴聞や弁明の機会の付与………………**Q51**
著作権……………………………………**Q67**
著作権法…………………………………**Q69**
治療使用特例……………………………**Q57**
通常有すべき安全性……………………**Q12**
定款・諸規程の整備……………………**Q48**
適正手続の保障…………………………**Q51**
テレビ放送………………………………**Q68**
天災………………………………………**Q 9**
ドーピング………………………**Q45**，**Q56**
特待生……………………………………**Q33**
土地の工作物……………………………**Q12**
賭博………………………………………**Q28**
賭博罪……………………………………**Q60**
トランスジェンダー……………………**Q21**
トレード…………………………………**Q37**

キーワード索引

な行

内部管理体制 ……………………… **Q49**
雪崩 ……………………………… **Q 9**
二重制裁 …………………………… **Q45**
日本アンチ・ドーピング規程 … **Q55**, **Q58**
日本アンチ・ドーピング規律パネル … **Q58**
日本学生野球憲章 ………………… **Q43**
日本サッカー協会 ………………… **Q44**
日本スポーツ法支援・研究センターの相談
　室 ……………………………… **Q30**
日本体育協会の相談窓口 ………… **Q30**
日本体育施設協会 ………………… **Q17**
ネーミングライツ ………………… **Q66**
熱中症予防運動指針 ……………… **Q54**
脳震盪 ……………………………… **Q 8**

は行

廃棄物抑制 ………………………… **Q81**
賠償責任保険 ……………………… **Q76**
パブリシティ権 ………………… **Q35**, **Q36**
パワハラ …………………………… **Q62**
被害者側の過失 …………………… **Q11**
被害者の同意 ……………………… **Q32**
ビッグイベント型 ………………… **Q79**
標準旅行業約款 …………………… **Q71**
比例原則 …………………………… **Q27**
プール公認規則 …………………… **Q12**
部活動 ……………………………… **Q31**
不正競争防止法 …………………… **Q69**
不正受給 …………………………… **Q74**
不当な差別の禁止 ………………… **Q24**
不当労働行為 ……………………… **Q39**
不服申立て ………………………… **Q43**
不服申立委員会 …………………… **Q44**
部分社会の法理 ………………… **Q27**, **Q41**
不法行為 …………………………… **Q41**
不法行為責任 ……………………… **Q 2**

不法行為法 ………………………… **Q69**
フリーエージェント ……………… **Q37**
分限処分 …………………………… **Q73**
放映権 ……………………………… **Q68**
法規制 ……………………………… **Q59**
法人 ………………………………… **Q47**
放送権 ……………………………… **Q68**
法的責任 …………………………… **Q75**
法律上の争訟 ……………………… **Q41**
暴力 ……………………………… **Q31**, **Q78**
暴力行為 ………………………… **Q27**, **Q29**
暴力行為根絶宣言 ………………… **Q62**
ホームページ ……………………… **Q36**
保護者への相談 …………………… **Q30**
ポスティング制度 ………………… **Q37**
ボランティア指導者 ……………… **Q80**
保留制度 …………………………… **Q37**

ま行

万引き ……………………………… **Q29**
民事責任 …………………………… **Q 1**
民主的な意思決定 ………………… **Q50**
むかで競争 ………………………… **Q 7**
無気力試合 ………………………… **Q64**
免責同意書 ………………………… **Q16**

や行

八百長 …………………………… **Q59**, **Q61**
八百長防止策 ……………………… **Q59**
有利誤認表示 ……………………… **Q70**
予見義務 …………………………… **Q 9**
予算 ………………………………… **Q75**

ら行

落雷 ………………………………… **Q 9**
落雷事故防止対策 ………………… **Q53**
ランニング ………………………… **Q11**
リサイクル ………………………… **Q81**

旅行業法……………………………**Q71**
臨場感………………………………**Q13**
倫理ガイドライン…………………**Q32**
倫理規程の整備……………………**Q51**
連帯責任……………………………**Q29**
労災保険……………………………**Q18**
労働協約……………………………**Q40**
労働組合……………………………**Q39**
労働者性……………………………**Q18**
労働省通達（平成12年5月18日付）…**Q18**
ロゴマーク…………………………**Q67**
ロックアウト………………………**Q40**

A～Z行

CAS ……………………… **Q44**, **Q46**
IOC基準 …………………………**Q21**
JADA ………………………**Q55**, **Q58**
JADC ………………………**Q55**, **Q58**
JSAA …… **Q25**, **Q26**, **Q42**, **Q51**, **Q58**
JSC …………………………………**Q17**
NF組織運営におけるフェアプレーガイド
　ライン……………………………**Q48**
NPB公認選手代理人………………**Q38**
sports for all ……………………**Q82**
TUE ………………………………**Q57**
WADA ……………………………**Q55**
WADC ……………………………**Q55**
WBGT ……………………………**Q54**

判例索引

■最高裁判所

判例	参照
最判昭30・4・19民集9巻5号534頁	**Q2**
最判昭35・7・21民集14巻10号1811頁	**Q73**
最大判昭35・10・19民集14巻12号2633頁	**Q41**
最判昭39・10・15民集18巻8号1671頁	**Q47**
最判昭45・8・20民集24巻9号1268頁	**Q12**
最判昭48・9・14民集27巻8号925頁	**Q73**
最判昭49・3・15民集28巻2号265頁	**Q28**
最判昭49・3・22民集28巻2号347頁	**Q5**
最判昭52・3・15民集31巻2号234頁	**Q27**,**Q41**
最判昭52・10・25判タ355号260頁	**Q2**
最判昭52・12・20民集31巻7号1225頁	**Q73**
最判昭53・7・4民集32巻5号809頁	**Q12**
最判昭58・2・18判タ492号175頁	**Q6**
最判昭62・2・6判時1232号100頁,判タ638号137頁	**Q2**,**Q6**
最判平2・3・23判タ725号57頁	**Q9**
最判平7・3・10判時1526号99頁	**Q4**
最判平7・6・9民集49巻6号1499頁	**Q15**
最二小判平15・1・17（平12（行ツ）369号）裁判所ホームページ	**Q72**
最判平16・6・11法セ597号110頁	**Q22**
最判平17・11・10判タ1203号74頁	**Q36**
最判平18・2・24判時1927号63頁	**Q5**
最判平18・3・13判時1929号41頁,判タ1208号85頁	**Q6**,**Q9**,**Q53**
最判平22・6・15（平20（オ）792号）	**Q35**
最判平24・2・2判タ1367号97頁	**Q36**
最決平26・4・23（平26（あ）103号）LEX/DB	**Q32**
最判平27・4・9民集69巻3号455頁	**Q5**
最判平29・1・24（平28（受）1050号）裁判所ホームページ	**Q70**

■高等裁判所

東京高判昭29・9・15高民集7巻11号848頁…………………………………	**Q12**
東京高判昭61・12・17判時1222号37頁………………………………………	**Q10**
大阪高判平3・10・16判タ777号146頁………………………………………	**Q15**
広島高判平4・12・24判タ823号154頁………………………………………	**Q4**
福岡高判平5・2・9判タ823号147頁…………………………………………	**Q11**
東京高判平5・4・20判タ841号257頁………………………………………	**Q17**
東京高判平6・8・8判タ877号225頁…………………………………………	**Q4**
福岡高判平6・12・22判タ879号236頁………………………………………	**Q7**
東京高判平7・2・28判タ890号226頁………………………………………	**Q6**
福岡高那覇支判平10・4・9（平9（う）21号）高等裁判所刑事裁判速報集（平10）号 119頁………………………………………………………………………………	**Q10**
東京高判平12・12・25判時1743号130頁……………………………………	**Q36**
東京高決平16・9・8労判879号90頁…………………………………………	**Q39**
知財高判平20・2・25（平18（ネ）10072号）裁判所ホームページ…………	**Q35**
高松高判平20・9・17判時2029号42頁，判タ1280号72頁……………… **Q9**，	**Q53**
名古屋高判平23・2・17判時2116号75頁……………………………………	**Q65**
仙台高判平23・10・14（平21（ワ）716号）LLI/DB……………………	**Q13**
東京高判平25・7・3判タ1393号173頁………………………………………	**Q8**
東京高判平25・12・11（平25（う）457号）LEX/DB……………………	**Q32**
東京高判平26・2・5（平25（ネ）5538号）LEX/DB………………………	**Q28**
札幌高判平27・3・26（平24（ネ）591号，平25（ネ）231号）LEX/DB…	**Q15**
仙台高判平27・7・15（平27（行コ）5号）LLI/DB………………………	**Q72**
札幌高判平28・5・20（平27（ネ）157号）判例地方自治410号70頁，判時2314号40頁 ……………………………………………………………………… **Q13**，	**Q16**

■地方裁判所

東京地判昭45・2・27判タ244号139頁……………………………………	**Q3**
東京地判昭53・10・2判タ372号97頁………………………………………	**Q36**
大阪地判昭55・7・11判時1000号108頁，判タ423号114頁……………	**Q11**
東京地判昭58・2・24判タ492号91頁………………………………………	**Q14**
津地判昭58・4・21判タ494号156頁………………………………………	**Q80**
静岡地判昭58・12・9判時1099号21頁……………………………………	**Q10**
福岡地小倉支判昭59・2・23判タ519号261頁……………………………	**Q80**
東京地判昭59・6・26判時1131号93頁……………………………………	**Q10**
大阪地判昭61・10・31判タ634号174頁……………………………………	**Q12**

判例索引

東京地判昭63・2・25判時1273号3頁	**Q41**
大阪地判昭63・3・29判タ671号225頁	**Q17**
東京地判昭63・9・6判タ691号236頁	**Q41**
東京地判平元・3・30判時1327号57頁	**Q4**
東京地判平元・8・31判時1350号87頁	**Q3**
東京地判平4・6・4判タ807号244頁	**Q41**
福岡地久留米支判平4・6・8判タ823号149頁	**Q11**
大阪地判平4・7・20判時1456号159頁	**Q19**
浦和地判平5・4・23判タ825号140頁	**Q12**
福岡地判平5・8・31判タ854号195頁	**Q22**
富山地判平6・10・6判時1544号104頁	**Q16**
長野地佐久支判平7・3・7判時1548号121頁	**Q3**
長野地松本支判平7・11・21判時1585号78頁	**Q9，Q10**
千葉地判平7・12・13判時1565号144頁	**Q19**
東京地判平9・2・13判時1627号129頁	**Q16**
東京地判平10・10・30判タ1004号197頁	**Q65**
奈良地葛城支判平11・8・20判時1729号62頁	**Q12**
山口地判平11・8・24判時1728号68頁	**Q15**
福岡地判平11・9・2判タ1027号244頁	**Q7**
東京地判平12・2・29判時1715号76頁	**Q36**
神戸地判平12・3・1判時1718号115頁	**Q7**
札幌地小樽支判平12・3・21判時1727号172頁	**Q71**
東京地判平13・6・20判タ1074号219頁	**Q10，Q16**
名古屋地判平13・7・27判時1767号104頁，判タ1123号174頁	**Q11**
前橋地判平14・6・12（平11（ワ）442号）LEX/DB	**Q32**
神戸地判平14・10・8（平12（ワ）291号）裁判所ホームページ	**Q11**
東京地判平15・2・4（平14（ワ）7003号）レクシスネクシス	**Q14**
鹿児島地判平15・3・11（平13（ワ）212号）LEX/DB	**Q14**
札幌地判平15・3・14判時1818号158頁	**Q4**
神戸地判平15・6・30判タ1208号121頁	**Q2**
東京地判平15・10・29判時1843号8頁	**Q16**
札幌地判平16・3・17（平14（わ）184号）裁判所ホームページ，LLI/DB	**Q10，Q19，Q71**
大阪地判平16・5・28判タ1170号255頁	**Q10**
東京地判平16・7・30判タ1198号193頁	**Q10**
東京地決平16・9・3労働法律旬報1612号24頁	**Q39**
東京地判平16・11・24（平12（ワ）21770号）LLI/DB	**Q10**
仙台地判平17・2・17判タ1225号281頁	**Q5**

327

判例索引

青森地八戸支判平17・6・6判タ1232号290頁	Q15
大阪地判平17・6・8（平14（ワ）12464号）LLI/DB	Q10
神戸地判平17・6・28判時1906号73頁	Q52
東京地判平18・1・30判タ1239号267頁	Q27, Q41
大阪地判平18・3・15判例地方自治165号55頁	Q72
富山地判平18・4・26判時1947号75頁，判タ1244号135頁	Q9, Q10
大阪地判平18・7・7交民集39巻4号931頁	Q14
東京地判平18・8・1判時1957号116頁	Q35
鹿児島地名瀬支判平19・9・13（平19（わ）11号）裁判所ホームページ，LLI/DB	Q10, Q19
広島地尾道支判平19・10・9判時2036号102頁	Q11
大阪地判平20・5・20（平18（ワ）13014号）LLI/DB	Q32
奈良地判平21・5・26（平16（ワ）783号）レクシスネクシス	Q14
横浜地判平21・6・16判時2062号105頁	Q14
宮崎地判平22・2・5判タ1339号97頁	Q32
大阪地判平22・9・3判時2102号87頁	Q6
東京地判平22・12・1判タ1350号240頁	Q27, Q41
名古屋地判平24・1・24（平20（ワ）5924号）LEX/DB	Q32
前橋地判平24・2・17判時2192号86頁	Q31
さいたま地熊谷支判平24・2・20判時2153号73頁	Q52
熊本地判平24・7・20判時2162号111頁	Q10, Q71
秋田地判平25・2・20（平24（わ）40号）LEX/DB	Q32
東京地判平25・3・25判時2197号56頁	Q14
横浜地判平25・9・6労働判例ジャーナル22号29頁	Q4
東京地判平25・9・12判タ1418号207頁	Q28
大阪地判平25・9・26（平25（わ）3059号）LEX/DB	Q19
神戸地尼崎支判平26・1・30（平24（ワ）947号，平25（ワ）67号）LLI/DB	Q13
甲府地判平26・5・27（平25（わ）116号，141号，174号）LEX/DB	Q32
大分地判平26・6・30（平25（ワ）347号）LEX/DB	Q14
東京地判平26・12・3（平24（ワ）25749号）LEX/DB	Q3
盛岡地判平26・12・19（平25（行ウ）4号，平26（行ウ）2号）LLI/DB	Q72
福岡地判平27・3・3判時2271号100頁	Q7
札幌地判平27・3・26（平24（ワ）1570号）判例地方自治410号78頁	Q13
大阪地判平27・4・17（平23（ワ）4873号）裁判所ホームページ	Q54
東京地判平28・2・24（平25（ワ）32577号）LEX/DB	Q31
静岡地判平28・5・13自保ジャーナル1979号168頁	Q4

■監修者

菅原　哲朗（弁護士）

森川　貞夫（市民スポーツ＆文化研究所代表）

浦川道太郎（早稲田大学名誉教授，弁護士）

望月浩一郎（弁護士）

スポーツの法律相談　　最新青林法律相談⑭

2017年3月21日　初版第1刷印刷
2017年4月7日　初版第1刷発行

監修者　菅　原　哲　朗
　　　　森　川　貞　夫
　　　　浦　川　道太郎
　　　　望　月　浩一郎

発行者　逸　見　慎　一

発行所　東京都文京区本郷6丁目4の7　株式会社　青林書院
振替口座　00110-9-16920／電話03(3815)5897～8／郵便番号113-0033

印刷・星野精版印刷㈱／落丁・乱丁本はお取替え致します。
Ⓒ2017 一般社団法人日本スポーツ法支援・研究センター代表理事望月浩一郎
Printed in Japan　　ISBN978-4-417-01708-0

〈JCOPY〉〈(社)出版者著作権管理機構　委託出版物〉
本書の無断複写は著作権法上での例外を除き禁じられています。複写される場合は，そのつど事前に，(社)出版者著作権管理機構（電話03-3513-6969，FAX 03-3513-6979，e-mail:info@jcopy.or.jp）の許諾を得てください。